STRATÈGES, DIPLOMATES ET ESPIONS

Sylvain Fortin

STRATÈGES, DIPLOMATES ET ESPIONS

La politique étrangère franco-indienne 1667-1701

SEPTENTRION

Les éditions du Septentrion remercient le Conseil des Arts du Canada et la Société de développement des entreprises culturelles du Québec (SODEC) pour le soutien accordé à leur programme d'édition, ainsi que le gouvernement du Québec pour son Programme de crédit d'impôt pour l'édition de livres. Nous reconnaissons également l'aide financière du gouvernement du Canada par l'entremise du Programme d'aide au développement de l'industrie de l'édition (PADIÉ) pour nos activités d'édition.

Illustration de la couverture : Bois gravé de 1758 représentant l'Indien sollicité par l'Anglais et le Français. Bibliothèque du Congrès.

Révision : Solange Deschênes

Mise en pages et maquette de la couverture : Folio infographie

1300, avenue Maguire
Sillery (Québec)
G1T 1Z3

Diffusion Dimedia
539, boul. Lebeau
Saint-Laurent (Québec)
H4N 1S2

Diffusion en Europe :
Diffusion de l'édition québécoise
Librairie du Québec
30, rue Gay-Lussac
75005 Paris
France

Dépôt légal – 3e trimestre 2002
Bibliothèque nationale du Québec
ISBN 2-89448-334-1

À Geneviève,
ma douce moitié

« Onnagoga & Theganissorens ayant fçû qu'Onontio [Frontenac] soupoit ce jour-là chez le Chevalier de Vaudreuil, prierent Mr Trouvé [...] de les y conduire, parce qu'ils vouloient le prier de les écouter en particulier. Ils lui presenterent un [...] Collier sous terre. »

LA POTHERIE[1]

REMERCIEMENTS

Je désire remercier mes parents ainsi que mon épouse Geneviève. Sans leur soutien et leurs encouragements, cet ouvrage n'aurait probablement jamais pris forme. Mes remerciements vont également à Denys Delâge et Jan Grabowski pour leurs commentaires et remarques. Je tiens spécialement à exprimer toute ma gratitude envers Alain Beaulieu qui m'a secondé pendant mes études de deuxième cycle. Un merci particulier à Michel Lavoie.

PRÉFACE

Le sens et la finesse politiques des Autochtones ont étonné plusieurs Français aux XVIIe et XVIIIe siècles. Pensant découvrir des peuples sauvages, à la vie politique rudimentaire, voire quasi inexistante, ils ont plutôt rencontré des nations aux traditions diplomatiques bien établies, conscientes de leurs intérêts et capables de manœuvrer habilement pour les faire valoir. Les Français de la Nouvelle-France se sont rapidement ajustés à cette réalité. Cela s'est traduit, notamment, dans le développement d'une diplomatie proprement franco-amérindienne, où se sont rencontrées et entremêlées les traditions européennes et autochtones.

Depuis quelques années, les recherches historiques se sont multipliées sur cette facette de la rencontre entre Français et Amérindiens. On connaît mieux aujourd'hui les grands enjeux de la diplomatie franco-amérindienne et les fondements des alliances qui se sont forgées dès le début du XVIIe siècle. Jusqu'à maintenant, toutefois, personne n'avait vraiment étudié en détail les moyens souterrains de cette diplomatie. Certains chercheurs y faisaient brièvement allusion dans leurs études, mais aucun n'avait tenté de rassembler l'ensemble des témoignages à ce sujet pour en présenter une vue synthétique et organisée.

C'est ce que fait Sylvain Fortin dans cet ouvrage, comblant ainsi une partie du vide historiographique sur un aspect fondamental des relations politiques franco-amérindiennes. Car on peut bien dégager les grands enjeux de la géopolitique nord-américaine, les intérêts des parties en présence, leurs principales motivations, encore faut-il, pour avoir une bonne vue d'ensemble, saisir comment les Français et les nations autochtones s'y prenaient pour mettre en œuvre leur politique étrangère. Les grandes rencontres diplomatiques n'étaient qu'un des moyens utilisés. À l'arrière-scène se profilaient une multitude d'acteurs, qui manœuvraient dans un secret plus ou moins bien gardé. Même s'ils n'apparaissent que rarement sous les feux de la rampe, leurs faits et gestes n'en forment pas moins des rouages essentiels de la politique franco-amérindienne.

L'étude de Sylvain Fortin nous plonge en quelque sorte dans le quotidien de la géopolitique franco-amérindienne. Sa recherche ne se situe pas au niveau des grands enjeux — bien qu'il aborde la question dans son premier chapitre —, mais plutôt à celui des actions mises en œuvre, tant par les Français que par les Amérindiens, pour atteindre leurs objectifs politiques. C'est moins le *pourquoi* qui intéresse Sylvain Fortin que le *comment*. Comment les Français et les Autochtones s'y prenaient-ils pour découvrir les intentions de leurs alliés ou de leurs ennemis ? Quels moyens utilisaient-ils pour tenter d'influencer leur politique étrangère afin de la faire correspondre au mieux à leurs intérêts ?

L'ouvrage de Sylvain Fortin traite d'un sujet qui, par définition, est difficile à cerner, parce qu'entouré de secret. Ce qui surprend, de prime abord, c'est l'abondance des témoignages qu'il a relevés à ce sujet, car on aurait pu croire que les pratiques souterraines, parce qu'elles étaient secrètes, n'auraient laissé que relativement peu de traces dans les documents. Heureusement, ce n'est pas le cas. Le travail de dépouillement effectué pour retracer l'existence de ces pratiques est considérable. Toutes les sources vraiment pertinentes du côté français ont été utilisées avec profit : récits de voyage, *Relations* des jésuites, récit d'historiens comme La Potherie ou Charlevoix, et, bien sûr, la correspondance échangée entre la cour de France et les administrateurs coloniaux, dans laquelle on trouve de nombreux détails sur les stratégies des Français et les nations autochtones. De cette masse d'informations, Sylvain Fortin a su retenir les exemples les plus pertinents, les plus révélateurs des pratiques françaises et amérindiennes. Il aurait sans doute pu multiplier les cas similaires, mais en bout de piste le résultat n'aurait pas été plus convaincant et la lecture y aurait perdu de son intérêt.

Cette étude constitue certainement une belle contribution à l'historiographie se rapportant à l'histoire des relations franco-amérindiennes. Elle montre bien comment la quête d'informations stratégiques se trouvait au cœur de l'élaboration de la politique étrangère de la Nouvelle-France et des nations autochtones. On comprend mieux aussi, en parcourant cette étude, comment la désinformation, la propagande ou les manœuvres pour corrompre les élites jouaient un rôle clé dans les relations politiques entre Français et Autochtones.

Déjà fort révélateur des stratégies à l'œuvre, le travail de compilation et d'analyse réalisé par Sylvain Fortin invite aussi au débordement. Dans le temps, d'abord, car ces pratiques se poursuivent évidemment après 1701 et elles existaient avant 1667. Dans l'espace ensuite, la recherche pouvant s'ouvrir à l'Acadie, à la baie d'Hudson et à la Louisiane, autant de secteurs de la Nouvelle-France où les alliances franco-amérindiennes connaissent des soubresauts. Mais au lieu de s'attarder ce qui pourrait encore être fait, retenons surtout que ce livre lève le voile sur une facette méconnue de l'histoire de la Nouvelle-France et qu'ils nous offre un riche panorama des pratiques souterraines à l'œuvre dans les relations franco-amérindiennes. C'est déjà considérable pour une étude qui fut à l'origine un mémoire de maîtrise.

ALAIN BEAULIEU
Département d'histoire
Université du Québec à Montréal

INTRODUCTION

Un des traités marquants sur la diplomatie au XVIIIe siècle fut rédigé par François de Callières, frère du gouverneur général de la Nouvelle-France, Louis-Hertor de Callière. Publié en 1716, cet ouvrage est intitulé *De la manière de négocier avec les souverains, de l'utilité des négociations, du choix des ambassadeurs et des envoyez, et des qualités nécessaires pour réüssir dans ces employs*. Dans son œuvre, Callières déplore que les négociateurs et les ambassadeurs français ne possèdent pas, plus souvent qu'autrement, les aptitudes et les qualités nécessaires pour œuvrer dans le monde diplomatique. Il précise que ces nominations doivent faire l'objet d'une profonde réflexion et que les personnes désignées pour occuper des emplois en politique étrangère doivent être choisies minutieusement. En effet, leurs compétences permettent souvent aux États de tirer auprès des puissances étrangères des bénéfices importants, et ce, parfois à des coûts qui sont inférieurs aux dépenses militaires inhérentes à la préparation et au déclenchement d'une guerre[1]. Les négociations par la voie des ambassades, les conférences entre dirigeants et la signature de traités sont donc des moyens indispensables et fondamentaux permettant aux nations de défendre leurs intérêts au même titre que la guerre.

Toutefois, Callières ne confine pas la tâche du diplomate aux affaires diplomatiques officielles. Il met en évidence que les serviteurs de l'État doivent également employer des moyens non officiels afin de protéger et de promouvoir les intérêts des nations qu'ils représentent. La corruption, les négociations secrètes et l'espionnage sont, entre autres, des stratégies tellement importantes[2], aux yeux du diplomate français, que de ne pas en tenir compte serait «une faute inexcusable[3]».

Certes, les réflexions de Callières sont étayées à partir d'un point de vue européen. Cependant, elles peuvent aussi s'appliquer au contexte géopolitique de l'Amérique du Nord-Est à l'époque coloniale. Chaque peuple ayant des intérêts particuliers, les Français et les nations autochtones cohabitant dans cet espace géographique avaient leurs propres objectifs politico-économiques. D'ailleurs, Callières écrit dans son ouvrage que «les Peuples même qui paroissent les moins rafinez, sont souvent ceux qui [...] entendent le mieux[4]» leurs intérêts. Les chefs amérindiens et les dirigeants coloniaux français, comme leurs homologues européens, avaient également recours à différentes stratégies afin de défendre les intérêts de leurs collectivités respectives.

En politique, que ce soit dans un contexte européen ou nord-est américain, il existe, en plus du cadre diplomatique officiel, un autre ensemble de moyens auxquels ont recours les autorités des nations. En s'inspirant d'une figure de style amérindienne, on les qualifie de souterrains. Cet ouvrage a pour objet d'analyser les moyens stratégiques souterrains mis en œuvre et utilisés par les Français et les Amérindiens, dans la deuxième moitié du XVIIe siècle, afin d'assurer leur sécurité, de faire valoir leurs intérêts et d'atteindre leurs objectifs géopolitiques réciproques. Ces stratégies sont fort nombreuses, mais les sources attestent que la désinformation, les négociations secrètes, la propagande, la corruption des personnes influentes et l'espionnage furent plus particulièrement employés dans les relations franco-amérindiennes de la seconde moitié du XVIIe siècle.

La présente étude s'ouvre avec la paix franco-iroquoise de 1667 et se termine avec la Grande Paix de Montréal en 1701. Le contexte géopolitique de cette époque est particulièrement favorable à la mise en place des moyens stratégiques souterrains et offre le terrain idéal à une telle recherche. Pendant cette période troublée et instable sur le plan politique, certaines nations des Pays d'en Haut, c'est-à-dire la région des Grands Lacs, menacent constamment de quitter l'alliance française. Le danger iroquois se fait aussi très pressant sur la colonie française, à une époque où il existe une très grande rivalité entre la France et l'Angleterre. Les accords de paix imposés par le régiment de Carignan-Salières, quoique fragiles, permettent aux jésuites de faire un retour en Iroquoisie, cette fois-ci dans chacune des cinq nations. C'est également à cette époque que se constituent les premières réductions iroquoises dans la région de Montréal. Ces deux événements permettront, aux Français et aux Iroquois, de mettre en place différentes stratégies d'espionnage. La trêve qui suit le traité de 1667 permet aux Français de connaître une formidable expansion vers l'intérieur du continent et, conséquemment, d'élargir leur alliance à plusieurs autres collectivités amérindiennes. Regroupant désormais plusieurs dizaines de nations autochtones, l'alliance franco-amérindienne, afin de maintenir en place sa structure fragile, exige la mise en œuvre de plusieurs stratégies. La Nouvelle-France cherche à inciter ses alliés à concentrer leurs efforts militaires contre la Ligue iroquoise et à empêcher un renversement des alliances au profit de la Chaîne d'alliance[5]. Divisés par des factions opposées, les Amérindiens de l'Ouest sont particulièrement déchirés quant à leur orientation politique. Les chefs autochtones francophiles et pro-iroquois eurent recours à plusieurs ruses et moyens afin notamment de cacher leurs pourparlers secrets avec les Cinq-Nations et de défendre leurs intérêts.

La Grande Paix de Montréal constitue également une date charnière dans les relations franco-amérindiennes. Cette conférence diplomatique met fin aux guerres franco-iroquoises. La Ligue iroquoise reconnaît le rôle de médiateur du gouverneur général français dans les relations avec les nations des Grands Lacs. Elle reconnaît également la Nouvelle-France comme l'intermédiaire des autochtones de l'Ouest dans le commerce et s'engage dans une politique de neutralité à l'égard des Français et des Anglais[6].

Même si les accords de paix de 1701 demeurent fragiles, les relations diplomatiques entre la Nouvelle-France et l'Iroquoisie, à partir de cette date, tendent à se normaliser. Les Iroquois domiciliés, qui avaient participé à la guérilla française contre les Cinq-Nations, adoptent une politique beaucoup plus autonome et indépendante vis-à-vis des dirigeants de la colonie française[7]. Dans la région des Grands Lacs, on remarque un important mouvement démographique qui accompagne la fondation de Détroit, dorénavant un pôle dominant de la présence française dans les Pays d'en Haut. Cette immigration témoigne des relations moins tendues entre les nations de l'Ouest et la Confédération iroquoise.

La région des Grands Lacs, l'Iroquoisie et les réductions autochtones avoisinant Montréal sont des espaces territoriaux se prêtant particulièrement bien à une étude des moyens stratégiques souterrains. Les collectivités amérindiennes de ces espaces géographiques étant au cœur de la scène géopolitique de l'époque, elles ont, par conséquent, davantage recours à la mise en œuvre de plusieurs stratégies.

Avant les années 1960-1970, les études qui portaient une attention significative au rôle historique des Amérindiens dans leurs relations avec les Occidentaux étaient rarissimes[8]. Les ouvrages qui le faisaient se penchaient surtout sur des problématiques touchant la traite des fourrures[9]. Au début du XXe siècle, Charles Howard McIlwain a, par exemple, mis en perspective l'importance des autochtones dans leur rôle d'intermédiaires dans la traite des pelleteries[10]. En s'inspirant des travaux de McIlwain, Harold Innis, dans son ouvrage *The Fur Trade in Canada*, dégage l'importance des Amérindiens dans les réseaux de traite[11]. Il soutient, entre autres, que les autochtones sont devenus progressivement dépendants des biens européens[12]. Les recherches d'Innis inspirèrent les travaux de George T. Hunt, qui publia *The Wars of the Iroquois* en 1940[13]. Hunt développa la thèse que les Iroquois faisaient la guerre pour s'attribuer une position d'intermédiaires en forçant les autres nations à commercer avec eux[14]. Il soutient également que les implications économiques de la traite des fourrures exercent une profonde influence sur les décisions politiques de la Ligue iroquoise et seraient à l'origine de la formation de nouvelles alliances[15]. L'interprétation «économique» de Hunt, qui attribuait aux Iroquois des comportements et des motivations similaires à ceux des Européens afin d'expliquer l'origine de leurs guerres[16], eut une profonde influence sur l'historiographie[17]. Avant les années 1960-1970, les travaux en langue française traitant des relations entre Européens et autochtones demeurent très restreints. L'étude de Léo-Paul Desroisiers, *L'Iroquoisie*, fait figure d'exception[18]. Seul ouvrage en langue française à s'intéresser véritablement aux rapports franco-amérindiens, l'étude de Desrosiers est notamment influencée par les thèses économiques de Hunt. Seul le premier tome fut publié à la fin des années 1940, témoignage évident que l'ouvrage ne suscita guère les passions à une époque où la littérature française exaltait encore «l'âge héroïque» de la Nouvelle-France[19].

Toutefois, depuis 25 ou 30 ans, la littérature historique portant sur les Amérindiens est en pleine croissance[20]. Ce renouvellement de l'historiographie a d'abord été marqué par une volonté des historiens de « proposer une histoire coloniale reconfigurée[21] ». Des auteurs comme Bruce G. Trigger, Denys Delâge ou Francis Jennings ont « dé-structuré[22] » une version de l'histoire coloniale en plaçant cette fois-ci les autochtones au devant de la scène[23]. Selon ces historiens, mettre l'accent sur le rôle historique des Amérindiens signifiait également remettre en question une vision de l'histoire et en proposer une réécriture[24]. À titre d'exemple, lorsque Trigger s'interroge à qui doit-on attribuer la fondation de la Nouvelle-France[25], l'auteur ironise à propos de « l'âge héroïque » de la colonie française en « soulignant en fin de compte toute la banalité d'une quête de fondateurs qui n'ont pas conscience de l'être et les effets pervers des gestes de ceux qui auraient convoité l'accolade[26] ». Depuis lors, il ne s'agit plus d'étudier les rapports entre Occidentaux et autochtones uniquement à partir du point de vue du colonisateur. On tente de donner à l'Amérindien sa juste place dans ses relations avec les Européens en tenant compte de son propre système politique et de sa réalité culturelle.

La publication de l'ouvrage *The Ordeal of the Long-House* marque une étape importante dans l'historiographie[27]. Son auteur, Daniel K. Richter, se fixe pour objectif non pas de « réviser » l'histoire de l'Amérique du Nord-Est, mais plutôt de l'aborder dans une nouvelle perspective[28]. Son but n'est pas de mettre les Iroquois au devant de la scène dans leurs rapports avec les Occidentaux, mais de construire son récit à partir exactement du point de vue de l'Iroquoisie: «I try in this volume to look at events from Iroquoia outward, rather than from Albany, or Quebec, or Philadelphia inward[29]». Selon une telle perspective, Richter cherche à recréer «l'expérience vécue de "l'autre côté de la frontière" [30]», en ayant la préoccupation d'expliquer la logique des gestes iroquois à partir précisément de leur réalité culturelle. La guerre, les rituels et les croyances notamment prennent une signification et trouvent des explications bien différentes que celles qui sont prêtées par les Européens. Par exemple, la guerre, d'abord présentée comme une activité essentiellement économique, reçoit, sous la plume de Richter, une explication tout autre: elle est intimement liée à un rituel de deuil cherchant à combler les morts[31].

Dans son ouvrage, *The Middle Ground*, publié en 1991, Richard White propose une analyse des relations euro-amérindiennes à partir d'un point de vue différent de celui de ses prédécesseurs[32]. Il innove en jetant son attention non pas sur les individus, c'est-à-dire les autochtones ou les Occidentaux, mais plutôt sur un territoire, les Pays d'en Haut, où cohabitent une multitude de nations amérindiennes et une poignée d'Européens. White dégage les processus d'accommodation culturelle et de compromis entre Amérindiens et Occidentaux dans leur vie quotidienne et dans leurs rapports diplomatiques. Il soutient que cette cohabitation, qui n'est pas sans créer de l'incompréhension mutuelle, donne lieu à la naissance de cultures nouvelles. La thèse de doctorat de

Gilles Havard, soutenue en 2000, est la seconde étude d'envergure ayant pour cadre d'analyse l'ensemble des collectivités des Grands Lacs[33]. Au lieu de mener une recherche sur les processus d'accommodement, Havard porte son regard sur les dynamiques françaises et autochtones s'établissant dans l'intégration d'un territoire nord-américain à un empire colonial européen. En étudiant les forces respectives de ces deux dynamiques, Havard conclut que les relations franco-amérindiennes dans les Pays d'en Haut donnent lieu davantage à un processus d'acculturation et de métissage réciproque qu'à la création de cultures nouvelles.

Depuis les trente dernières années, le contexte géopolitique de la seconde moitié du XVIIe siècle a bien été mis en perspective par les historiens. Nous savons, par exemple, que la région des Grands Lacs évolue dans un environnement fortement instable sur le plan géopolitique et que l'alliance française est une construction fragile[34]. Nous savons aussi que des factions opposées s'affrontaient au sein des sociétés autochtones[35]. Les grands enjeux géopolitiques de l'époque ont fait l'objet d'une attention particulière de l'historiographie. Une présentation systématique des objectifs politico-économiques des quatre grands acteurs importants de la seconde moitié du XVIIe siècle, soit la Nouvelle-France, la Nouvelle-York, la Confédération iroquoise et les nations des Pays d'en Haut, a fait l'objet de la seconde partie du deuxième chapitre de l'étude de Gilles Havard sur la Grande Paix de Montréal[36]. Même si l'auteur concentre son analyse sur les événements précédant la conférence de 1701, il dégage les principaux enjeux géopolitiques du continent nord-est américain dans la deuxième moitié du XVIIe siècle.

La littérature historique s'est aussi beaucoup attardée à l'étude du contexte culturel dans lequel évoluent les rapports politiques dans l'Amérique du Nord-Est[37]. Nous connaissons maintenant bien les rituels et le protocole diplomatique officiel dans les relations euro-amérindiennes. Les historiens ont mis en évidence notamment le rôle important des colliers de wampum[38], l'offre de présents et l'emploi des thèmes de parenté[39]. Plusieurs ouvrages publiés récemment consacrent une partie de leur analyse aux rituels et aux moyens diplomatiques officiels afin de présenter le contexte culturel autochtone dans lequel évoluaient les relations politiques franco-amérindiennes[40].

Toutefois, en ce qui concerne les moyens stratégiques souterrains, l'historiographie est, à toutes fins utiles, inexistante. Dans sa thèse de doctorat, Gilles Havard a consacré quelques pages à l'analyse de la corruption en tant qu'outil stratégique[41]. Il mentionne aussi au passage, dans son ouvrage sur la Grande Paix de Montréal, que des pourparlers secrets se déroulèrent en parallèle aux négociations officielles lors de la conférence diplomatique de l'été 1701[42]. Gregory Evans Dowd a écrit un article concernant le recours à la désinformation à des fins politiques. Cependant, Dowd porte son analyse sur un événement ayant eu lieu peu de temps après la chute de la Nouvelle-France lors de la révolte de Pontiac[43]. Micheline Dumont-Johnson mentionne, en conclusion de son ouvrage *Apôtres ou agitateurs. La France missionnaire en Acadie*, que les missionnaires utilisaient la religion comme un moyen de propagande[44]. Toutefois, cette affirmation n'est pas précédée d'une analyse concrète de la mise en œuvre de cette stratégie et des thèmes exploités pendant la période étudiée[45]. De plus, cet ouvrage porte uniquement sur la région de l'Acadie pour la période qui va du début du XVIIIe siècle jusqu'à la chute de la Nouvelle-France.

Un constat similaire s'impose également en ce qui a trait à l'étude de l'espionnage. Plusieurs ouvrages ou articles mentionnent au passage que l'espionnage existait bel et bien dans les relations franco-amérindiennes, sans pour autant procéder à une véritable analyse de la mise en œuvre de ce moyen stratégique. Louise Tremblay, dans son mémoire de maîtrise sur la politique missionnaire des sulpiciens, soutient que les Iroquois domiciliés effectuaient de l'espionnage[46]. Denys Delâge, dans un article paru en 1991, affirme lui aussi que les Iroquois domiciliés faisaient de l'espionnage au profit des autorités françaises. Il ajoute que la Ligue iroquoise entretenait des relations secrètes avec leurs compatriotes des réductions, dont certains pratiquaient de l'espionnage pour son compte[47]. Dans son étude sur Pierre Millet, Daniel St-Arnaud mentionne que les relations qu'entretiennent les domiciliés avec les Cinq-Nations rendaient propice la mise en place d'une stratégie d'espionnage au profit de la Chaîne d'alliance[48]. White rapporte un témoignage, sans vraiment s'y attarder, selon lequel un parti de Miamis a envoyé des espions chercher de l'information sur l'état des forces des

Tsonnontouans, près de leur retranchement, afin de mettre en place un plan d'attaque[49]. Richter soutient que les Iroquois entretenaient un réseau d'éclaireurs afin d'assurer la sécurité de leurs collectivités sans pour autant procéder à une analyse de cette stratégie[50]. Gilles Havard affirme que les missionnaires jésuites présents en Iroquoisie étaient autant des diplomates que des espions[51], affirmation que l'on retrouve également chez Rémi Savard et Denys Delâge[52]. La littérature a pris jusqu'à maintenant conscience de la mise en œuvre de l'espionnage dans les relations franco-amérindiennes, mais aucune étude ne s'est proposée d'en faire l'analyse[53].

De ce survol historiographique, il en résulte deux constats. Premièrement, les historiens se sont intéressés surtout aux objectifs diplomatiques des acteurs en présence, à leurs motivations politico-économiques et aux grands enjeux de la seconde moitié du XVIIe siècle. Deuxièmement, la littérature s'est attardée à comprendre le protocole et les moyens diplomatiques officiels afin de mieux saisir ses traits culturels d'origine autochtone. Les historiens se sont par contre beaucoup moins intéressés à la mise en œuvre concrète sur le terrain des stratégies françaises et amérindiennes. Il en ressort un portrait où les acteurs semblent chercher à répondre à leurs objectifs géopolitiques et à assurer leur sécurité essentiellement par la voie des moyens diplomatiques officiels, notamment par l'entremise des ambassades et la tenue de conférences.

Cet ouvrage propose donc de porter un éclairage nouveau sur les relations franco-amérindiennes et s'inscrit dans la foulée des études réalisées en ethnohistoire sur le modèle de Delâge, Havard ou encore de Trigger, Richter et White dans la littérature anglophone. En ce sens, il importe de dégager, autant que faire se peut, le point de vue de tous les acteurs et cette étude ne s'inscrit pas dans une perspective coloniale ou française. Par conséquent, il faut porter attention à la fois aux relations franco-amérindiennes et aux rapports entre nations autochtones. Élargir ainsi le cadre d'analyse permet d'éviter de négliger le point de vue d'un acteur par rapport à celui d'un autre.

Pour comprendre la mise en œuvre des moyens stratégiques souterrains pendant la seconde moitié du XVIIe siècle, il faut préalablement présenter le contexte géopolitique de l'époque et dégager la politique étrangère de chacun des acteurs. Le premier chapitre est donc consacré à la présentation de l'environnement politique et est divisé en trois volets. Il permet de définir les grands enjeux de la seconde moitié du XVIIe siècle, de retracer la naissance et le développement des alliances ainsi que de repérer les objectifs politico-économiques auxquels aspirent les acteurs par la mise en œuvre des moyens stratégiques souterrains. Il permet également de saisir que l'environnement géopolitique de l'Amérique du Nord-Est dans la deuxième moitié du XVIIe siècle était très instable, donc grandement favorable à la mise en œuvre des moyens stratégiques souterrains.

Le second chapitre comprend l'analyse de quatre moyens stratégiques souterrains. La désinformation et les négociations secrètes, deux stratégies mises en œuvre par les Français et les Amérindiens, sont d'abord analysées. L'emploi de la propagande et de la corruption, deux moyens stratégiques souterrains utilisés essentiellement par les Français, complète ce chapitre.

L'analyse des stratégies d'espionnage auxquelles eurent recours les Français et les Amérindiens complète cette étude. Considérant l'importance que prit la mise en œuvre de cette stratégie dans les relations franco-amérindiennes, le troisième chapitre lui est entièrement consacré. L'analyse de ce moyen stratégique se fera d'abord en regard des relations franco-amérindiennes dans l'Ouest et entre les collectivités de cette région et la Ligue iroquoise. Toutefois, c'est particulièrement dans les rapports franco-iroquois que le recours à l'espionnage est le plus apparent. Ce chapitre en traite donc beaucoup plus largement. Le traitement et le sort que les Français et les Amérindiens réservaient aux personnes reconnues ou soupçonnées d'avoir pratiqué de l'espionnage pour une puissance étrangère sont présentés en dernière partie de ce chapitre.

CHAPITRE I

GÉOPOLITIQUE DU CONTINENT NORD-EST AMÉRICAIN DANS LA DEUXIÈME MOITIÉ DU XVIIe SIÈCLE

L'espace géopolitique du Nord-Est américain au cours de cette période s'articule autour de deux alliances, ces dernières opposant plusieurs nations amérindiennes, mais également deux puissances européennes, la France et l'Angleterre. Toutefois, les acteurs de ces deux alliances avaient aussi, en dépit d'intérêts communs, des aspirations qui n'étaient pas toujours de concert avec celles de leurs alliés. Avant d'analyser les moyens stratégiques souterrains utilisés et mis en œuvre dans la seconde moitié du XVIIe siècle, il importe de faire une mise en contexte et d'aborder l'environnement politique de l'époque. Ce portrait permettra de saisir les objectifs politico-économiques que cherchent à atteindre les quatre grands acteurs importants de l'époque, soit la Nouvelle-France, les nations des Pays d'en Haut, la

Nouvelle-York et l'Iroquoisie, en ayant recours aux moyens stratégiques souterrains. Pour mieux comprendre les fondements de ces mêmes objectifs, il est aussi nécessaire de retracer les origines et l'évolution de l'alliance franco-amérindienne et de la Chaîne d'alliance jusqu'à la fin du XVIIe siècle.

L'alliance franco-amérindienne

Origine et développement de l'alliance franco-amérindienne jusqu'en 1701

Les origines de l'alliance franco-amérindienne remontent à l'époque de Champlain, soit au tout début du XVIIe siècle. D'abord installés temporairement à Tadoussac pour faire la traite, les Français firent alliance avec les Algonquins et les Montagnais afin d'assurer leur approvisionnement en pelleteries[1]. Pour ces Amérindiens, l'alliance avec les Français offrait un avantage stratégique dans leurs guerres contre les Agniers, d'autant plus que les Montagnais du Saguenay se trouvaient dans une position militaire peu favorable à l'époque. De plus, en échange de leurs fourrures, ces nations autochtones obtenaient des produits européens. Désireuses d'étendre leur réseau, les autorités françaises élargirent leur alliance aux Hurons, ces derniers s'imposant rapidement comme intermédiaires entre les Français et les Amérindiens de l'intérieur du continent. La première rencontre entre Français et Hurons eut lieu en 1609, l'année même de la bataille du lac Champlain[2]. Les relations franco-huronnes aboutirent à une alliance formelle, qui sera scellée définitivement en 1616[3]. En s'alliant avec la plus puissante confédération amérindienne du Nord-Est de l'Amérique, les Français s'assuraient d'un avantage économique certain. Ils en tiraient aussi des bénéfices diplomatiques, puisque les Hurons étaient au centre d'un vaste réseau d'alliances militaires et commerciales, qui regroupait plusieurs collectivités des Grands Lacs[4]. À la suite de la dispersion des Hurons au milieu du XVIIe siècle, les Outaouais prirent le relais de cette nation en tant qu'intermédiaires privilégiés dans la traite avec les Français.

Le début de la seconde moitié du XVIIe siècle marque une étape fondamentale dans le développement de l'alliance franco-amérindienne. Après la dispersion des Hurons et surtout après la paix franco-iroquoise de 1667, les Français amorcent une importante expansion territoriale à l'intérieur du continent afin de consolider leur réseau de traite[5]. Cette présence plus significative des Français dans l'Ouest se traduit par l'arrivée des représentants de la Couronne française, qui rejoignent les missionnaires et les marchands déjà présents dans les Pays d'en Haut. On note aussi, à partir de cette époque, l'établissement d'un ensemble de postes fortifiés français dans la région des Grands Lacs et du Mississippi.

Il importait à la Nouvelle-France, à la suite de cette expansion géographique, d'étendre son réseau d'alliances avec les nations des Pays d'en Haut, pour des raisons non seulement commerciales, mais également politiques et militaires[6]. La souveraineté que les Français prétendaient avoir sur ces collectivités était toute théorique et seule une alliance politique avec ces dernières pouvait leur permettre d'espérer se maintenir dans cette région. L'attrait des articles européens auprès des Amérindiens constituait un atout de taille pour les Français. Ces marchandises attirèrent d'abord l'attention des autochtones[7]. Considérant les outils qu'amenèrent les Français, les nations amérindiennes ne cachèrent pas leur intérêt à obtenir une alliance pour des motifs commerciaux[8].

Les autochtones cherchèrent aussi à communiquer et à établir des alliances avec les Français afin d'obtenir des armes à feu[9]. La menace militaire que pouvaient représenter certaines nations, les Iroquois notamment, ou encore le contexte instable affectant les relations diplomatiques dans les Pays d'en Haut étaient d'autres sources importantes de motivation qui pouvaient inciter des collectivités autochtones à s'allier avec les Français[10]. Les Amérindiens de l'Ouest étaient également favorables à la présence des Français au sein de leurs bourgades et villages. De leur point de vue, cette présence symbolisait l'alliance avec la Nouvelle-France. En voulant afficher ouvertement les liens qui les unissaient avec la colonie française, les autochtones cherchaient à assurer leur sécurité en tentant d'intimider les autres nations[11]. Les armuriers et les forgerons étaient plus particulièrement appréciés par les Amérindiens en raison des services qu'ils pouvaient leur rendre[12].

Certes, les Français et les autochtones tiraient de leur alliance des bénéfices réciproques, essentiellement sécuritaires, militaires et commerciaux. Toutefois, cette alliance franco-amérindienne élargie apparaît, au cours de la seconde moitié du XVIIe siècle, comme une construction instable où règne une méfiance mutuelle entre ses partenaires. De fortes tensions existaient déjà dans la région des Grands Lacs avant que les Français n'y installent des postes dans la seconde moitié du XVIIe siècle. Fin observateur, le jésuite Lafiteau notait que « la défiance continuelle où ils [les Amérindiens] sont de leurs voisins leur fait avoir toujours l'œil au guet pour profiter de toutes les conjonctures favorables, ou de mettre le désordre parmi eux sans y paraître[13] ». Richard White soutient à cet égard que la suspicion, la division et la rivalité sont des éléments inhérents à ce monde qu'il qualifie de réfugiés[14].

Selon le contexte de lutte impériale que connaît cette époque, l'intégration de cette région déjà instable sur le plan géopolitique à l'alliance française fera en sorte qu'elle le deviendra davantage à cause de la présence de nouveaux enjeux et acteurs. L'inclusion de ces collectivités à l'alliance française accentue l'instabilité politique de cet espace géographique, mais ne la crée pas. Les nombreuses nations autochtones de cette région ont parfois des intérêts différents tout comme des objectifs politiques, stratégiques et économiques qui peuvent être à l'occasion divergents. Elles ne forment certes pas un bloc politique homogène. Le baron de Lahontan, en s'appuyant sur ses propres observations lors de son séjour en Nouvelle-France, affirmait à propos des collectivités de l'Ouest que leurs « intérêts sont tout à fait opposez[15] ». Selon Lamothe Cadillac, le commandant de Michillimakinac était « obligé de menager plus de 40 nations dont l'humeur et les inclinaisons sont toutes opposées et les interest tous differens[16] ». Même si ces témoignages sont quelque peu alarmistes puisque les nations des Grands Lacs ont en effet des intérêts en commun, il en sera question un peu plus loin dans ce chapitre, ils traduisent néanmoins la forte instabilité géopolitique de cette région[17].

Les Pays d'en Haut sont embrasés par de nombreux conflits armés[18]. Les nations autochtones protègent leurs intérêts commerciaux et leurs contacts privilégiés avec les Français. Certaines d'entre elles exigent un péage auprès des voyageurs et des marchands empruntant leurs territoires[19]. Le fait que les Français transigent avec une nation plutôt qu'une autre n'est pas sans créer des tensions[20].

La formation d'alliances locales dans les Pays d'en Haut est une conséquence directe de la division, de la méfiance et des tensions qui règnent entre les nations de cette région, et ce, avant et après leur intégration à l'alliance française. Selon Havard, c'est à partir de 1650-1660 que se constitue le réseau d'alliances dans la région des Grands Lacs. La plus importante, la Ligue du Pays d'en Haut, aussi connue sous l'appellation de la Confédération des Trois-Feux[21], aurait regroupé à l'origine les Ojibwas [Sauteurs], les Outaouais et les Poutéouatamis. Cette ligue se serait élargie aux Hurons-Pétuns vers 1650, puis finalement aux Français dans les années 1660-1670[22]. L'existence de ces alliances locales amène la formation de coalitions militaires afin de venger une nation à la suite de l'agression d'une autre. Les

Outaouais annoncent ainsi à Nicolas Perrot, au tout début du gouvernement de La Barre, qu'ils joignent leurs forces à celles des Sauteurs afin de les venger d'une attaque des Outagamis[23]. Les Outagamis et les Sauteurs n'en seront pas à leurs derniers démêlés. En effet, dans un conflit postérieur sous le gouvernement de Denonville, les Sauteurs réussiront à obtenir une alliance des Sioux afin de mieux les combattre[24]. Une même alliance fera à nouveau surface, au milieu de la décennie 1690, contre les Outagamis et les Mascoutins. En présence des autorités françaises, les Sauteurs se déclareront officiellement les alliés des Sioux: «Nous [les Sauteurs] venons vous demander une grace qui est de nous laisser faire, nous sommes alliez des Sioux: on a tué des Outagamis, ou Maskoutechs, le Sioux est venu pleurer avec nous, laissez-nous faire notre Pere [Frontenac], laissez-nous venger[25]». En s'adressant à Frontenac, en 1697, les Ouatouais lui font part, de façon non équivoque, de l'existence d'une alliance qui les lie aux Sauteurs puisqu'ils «ne faisoient qu'un mesme feu avec ces derniers[26]». D'autres alliances locales semblables existent également. La Potherie évoque, par exemple, que les Sakis ont leurs propres alliés, sans donner plus de détails[27].

L'existence de ces regroupements politiques au sein même de l'alliance française témoigne de sa faible stabilité dans les Pays d'en Haut. Les Français ne furent pas en mesure de faire échec à la création et au maintien de telles alliances. Les autorités coloniales tentèrent néanmoins de mettre fin, par l'entremise de la médiation et des moyens stratégiques souterrains, aux démêlés armés entretenus, voire engendrés, par les multiples alliances existant dans cette région. Elles pouvaient entraîner un effet domino dans les conflits entre les collectivités des Grands Lacs, mais elles favorisaient aussi le détournement de leurs efforts militaires contre les Iroquois. C'est en ce sens que le gouverneur général Denonville craignait que les Illinois ne participent pas à la campagne contre les Tsonnontouans, en 1687, puisqu'ils s'étaient brouillés avec les Outagamis et d'autres nations de la baie des Puants[28].

Par ailleurs, ces peuples n'ont pas toujours des intérêts similaires à ceux des Français. L'historien jésuite Charlevoix rapporte que les chefs amérindiens en étaient tout à fait conscients. Certains d'entre eux affirmèrent, en 1685, «que ce n'étoit pas la première fois qu'ils s'apercevoient que leur intérêt n'entroit dans les entreprises des François, qu'autant que nous y trouvions notre avantage; mais qu'ils n'en seroient plus les Dupes[29]».

Des tensions, parfois très vives, existaient aussi entre les Français et leurs alliés autochtones. Par exemple, les Outaouais refusèrent de participer à l'expédition de Denonville contre les Cinq-Nations, en 1687, parce qu'ils se méfiaient des véritables intentions du gouverneur général, avançant même qu'une fois les Iroquois soumis les autorités de la colonie feraient mettre leurs alliés autochtones «à la charuë» pour qu'ils labourent la terre comme des bœufs[30]. Nicolas Perrot soutenait que les Outaouais, «quoyqu'ils fassent semblant» d'être les amis des Français, n'agissaient que «par politique et par crainte, ne se fiant à aucune nation[31] ». Différents témoignages rendant compte de la méfiance présente dans les relations franco-amérindiennes de la région des Pays d'en Haut reviennent périodiquement dans les sources[32].

En plus des Algonquins et des Montagnais, d'autres collectivités amérindiennes étrangères à l'espace géographique des Grands Lacs faisaient partie de l'alliance franco-amérindienne, dont la confédération abénaquise et les Sioux[33]. Ces derniers la joignirent officiellement en 1695[34]. Les réductions amérindiennes étaient aussi une composante fort importante de cette alliance. Les documents témoignent du rôle clé que jouèrent les Iroquois des réductions de la région de Montréal dans la mise en œuvre des moyens stratégiques souterrains de l'époque.

Aspirations et objectifs géopolitiques de la Nouvelle-France

Des préoccupations d'ordre commercial et économique sont au centre des aspirations géopolitiques de la Nouvelle-France. L'objectif de la colonie française d'être l'intermédiaire obligé des nations des Pays d'en Haut est contesté par la Chaîne d'alliance. Les Français cherchaient à empêcher les Anglais et les Iroquois de venir établir des contacts commerciaux avec leurs alliés autochtones de l'Ouest. Il fallait également contrer un mouvement inverse[35]. Les nations des Grands Lacs, attirées par des prix plus avantageux à Albany ou New York, pouvaient très bien établir des liens commerciaux avec le réseau anglo-iroquois.

Dans la logique amérindienne, une union étroite existe entre le commerce et la politique. Un mémoire rédigé par plusieurs marchands français, en 1698, traduisait très bien cet aspect fondamental de la culture autochtone en affirmant que le commerce est « le lien le plus fort des alliances et de l'amitié[36] ». Les autorités françaises concevaient très bien les conséquences funestes que pourraient entraîner des rapports commerciaux entre les collectivités des Pays d'en Haut et la Chaîne d'alliance. Abandonnée par les nations amérindiennes qui lui fournissent un important soutien militaire et l'essentiel de ses pelleteries, la Nouvelle-France, amputée de son assise économique, aurait à faire face à un renversement des alliances qui, selon un mémoire anonyme de 1689, la rendait plus que vulnérable :

> [Il] seroit tres desavantageux, et tout à fait ruineux au commerce qu'ils [les nations alliées] fissent une alliance avec les Iroquois car outre qu'ils pourroient les inciter à porter leurs pelleteries aux Anglois, ils pourroient de meme les seduire pour se liguer ensemble pour detruire la colonie[37].

La construction de forts et de postes dans l'Ouest est au fondement de la stratégie française. Ils forment une « barriere » qui sert à des fins commerciales, mais également à des fins militaires pour « tenir en bride » les Iroquois[38]. Les officiers et les missionnaires établis à proximité ou au sein même de ces établissements s'affairaient à défendre les intérêts des Français. Entre autres choses, ils devaient tout mettre en œuvre, bien davantage par la voie diplomatique et par le recours aux moyens stratégiques souterrains plutôt que par la force, pour que les nations de l'Ouest demeurent dans l'alliance française[39]. Les détachements français également présents à ces postes et forts avaient pour tâche d'empêcher les Iroquois ou les Anglais de s'installer dans la région, voire de conquérir un établissement français. En 1694, Frontenac et Champigny soutiennent

> qu'il est important d'entretenir des detachemens dans les postes establis aux pays eloignez pour nous conserver les Sauvages qui y sont et oster aux Anglois la grande envie qu'ils ont d'y aller essayant toujours de s'estendre pour avoir le commerce de la pelleterie, le principal interest que Sa Majesté a dans la garde et conservation de ces postes est d'empescher que nos Sauvages alliez n'ayent aucunes pratiques avec les Anglois, car comme nous venons de dire s'ils avoient une fois commencé, l'attrait du bon marché les porteroit à se declarer pour eux et sans doute de nos amis qu'ils sont deviendroient nos ennemis qui seroit le plus grand mal qui pouvoit ariver en ce pays[40].

Conscients de la menace que les Cinq-Nations faisaient peser sur la Nouvelle-France, les Français envisagèrent un temps de les exterminer complètement. C'était la position de Louis XIV au début des années 1660. Cette volonté transparaît clairement, en 1663, dans les instructions transmises par la Couronne française. On peut y lire que le roi est résolu d'envoyer des troupes en Nouvelle-France pour attaquer les Iroquois « dans leurs foyer, & les exterminer chez eux[41] ».

La destruction des Iroquois est un souhait récurrent dans la correspondance officielle des années 1663 à 1667[42]. C'est précisément pour accomplir cette mission que le régiment de Carignan-Salières fut envoyé en Nouvelle-France. Les instructions données à l'intendant Talon, nouvellement arrivé dans la colonie, en témoignent: «le Roy pour y apporter un remede convenable a resolû de leur porter la guerre jusques dans leurs foyers pour les exterminer entierement[43]». Avec l'arrivée prochaine des troupes du roi, les Iroquois, dans l'esprit de certains Français, sont condamnés à subir une défaite fatale et inévitable à un point tel que l'on évoque déjà, en 1665, l'après-destruction des Cinq-Nations[44]. Talon, en s'adressant à Tracy et à Courcelles, en 1666, mentionne à nouveau clairement l'objectif des Français en regard de la guerre qu'ils s'apprêtent à faire aux Iroquois[45].

Toutefois, les dirigeants coloniaux se rendirent compte rapidement que l'extermination des Iroquois était un objectif très difficile à atteindre. La politique française à l'égard de la «destruction» des Iroquois évolue après 1667 et s'oriente essentiellement vers des stratégies destinées à affaiblir les Cinq-Nations et à les forcer à demander la paix.

Par ailleurs, les Français avaient-ils vraiment intérêt à ce que les Iroquois disparaissent de la scène géopolitique de l'Amérique du Nord-Est? Certains, comme le baron de Lahontan, ne le croyaient pas:

> Ceux qui prétendent que la destruction des Iroquois seroit avantageuse aux Colonies de la Nouvelle France, ne connoissent pas les véritables intérêts de ce païs-là, puisque si cela étoit les Sauvages qui sont aujourd'hui les amis des François seroient alors leurs

plus grands ennemis, n'en ayant plus à craindre d'autres. Ils ne manqueroient pas d'appeler les Anglois, à cause du bon marché de leurs Marchandises, dont ils font plus d'état que des nôtres : ensuite tout le Commerce de ce grand Païs seroit perdu pour nous. Il seroit donc de l'intérêt des François que les Iroquois fusent affoiblis, mais non [85] pas totalement defais[46].

Callière, alors qu'il était gouverneur de Montréal, était du même avis. Dans une lettre qu'il adressait au ministre de la Marine, Phélypeaux, en 1694, il écrivait qu'il fallait laisser les Iroquois « en estat qu'ils ne puissent un jour ruiner ce pays » tout en « les laissant assés forts pour que la crainte que nos Outaouax puissent avoir d'eux leurs serviroit toujours de barriere pour empecher qu'ils n'aillent chés les Anglois chercher le bon marché de leur marchandises[47] ».

Il fallait donc, d'un point de vue français, affaiblir la Ligue iroquoise et non la détruire. N'étant plus une menace pour les intérêts de la colonie française, les nations iroquoises devaient tout de même demeurer un obstacle significatif empêchant les Amérindiens de l'Ouest de se passer de leur intermédiaire français en allant directement chez les marchands des colonies anglaises.

Lorsque la Couronne française envoya le régiment de Carignan-Salières pour en finir une fois pour toute avec les Cinq-Nations, la Nouvelle-France n'avait pas entrepris son expansion vers l'Ouest. À cette époque, les Français n'avaient pas encore pris toute la mesure de la réalité géopolitique des Pays d'en Haut, donc de la nécessité de maintenir une barrière entre les nations des Grands Lacs et les colonies anglaises. Même si l'on retrouve des traces témoignant de cette volonté de détruire les Iroquois dans la correspondance officielle après 1667[48], les Français n'avaient pas intérêt à entreprendre un tel projet[49].

Au lieu de détruire complètement les Iroquois, les Français cherchèrent à les attirer à venir s'établir dans la vallée du Saint-Laurent. Les missionnaires y voyaient une occasion d'affermir la religion catholique parmi les Iroquois, tandis que les autorités françaises étaient plus sensibles aux avantages stratégiques. Dès le moment où certains Iroquois manifestèrent le désir de s'établir parmi les Français, Courcelles y vit un enjeu géopolitique :

> M. de Courselle, qu'on avoit soin d'instruire de tout, fut charmé de voir les Néophytes Iroquois dans le dessein de s'établir parmi les François ; il comprit que leur nombre augmentant, il s'en pourroit former une Peuplade, qui, avec le tems, serviroit de barrière contre les Cantons mêmes, si la guerre recommençoit[50].

Ces Iroquois, comme le remarque l'intendant Duchesneau, en 1679, pouvaient d'ailleurs très bien servir d'otages dans l'éventualité d'une nouvelle guerre contre les Iroquois[51]. La Couronne française communiqua aux dirigeants de la Nouvelle-France sa volonté de faire des Iroquois domiciliés des sujets au service du roi[52]. L'établissement des réductions, du moins clairement dans le cas de celles des Iroquois de la région de Montréal, s'inscrit autant sinon plus dans un projet politique et militaire que dans un projet religieux. Cela ressort clairement dans les premières instructions données à Frontenac lors de son deuxième gouvernement[53]. Ainsi, « pour le bien de la colonie » et pour affaiblir les Iroquois, les Français firent de cet objectif un aspect important de leur politique dans la seconde moitié du XVIIe siècle[54].

Les autorités de la Nouvelle-France sont conscientes que sans le soutien militaire, le harcèlement continuel et la guérilla des Amérindiens alliés des Pays d'en Haut, il sera très difficile d'imposer leurs conditions de paix aux Iroquois. Toutefois, comme nous l'avons noté, ces nations entretiennent souvent des relations conflictuelles. La stratégie des dirigeants français consiste à maintenir la paix et la bonne entente parmi les collectivités de l'Ouest[55]. En ce sens, l'établissement de rapports pacifiques dans la région des Grands Lacs est, aux yeux des Français, une condition nécessaire et préalable afin de faire en sorte que les autochtones alliés concentrent leurs efforts militaires contre la Ligue iroquoise[56].

Dans les dernières décennies du XVIIe siècle, un des principaux objectifs des autorités françaises sera de forcer les Iroquois à accepter une paix générale qui inclurait l'ensemble des alliés amérindiens de la Nouvelle-France. Une telle paix aurait confirmé la position centrale de la colonie dans le commerce avec l'Ouest. Par contre, d'un point de vue iroquois, faire la paix avec les nations des Pays d'en Haut, sous l'égide des Français, impliquait d'accepter de mettre fin à leur politique cherchant à les attirer et à les inclure dans leur réseau d'alliances[57]. Cela signifiait aussi consentir à mettre fin à leur objectif d'être les intermédiaires de ces collectivités dans le commerce. Une paix séparée avec les Français ne posait pas de problème grave à la Ligue iroquoise, du moins dans la décennie 1690, et tout porte à croire qu'elle aurait pu être entérinée bien avant la Grande Paix de Montréal[58]. Il faudra cependant plusieurs années avant que les Cinq-Nations acquiescent à la volonté française d'une paix générale[59].

À travers cette paix générale, les Français voulaient aussi se faire reconnaître le statut de médiateur auprès de l'ensemble des nations amérindiennes. Cet objectif visait à établir un cadre géopolitique qui aurait favorisé le maintien de relations pacifiques entre collectivités autochtones. En effet, rien ne garantissait qu'une paix générale aurait assuré des rapports pacifiques non seulement entre les nations de l'Ouest, mais également entre celles-ci et la Ligue iroquoise. Afin d'éviter que d'éventuelles situations conflictuelles n'entraînent des guerres qui nuiraient au commerce et à la stabilité politique de l'alliance, les Français cherchèrent donc à s'attribuer un tel rôle à l'endroit des Amérindiens.

Cette prétention française n'est pas nouvelle, elle remonte au gouvernement de Courcelles à la suite de la paix franco-iroquoise de 1667[60]. Lors de l'établissement du fort qui portera son nom à Cataracoui, Frontenac affirme qu'il est l'arbitre de la paix et de la guerre[61]. Les Français avaient déjà joué, parfois même à la sollicitation des autochtones[62], le rôle d'arbitre ou de médiateur dans des conflits opposant différentes nations[63]. Toutefois, c'est lors de la Grande Paix de Montréal que les Français insistent davantage sur cette fonction et qu'ils réussissent à obtenir de leurs alliés et des Iroquois une telle reconnaissance[64].

Les craintes des Français s'avérèrent justes et des conflits auront tôt fait d'éclater entre les Amérindiens de l'Ouest et les Iroquois[65]. C'est à partir du poste nouvellement fondé à Détroit que les Français tentent, dans un premier temps, d'arbitrer ces conflits. Cependant, dans la logique de la Grande Paix de 1701, les Français insistent pour faire de Montréal le centre diplomatique des nations amérindiennes de l'Amérique du Nord-Est. Ce n'est pas sans raison que les Français y ont planté l'arbre de la paix, établi la «cabane de Conseil» et «alumé le feu de la paix[66]».

Les autorités de la Nouvelle-France cherchèrent également à s'approprier et à se faire reconnaître une certaine position hégémonique sur les nations autochtones. Les ambitions impériales des Français sont intimement liées à des intérêts économiques et stratégiques. Elles s'incarnent dans la démonstration et la reconnaissance de leur souveraineté sur les collectivités amérindiennes. Lors de l'expédition militaire de Tracy, les Français plantèrent une croix et prirent possession des terres agniers au nom du roi de France[67]. Même si les dirigeants coloniaux évitent d'aborder ou d'en faire mention cette prétention lors de leurs rencontres diplomatiques subséquentes avec les Iroquois, ils soutiennent, à l'instar des Anglais, que les Cinq-Nations et leurs territoires sont sous domination française. Certes, les autorités de la Nouvelle-France ont affirmé leur hégémonie souveraine avec peu d'insistance auprès des Amérindiens, tant alliés qu'Iroquois. Ayant à composer avec la fragilité de leur réseau d'alliances dans l'Ouest et l'instabilité de leurs relations avec l'Iroquoisie, les dirigeants français avaient intérêt à se faire discrets sur ce sujet. Une politique similaire de prise de possession de territoires, afin de donner légitimité aux aspirations impériales de la Couronne française en Amérique du Nord, eut lieu également dans l'Ouest[68].

Aspirations et objectifs géopolitiques des nations de l'Ouest

Les nations des Grands Lacs appartenant à l'alliance franco-amérindienne n'étaient pas regroupées au sein d'une confédération ou au sein d'une autre forme d'organisation politique qui aurait rassemblé la grande majorité d'entre elles[69]. Même si les relations entre les nations de l'Ouest sont parfois, voire souvent, tendues et conflictuelles, celles-ci possédaient tout de même des intérêts communs. Leurs rapports avec la Nouvelle-France et avec la Chaîne d'alliance les amenaient à faire face à des options géopolitiques et à un contexte politico-économique similaires.

Une des craintes récurrentes des Amérindiens des Pays d'en Haut était de voir les Français conclure une paix séparée avec les Iroquois. L'attitude des Français alimentait parfois leurs inquiétudes. En 1684, par exemple, le gouverneur général La Barre avait accepté de laisser tomber les Illinois pour conclure un traité avec les Cinq-Nations. Quatre ans plus tard, Denonville avait amorcé des pourparlers de paix avec les Iroquois sans ses alliés des Grands Lacs.

À plusieurs reprises, les nations de l'Ouest réitérèrent aux autorités françaises qu'elles ne devraient pas être exclues d'une éventuelle paix franco-iroquoise. C'est sans doute Frontenac qui saisit le mieux la nécessité de refuser toute paix séparée avec les Iroquois. Il en fera un élément clé de sa politique au cours de son deuxième mandat[70].

Cette même préoccupation rend compte également du souci des autochtones des Pays d'en Haut d'empêcher tout accommodement qui les aurait laissés à la merci des Iroquois. Le fameux événement où le chef huron Kondiaronk «tua la paix» — il en sera question dans le second chapitre — en témoigne bien. Il va de soi que les collectivités de l'Ouest ont de surcroît intérêt à prolonger les hostilités franco-iroquoises afin d'empêcher une paix séparée. Le maintien d'un tel conflit signifie que la menace militaire iroquoise se fait précisément moins grande et réduit, par le fait même, les possibilités d'un éventuel arrangement politique qui les aurait exclues. Cet objectif géopolitique ressort clairement, en 1690, dans une lettre de Denonville au ministre de la Marine Seignelay: «Les Sauvages nos aliés sont tres aises de nous voir en guerre avec les Iroquois parce qu'ils sont chés eus en repos tout leur sçavoir faire a esté d'ampescher en 1688. que la paix ne se conclut entre les Iroquois et nous[71]».

Dans la deuxième moitié du XVIIe siècle, les coureurs des bois se font de plus en plus présents dans les Pays d'en Haut et même au-delà de ces territoires. Ces Français se rendent désormais directement chez des collectivités beaucoup plus éloignées, comme les

Cris, les Folles-Avoines ou encore les Sioux, et échangent leurs produits contre des pelleteries. Ce commerce se fait au grand détriment de certaines nations, notamment celles de Michillimakinac, dont les Outaouais et les Hurons[72]. Ces dernières y voient une menace à leurs intérêts commerciaux et cherchent à maintenir leur position d'intermédiaires entre les Français et les nations au-delà des Grands Lacs[73].

Par ailleurs, les Sioux, tout au cours de la seconde moitié du XVIIe siècle, même après leur intégration formelle à l'alliance française, en 1695, entretiennent de nombreuses guerres avec plusieurs collectivités des Pays d'en Haut. La Potherie soutient qu'ils «ont la guerre avec toutes les nations, à la reserve des Sauteurs & des Ayoës, & même bien souvent ces derniers ont des differens avec eux[74]». Étant géographiquement à l'abri de la guérilla des Iroquois, cette nation entretiendra et sera à l'origine de nombreux conflits[75]. Or, les Sioux sont en mesure de s'équiper en armes à feu par l'entremise des marchands français qui viennent faire la traite dans leurs territoires[76]. Ces échanges commerciaux sont perçus, par certaines nations alliées, comme une menace économique, mais aussi militaire[77]. Cette situation engendre deux conséquences importantes. La première: les Amérindiens s'en prennent aux Français qui vont commercer chez les Sioux en pillant leur marchandise. Plusieurs nations, dont entre autres les Mascoutins, les Outagamis et les Illinois, pillèrent tour à tour les voyageurs français commerçant avec les Sioux[78]. Ces actions, comme le note La Potherie, ne semblent guère être le fruit de l'improvisation et témoignent d'un réel mécontentement :

> Le Chef [des Outagamis] dressa ensuite des ambuscades pour attendre les François qui devoient revenir du païs des Nadouaissioux ; il est vrai que tous les peuples de la Baye avoient grand sujet de se plaindre qu'on alloit porter chez leurs ennemis toutes sortes de munitions de guerre, il ne falloit pas s'étonner si l'on avoit tant de peine à ménager tous les esprits[79].

Deuxième conséquence : ce commerce favorise un rapprochement avec les Iroquois. Un rapport du bureau de la Marine notait, en 1695, que certaines nations alliées avaient négocié avec la Ligue iroquoise en raison « du commerce des François avec les autres Sauvages qui sont encor par delà ces nations[80] ». En 1695, après avoir pillé des voyageurs français, les Outagamis, selon Callière, avaient l'intention de s'établir près des Iroquois[81].

Considérant que cette situation contribue à entretenir des conflits chez les collectivités de l'Ouest, à détourner l'effort militaire contre les Iroquois tout en pouvant entraîner un éventuel renversement des alliances, les autorités françaises ne resteront pas insensibles à ce problème[82]. Néanmoins, la situation demeura inchangée pendant toute la période qui nous concerne.

Les Français craignent donc un retournement des alliances dans la région des Grands Lacs. Une telle possibilité n'est cependant pas écartée par les Amérindiens de l'Ouest, même s'ils cherchent à entretenir une situation conflictuelle entre la Ligue iroquoise et la colonie française. Les prix avantageux offerts par les Anglais constituent une force d'attraction importante pour les nations des Pays d'en Haut. Certaines d'entre elles, notamment les Hurons de Michillimakinac et les Outaouais[83], menacent plus que fréquemment, voire sur une base permanente, de faire alliance avec les Iroquois[84]. À plusieurs reprises, les autorités françaises font état d'un éventuel renversement des alliances dans l'Ouest. En 1686, soit un an avant son expédition en Iroquoisie, Denonville écrivait à Seignelay que les Hurons et les Outaouais « par crainte ou infidelité qui leurs est naturelle prennent de si grandes liaisons avec eux [les Iroquois], que bien loin de compter sur eux nous devons bien prendre garde à eux et les observer comme nos ennemis[85] ». Deux ans plus tard, Denonville ajoutait que « depuis que je suis en ce pays tout ce que nous avons pu faire n'a eté que de detourner nos Sauvages de prendre des liaisons avec le Iroquois pour parvenir au commerce[86] ». Dans une requête qu'il adresse à Champigny, en 1700, Louvigny soutient que les cinq années qu'il a passées au poste de Michillimakinac furent essentiellement consacrées à faire en sorte de maintenir les alliés dans l'alliance française[87]. Les témoignages qui abondent en ce sens sont récurrents tout au cours de la seconde moitié du XVIIe siècle[88].

Cette volonté qui anime certaines nations des Pays d'en Haut de rejoindre le réseau anglo-iroquois les amène parfois à commettre des actions très préjudiciables à la stabilité politique de l'alliance française. Afin de s'attirer la sympathie des Iroquois dans l'espérance de conclure une alliance avec eux, les Outaouais mirent sur pied le projet d'attaquer les

Miamis et d'autres nations du Sud[89]. Dès le moment où les événements tournent en défaveur des Français, les Amérindiens des Grands Lacs deviennent encore plus réticents à maintenir leur alliance avec la Nouvelle-France, notamment à la suite du raid iroquois sur Lachine en 1689[90].

L'orientation politique ambivalente des autochtones de l'Ouest entre la Nouvelle-France et le réseau anglo-iroquois s'explique en partie par la présence de factions francophiles et pro-iroquoises au sein de leurs collectivités. L'existence de groupes favorables à la Chaîne d'alliance dans les Pays d'en Haut rend possible et favorise le rapprochement avec les Cinq-Nations. N'eût été de cette situation, l'alliance française aurait bénéficié d'une bien meilleure stabilité politique. Tout au long de la seconde moitié du XVIIe siècle, ces deux factions s'affrontèrent sur une base permanente, sans que l'une ne réussisse véritablement à prendre le dessus sur l'autre[91]. Cette réalité géopolitique est particulièrement évidente chez les Outaouais et les Hurons de Michillimakinac où deux grands chefs, Kondiaronk et Le Baron, s'opposèrent, surtout dans la dernière décennie du XVIIe siècle[92]. La Potherie écrit à ce sujet que, « parmi les Outaoüaks de Michilimakinak qui s'étoient toûjours unis aux Hurons en faveur des Iroquois, il y avoit des Chefs qui ne laissoient pas de prendre fortement nos interêts[93] ». Non seulement des villages sont divisés, mais également des nations entières. À titre d'exemple, en 1698, Callière rapporte que deux nations outaouaises avaient pour dessein de quitter Michillimakinac alors qu'une seule, les Sinagos, voulait y demeurer[94]. Les politiques opposées des factions créent un contexte où il est difficile d'établir des rapports stables entre acteurs. Ce qui est décidé lors d'une conférence diplomatique à Montréal ne sera pas nécessairement appliqué une fois les ambassadeurs de retour dans leurs nations respectives. Tout dépendra alors du rapport de force qui s'établira entre les deux factions.

Deux grandes options géopolitiques se présentent donc aux nations de l'Ouest. Premièrement, maintenir l'alliance avec les Français et bénéficier de leur appui militaire ; cela implique qu'ils devront accepter de payer plus cher pour obtenir des produits européens. Deuxièmement, joindre la Chaîne d'alliance, ce qui permettrait d'avoir accès à de la marchandise à bien meilleur prix ; cette alternative implique cependant d'accepter la position d'intermédiaires des Cinq-Nations dans le commerce, ce qui pourrait se traduire par une certaine hégémonie politique des Iroquois. De plus, il va de soi que le soutien militaire de la Nouvelle-France serait dès ce moment chose du passé.

La Chaîne d'alliance

Origine et développement de la Chaîne d'alliance jusqu'en 1701

La Confédération iroquoise est au cœur de cette alliance avec les colonies anglaises. Les origines exactes de la fondation de la Ligue iroquoise sont mal connues. Selon la tradition orale iroquoise, elle fut fondée avant l'arrivée des premiers Européens. Certains spécialistes la font remonter au XIVe siècle alors que d'autres estiment que le XVIe, voire le XVIIe siècle sont des hypothèses plus plausibles[95]. Il appert toutefois certain que la Ligue iroquoise existe bel et bien dans la décennie 1630-1640. Les jésuites présents en Huronie en témoignent dans leurs écrits[96]. Le territoire des Iroquois se situe entre la rivière Hudson et le sud du lac Ontario. La nation des Agniers était géographiquement la plus à l'est de l'Iroquoisie. Suivaient ensuite, d'est en ouest, les Onneiouts, les Onontagués, les Goyogouins et les Tsonnontouans[97]. Le principal village des Onontagués servait de capitale pour les Cinq-Nations. Il est difficile d'évaluer avec précision la population iroquoise au moment où elle prit contact avec les Occidentaux. Les sources nous permettent d'estimer leur nombre à 10 000 en 1660. En prenant pour exemple l'Huronie qui passa, à la suite d'épidémies causées par l'arrivée des Européens, de 30 000 personnes en 1615 à 9 000 au début des années 1640, on peut estimer que la population iroquoise était vraisemblablement de deux à trois fois supérieure à 10 000 avant l'arrivée des Blancs[98]. Malgré cette décroissance démographique, la Confédération iroquoise demeura, aux XVIIe et XVIIIe siècles, une puissance militaire importante dans le nord-est de l'Amérique et la principale alliée des Anglais.

La Chaîne d'alliance remonte à 1677. Elle fut précédée par une série de traités impliquant d'abord les Hollandais et les nations amérindiennes du l'Hudson. Après le passage de l'explorateur qui donna son nom à cette rivière en 1609, des marchands hollandais indépendants commencèrent à établir des relations commerciales avec les populations autochtones établies près de ce cours d'eau et de la côte atlantique. Une compagnie fonda un poste à Fort Nassau en 1614[99]. Les Mohicans, voisins immédiats des Hollandais, entretenaient de bonnes relations avec d'autres nations algonquiennes établies plus à l'ouest, ce qui leur donnait le contrôle de l'accès au commerce des fourrures de la vallée du Saint-Laurent. Désireux d'obtenir ces pelleteries, les marchands hollandais entérinèrent un traité d'amitié et de non-agression avec les Mohicans en 1618[100]. L'arrivée de la Compagnie hollandaise des Indes occidentales, en 1621, marque une étape importante dans l'établissement des Hollandais en Amérique du Nord-Est. En effet, cette compagnie fut la première à établir une véritable continuité en matière de politique commerciale dans la vallée de l'Hudson[101].

L'existence d'un tel commerce incita les Agniers à entrer en guerre contre les Mohicans pour se tailler une position commerciale avantageuse[102]. Une toute première alliance eut lieu entre les Hollandais et les Agniers en 1643[103]. Elle fut symbolisée par une chaîne de fer. Un pacte de non-agression précéda cette alliance et aurait été, selon Jennings, représenté par une corde[104].

Faisant suite à l'alliance de 1643, deux autres traités furent entérinés, en 1645, et avaient essentiellement pour objectif de proclamer la paix entre toutes les collectivités amérindiennes de la Nouvelle-Hollande. L'alliance entre les Agniers et les Hollandais répondait à des intérêts communs. Les premiers obtenaient des produits européens et des armes alors que les seconds s'assuraient, par le fait même, d'une source d'approvisionnement en pelleteries. De plus, tout porte à croire, selon Jennings, que les traités de 1645 ont amené une pacification relative entre les nations autochtones de la Nouvelle-Hollande[105]. Les Agniers semblent avoir accompli un rôle de médiateur entre ces nations afin de maintenir cette paix chancelante. La tribu Esopus brisa à l'occasion les traités de 1645, mais les Agniers intervinrent chaque fois pour ramener la paix. Cette alliance aurait donc permis aux Agniers de gagner une certaine influence et autorité sur le plan diplomatique à l'endroit des autres collectivités autochtones de la Nouvelle-Hollande[106].

En 1664, la Nouvelle-Hollande fut conquise par les Anglais. Les nouveaux maîtres de l'Hudson entérinèrent, au cours de la même année, une alliance avec les Agniers et les quatre autres nations iroquoises[107]. Même si les sources ne font pas précisément état de l'expression « Covenant Chain » avant sa naissance proprement dite en 1677, la tradition orale iroquoise, dès la deuxième moitié du XVIIe siècle, la faisait remonter aux premiers traités entérinés entre les Agniers et les Hollandais[108]. Quel que soit le point de vue que l'on adopte, il n'en demeure pas moins que les deux traités de paix signés à Albany, en 1677, marquent l'adhésion formelle des cinq nations iroquoises, ainsi que certaines collectivités amérindiennes de la rivière Hudson, à cette alliance désormais symbolisée par une chaîne d'argent[109].

Des intérêts économiques et commerciaux communs constituaient la principale force de cette alliance. Attirer les nations de l'Ouest dans le réseau de la Chaîne d'alliance était un objectif politique que partageaient les deux partenaires. Des intérêts militaires n'étaient pas, par ailleurs, étrangers à cette alliance. Les Cinq-Nations se dressaient comme une barrière entre la Nouvelle-France et la Nouvelle-Angleterre et offraient à cette dernière une certaine protection face aux raids des Français et de leurs alliés amérindiens. Pour leur part, les Iroquois tiraient de cette alliance, en échange de leurs pelleteries, la source de leur approvisionnement en produits européens, dont des armes à feu.

Les rapports diplomatiques anglo-iroquois se faisaient essentiellement, d'un point de vue anglais, par la voie de la Nouvelle-York, celle-ci ayant un statut prédominant dans l'élaboration des relations politiques entre les colonies anglaises et les Cinq-Nations. Les colonies du Massachusetts, du Maryland et de la Virginie lui étaient subordonnées dans le processus des négociations diplomatiques et l'établissement des traités[110].

Même si des tensions existaient au sein de la Chaîne d'alliance, elle paraît néanmoins beaucoup moins instable que l'alliance franco-amérindienne. La forte influence exercée par les Cinq-Nations sur les autres collectivités autochtones de l'alliance lui conférait une certaine unité[111]. Avant d'aborder les objectifs géopolitiques respectifs de la Ligue iroquoise et de la Nouvelle-York, précisons que les autres nations amérindiennes de la Chaîne d'alliance jouèrent un rôle effacé derrière la puissance iroquoise à cette époque, du moins en ce qui concerne les relations franco-amérindiennes. Il ne semble pas pertinent, en l'occurrence, qu'une présentation particulière de leurs objectifs géopolitiques se justifie et s'impose.

Aspirations et objectifs géopolitiques de la Nouvelle-York

Même si cet ouvrage ne porte pas spécifiquement sur les relations anglo-amérindiennes, il importe de présenter les objectifs et les aspirations géopolitiques de la Nouvelle-York. Celle-ci ayant des intérêts communs avec les nations iroquoises, voire une certaine influence sur ces dernières, elle joue un rôle fort important dans les relations diplomatiques de l'époque, rôle qu'il est impossible d'occulter ou d'ignorer si l'on désire comprendre les enjeux politico-économiques de la deuxième moitié du XVIIe siècle. La Nouvelle-York tire des revenus importants du commerce des fourrures, commerce à l'origine de sa fondation comme la Nouvelle-France. Peu étendue par rapport à la colonie française et n'ayant à toutes fins utiles aucun représentant officiel dans la région des Grands Lacs, la Nouvelle-York a donc tout intérêt à s'assurer d'une source d'approvisionnement en pelleteries et, de même, le contrôle des territoires d'où elles proviennent. À cet égard, il fallait détacher les nations amérindiennes de l'alliance française, spécialement celles des Grands Lacs, afin de les inclure dans la Chaîne d'alliance. Les Iroquois étaient les instruments de cette politique anglaise, comme le constate La Potherie: «Les Anglais ne pouvoient penetrer jusqu'aux Nations qui devinrent dans la suite nos Alliez, ils engagerent les Iroquois de faire chez eux toutes sortes d'incursion pour enlever leurs Pelleteries, ou pour chasser indifferemment sur leurs terres[112]».

Dans les années 1680, les autorités anglaises lancèrent plusieurs offensives afin d'avoir accès directement aux fourrures de l'Ouest. Le colonel Dongan, gouverneur de la Nouvelle-York, envoya des Anglais prendre possession, au nom du roi d'Angleterre, du poste de Michillimakinac, centre nerveux commercial et diplomatique de l'alliance franco-amérindienne dans les Pays d'en Haut[113]. Cette tentative échoua, mais elle traduisait la volonté des Anglais de contrôler ce territoire et d'avoir directement accès aux nations de la région des Grands Lacs pour consolider leur approvisionnement en pelleteries. En 1687, toujours dans l'intention de s'accaparer des territoires à fourrures, les dirigeants anglais envoyèrent des hommes prendre possession du pays des Illinois, qui y plantèrent les armes du roi d'Angleterre[114].

Cet objectif s'incarne également dans les expéditions mises sur pied par le colonel Dongan dans la décennie 1680-1690. En effet, en 1685 et 1686, deux expéditions furent menées à Michillimakinac et avaient pour objectif de créer des liens commerciaux et politiques avec les alliés autochtones des Français[115]. Escortée par des Tsonnontouans, l'expédition anglaise de 1686 ramena aux Outaouais et aux Hurons des prisonniers de leurs nations respectives. Par ce geste et par les bons prix de leur marchandise[116], les Anglais espéraient créer un rapprochement qui aurait incité, voire convaincu, ces collectivités de se détacher de l'alliance française[117]. À la suite du succès des expéditions de 1685 et 1686, Dongan en lança une autre en 1687. Elle connaîtra, par contre, un sort différent. Divisée en deux bandes et escortée encore une fois par des Iroquois, cette expédition fut interceptée par des Français et des Amérindiens alliés[118].

La volonté des Anglais d'étendre leur réseau commercial aux Amérindiens de l'Ouest témoigne, bien entendu, de leurs intérêts économiques, mais elle traduit également leurs ambitions politiques et impérialistes. En effet, les Anglais cherchent aussi à affirmer et à faire reconnaître leur souveraineté sur certaines nations autochtones, spécialement à l'endroit des Cinq-Nations. Dans un contexte de lutte impériale avec la France, une telle reconnaissance entraînerait de lourdes conséquences politico-économiques pour la colonie française[119].

Le colonel Dongan, dans une procédure typiquement européenne, ira jusqu'à faire planter les armoiries du duc de York dans les trois bourgades des Iroquois supérieurs afin de donner une preuve légitime et légale aux prétentions anglaises[120]. Les Anglais demandèrent aussi, aux autorités de la colonie française, la restitution des prisonniers iroquois lors de la paix conclue entre les Couronnes de France et d'Angleterre en 1697. Or, restituer les prisonniers iroquois à la Nouvelle-York aurait signifié, de façon implicite, reconnaître la souveraineté anglaise sur les Cinq-Nations[121].

Lorsque Bellomont, gouverneur de la Nouvelle-York, demanda aux Iroquois de cesser toute hostilité contre les Français et les Amérindiens des réductions, à la suite des accords de paix de 1697, il appliqua tout simplement avec cohérence les aspirations anglaises dans le nouveau monde[122]. En effet, il serait pour le moins incohérent d'autoriser les Iroquois à poursuivre la guerre contre les Français puisque cela serait reconnaître que la paix signée entre les rois de France et d'Angleterre ne les concerne point et, conséquemment, qu'on peut difficilement les reconnaître comme des sujets anglais. De même, toute paix séparée entre la Ligue iroquoise et la Nouvelle-France allait à l'encontre de la politique anglaise[123].

La présence des jésuites en Iroquoisie était considérée par les autorités de la Nouvelle-York comme une menace sérieuse à leurs intérêts. Non seulement ces missionnaires incitaient les Iroquois à quitter leurs terres d'origine vers les réductions de la région de Montréal, mais toutes leurs manœuvres politiques et diplomatiques étaient perçues comme des activités subversives à l'égard de la Couronne anglaise. À plusieurs reprises, les Anglais tenteront de faire expulser les jésuites de l'Iroquoisie[124]. Après les accords de paix de 1701 et à la suite du retour des missionnaires au sein de l'Iroquoisie, les dirigeants anglais appliqueront, de nouveau, une politique similaire à l'endroit des jésuites[125].

L'immigration des Iroquois en direction des réductions de la région de Montréal était interprétée, avec raison, comme un affaiblissement militaire, d'autant plus que les Iroquois domiciliés participaient aux raids et aux campagnes de l'alliance française contre les Cinq-Nations et la Nouvelle-Angleterre. Leur rapatriement était donc une préoccupation fort importante pour les Anglais et à plusieurs reprises ils agiront en ce sens[126], allant jusqu'à promettre aux domiciliés de leur envoyer des jésuites anglais s'ils regagnaient leurs terres d'origine[127].

Aspirations et objectifs géopolitiques des Cinq-Nations

L'un des principaux objectifs géopolitiques des Iroquois est d'attirer et de détacher certaines nations des Pays d'en Haut de l'alliance française afin de les intégrer dans la Chaîne d'alliance. En échangeant les pelleteries de ces collectivités autochtones contre des marchandises européennes, les Iroquois se seraient attribué une position intermédiaire fort importante dans le nord-est de l'Amérique. Cet objectif suscitait bien des craintes chez les autorités françaises. Par exemple, en 1683, le gouverneur général La Barre affirmait que la volonté des Iroquois était de se rendre « maistre de la traite du castor du costé du sud et sud-ouest, et [...] de se rendre maistres de ces peuples [nations de l'Ouest alliées aux Français] et de ces postes [ceux des Français], et, en nous les enlevant, destruire la colonie et la ferme du Roy en Canada[128] ».

Français et Iroquois désiraient donc la même chose : contrôler le commerce des fourrures avec les nations des Grands Lacs. Cet objectif commun, mais conflictuel, ne pouvait que générer des tensions et des rapports instables. Les périodes de paix franco-iroquoises qui entrecoupent près d'un demi-siècle de conflits sont davantage des trêves. Les Français ne s'attendent jamais à une paix de longue durée avec les Iroquois[129]. Même en temps de paix, l'Iroquois demeure un ennemi, on s'en méfie et on l'observe avec appréhension[130].

En plus de chercher à attirer et à détacher certaines collectivités amérindiennes de l'alliance française au profit de leur réseau d'alliances, les Iroquois devaient également s'assurer de maintenir leur rôle d'intermédiaires face aux Anglais. La Ligue iroquoise défendra jalousement sa position géographique avantageuse en s'opposant à l'établissement d'un poste anglais dans l'Ouest et en surveillant de près toutes expéditions commerciales anglaises dans cette région. Les autorités françaises considéraient que les Iroquois étaient le principal obstacle à l'établissement d'un poste anglais sur le lac Ontario. Denonville mentionne à cet égard qu'il est persuadé que les Anglais aimeraient avoir un poste à cet endroit, mais son absence ne s'explique que par la présence iroquoise[131] . Il ajoute que, si les Anglais ne se sont pas encore établis à Niagara, c'est parce qu'ils « n'ont encore osez toucher cette corde avec les Iroquois[132] ». La volonté des Iroquois de maintenir leur rôle d'intermédiaires face aux Anglais semble un aspect tellement important de leur politique que les Français n'hésitent pas à affirmer que la Ligue iroquoise pourrait avoir recours aux armes si les Anglais « leur passent sur le corps pour aller traitter avec ces derniers [les Amérindiens de l'Ouest alliées aux Français][133] ». De même, la Confédération iroquoise s'opposerait à toute tentative des nations de l'Ouest ou du Nord de franchir son territoire pour aller traiter directement chez les marchands anglais. De telles éventualités sont toutefois moins probables à cause des distances géographiques[134].

La Ligue iroquoise avait un allié qui affichait ouvertement ses ambitions impérialistes. Les Iroquois s'opposèrent à ces prétentions toutes les fois où ils eurent à les affronter. Dès le moment où les Français, mais surtout les Anglais, affirmèrent que les Cinq-Nations étaient sous leur souveraineté, les chefs iroquois réfutèrent ces allégations en affirmant qu'ils n'étaient sujets d'aucune Couronne et restaient « maitres de leurs actions[135] ». Les Iroquois ne manquaient aucune occasion de rejeter publiquement les prétentions françaises et anglaises lors des négociations et des conférences diplomatiques, spécialement face aux Anglais qui dissimulaient moins bien leur volonté[136]. En dépit de toutes les subtilités culturelles qui pouvaient exister entre les Anglais et les Iroquois, ces derniers comprirent rapidement la signification et la portée symbolique des gestes posés par les dirigeants anglais. Ce fut le cas notamment au début de la décennie 1680-1690 lorsque les autorités anglaises firent ériger les armes du duc de York dans certaines bourgades iroquoises[137]. Une telle action n'avait pas été sans créer des ressentiments et des mécontentements auprès des Cinq-Nations. En 1697, les Iroquois mirent au feu les documents du gouverneur Bellomont, qui affirmaient qu'ils étaient sujets anglais[138].

Dans leurs relations diplomatiques, les Iroquois avaient recours à différents termes de parenté, comme père, frère, neveu, cousin et oncle, envers leurs interlocuteurs. Comme le fait remarquer Jennings, il est difficile de cerner avec exactitude la signification et la portée de ces métaphores. Les Européens attribuaient des significations différentes à ces vocables et cela se reflète dans les sources[139]. Par exemple, lorsque Frontenac établit un fort à Cataracoui, il s'adressa aux Iroquois en leur attribuant le terme «enfant», en espérant qu'ils accepteraient de l'appeler «père». Le gouverneur français souhaitait, selon une logique culturelle occidentale, s'attribuer une quelconque autorité sur eux. Toutefois, dans la culture autochtone, le père n'avait pas une autorité similaire à celle des Européens à l'égard de leurs enfants. Le terme «père» que les Iroquois consentirent à accorder à Frontenac et à ses successeurs n'entraînait, à leurs yeux, aucune forme de subordination. Il faudrait plutôt lui attribuer le sens de «pourvoyeur». Par conséquent, les Iroquois s'attendaient à ce que Frontenac s'assure du bien-être de ses «enfants» afin qu'ils ne manquent de rien, tout comme le faisaient leurs chefs[140].

En 1688, le successeur du colonel Dongan au poste de gouverneur de la Nouvelle-York, Edmund Andros, tenta d'imposer à la Ligue iroquoise le vocable «père», mais celle-ci refusa[141]. Iroquois et Anglais se désignèrent réciproquement par l'appellation «frère», ce qui les plaçait symboliquement sur un pied d'égalité. Le recours aux termes de parenté était l'une des composantes caractéristiques de l'univers diplomatique amérindien de l'Amérique du Nord-Est et s'inscrivait, par le fait même, dans une logique autochtone. Il ne faut donc pas attribuer à ce vocabulaire des signes ou des indices voulant que la Ligue iroquoise ait accepté la domination d'une ou de l'autre des puissances européennes. D'ailleurs, les Iroquois l'affirmaient clairement: «L'un [le gouverneur français] est mon pere depuis dix ans, l'autre [le gouverneur de la Nouvelle-York] est mon frere depuis long tems, parce que je l'ai bien voulû ni l'un ni l'autre n'est mon maitre; celui qui a fait le ciel et la terre m'a donné celle où je suis, je suis libre[142]».

Si le rapatriement des Iroquois domiciliés est une préoccupation importante pour les Anglais, voire les Hollandais, il en va de même, sinon plus, pour les nations iroquoises. Les départs périodiques des Iroquois en direction des réductions de la région de Montréal affaiblissaient militairement et démographiquement les Cinq-Nations. Le jésuite Claude Chauchetière écrivait, dans une relation de 1673, que «les guerriers d'Anié sont devenus plus nombreux a montreal quils ne sont au pais, cela fait enrager et les entiens [anciens] des villages et les flammants de manate et d'orange[143]». De plus, les Iroquois avaient également à composer avec les sollicitations et la propagande de leurs parents domiciliés, qui les invitaient notamment à venir s'établir à leurs côtés auprès des Français. Lors des négociations diplomatiques de l'anse à la Famine, en 1684, l'orateur et chef onontagué Otreouti demanda au gouverneur général La Barre qu'il ordonne aux domiciliés de cesser leur entreprise de sollicitation[144]. Les Cinq-Nations iront jusqu'à mettre sur pied des raids dans l'espoir de rapatrier de force leurs compatriotes des réductions[145]. En fait, le désir des Iroquois d'atteindre cet objectif les amena à se « servir de toutes sortes de ruses pour les attirer chez eux[146] ».

Même si elles forment une confédération et partagent des intérêts communs, les cinq nations iroquoises conservent une grande autonomie dans leur politique extérieure. La Ligue iroquoise n'agit pas à la manière d'une instance politique qui serait capable d'imposer ses décisions aux nations qui la composent. Une telle structure surpassant l'autonomie politique des collectivités iroquoises était absente et étrangère aux Cinq-Nations. Des tensions parfois vives existaient entre ces dernières et chacune d'elles pouvait très bien définir ses propres objectifs ou stratégies[147]. D'ailleurs, les Iroquois avaient prévu des mécanismes politiques pour régler leurs différends. On peut lire dans les *Relations des jésuites* qu'« Onnontaé […] est le centre de toutes les Nations Iroquoises, & où se tiennent tous les ans comme des Estats generaux, pour vuider les differends qui pouroient avoir pris naissance entre eux, pendant le cours de l'année[148] ».

Les sociétés iroquoises sont aussi divisées par des factions. En effet, on remarque, pendant la seconde moitié du XVIIe siècle, non pas deux factions, mais bien trois, une faction neutraliste émergera à la fin du XVIIe siècle sous la direction de Teganissorens. De plus, contrairement à ce que l'on observe dans la région des Grands Lacs, chacune de ces trois factions eut, pendant plus ou moins dix à quinze années, une ascendance sur les autres. Richter soutient que la période allant de la fin des années 1660 jusqu'au milieu de la décennie 1670-1680 fut dominée par les francophiles alors que les anglophiles bénéficièrent d'une influence dominante à partir de 1675 jusque vers 1690. La dernière décennie de ce siècle fut marquée par la montée progressive des neutralistes[149]. Frontenac, peu de temps avant la fin de son premier gouvernement, faisait le constat que les Iroquois francophiles n'avaient plus, comme autrefois, une certaine ascendance sur les Cinq-Nations. Ces quelques lignes adressées au roi, en 1681, sont fort révélatrices :

> Tous ces voyages qu'ils me voyent faire presque tous les ans au fort Frontenac, ne leur donnent plus le meme sujet d'etonnement qu'ils faisoient au commencement, qu'on ne cesse de leur souffler aux oreilles, qu'ils ne voient aucun effet de ce que ceux d'entre eux, qui nous sont affidez, leur faisoient craindre[150].

Ce contexte politique, où trois factions se partagent successivement une influence dominante, crée moins d'instabilité dans la politique extérieure des Iroquois par rapport à celle des Amérindiens des Grands Lacs. Il n'en demeure pas moins que la présence de groupes opposés au sein des sociétés iroquoises fragilise les relations diplomatiques entre acteurs. Les propositions que certains ambassadeurs adressent à l'endroit des gouverneurs français ne sont pas nécessairement représentatives de la volonté de la majorité[151]. L'ascendance d'une faction sur une autre n'élimine en rien les voix discordantes au sein de l'Iroquoisie. C'est pour cette raison que Frontenac exigeait, pendant son second gouvernement, que les députés iroquois qui accepteraient de conclure une paix générale soient parmi les plus considérables de chacune des cinq nations, en plus de la présence de Teganissorens, celui-ci ayant une grande influence sur la politique iroquoise à la fin du XVIIe siècle.

CHAPITRE II

LES MOYENS STRATÉGIQUES SOUTERRAINS

L'environnement géopolitique de la seconde moitié du XVIIe siècle fait en sorte que les acteurs peuvent difficilement normaliser leurs relations politiques. Même entre alliés, les rapports sont teintés de méfiance et de suspicion. Le contexte diplomatique instable de l'époque crée une situation où il est impératif pour chaque nation d'avoir recours à plusieurs stratégies afin de promouvoir ses aspirations politico-économiques, de défendre ses intérêts et de garantir sa sécurité. Ce second chapitre analyse la mise en œuvre de quatre moyens stratégiques souterrains : la désinformation, les négociations secrètes, la propagande et la corruption des élites.

La désinformation

Entre Français et Amérindiens

La désinformation se conçoit comme l'art d'inventer ou de déformer un fait, une information ou un renseignement afin d'orienter, selon ses propres desseins, la pensée et les actions d'un individu, voire d'une collectivité. Charles Debbasch et ses collaborateurs ont défini ce terme comme étant une « atteinte délibérée au processus informatif par rétention de l'information, par information mensongère ou très orientée ; suppose un plan préétabli en vue d'un but déterminé[1] ». La désinformation apparaît comme un moyen stratégique souterrain fort important dans les relations franco-amérindiennes. Son emploi sous-tend plusieurs objectifs dont, entre autres, celui de cacher ses intentions, de semer des fausses pistes, de confondre son adversaire, voire ses alliés. D'ailleurs, on remarquera que les quatre grands acteurs de la scène politique nord-est américaine ont tous eu recours à la désinformation à un moment ou un autre au cours de cette période.

Les sources attestent que les Français redoutaient la création d'éventuels liens commerciaux et politiques entre les Amérindiens des Pays d'en Haut et les Iroquois. Les autorités françaises eurent recours à la désinformation pour persuader certaines nations des Grands Lacs de ne pas établir de telles relations avec la Ligue iroquoise. Sous le gouvernement de Courcelles, en 1671, les Outaouais furent sollicités par les Cinq-Nations qui cherchaient à les rallier à leur réseau d'alliances. Lorsque les Français eurent vent de cette nouvelle, ils firent circuler de l'information mensongère auprès de ces deux collectivités autochtones afin de faire avorter cette ouverture diplomatique. Les Français firent croire aux Outaouais que la Confédération iroquoise ne voulait pas véritablement faire du commerce, mais plutôt trouver un prétexte pour venir espionner leurs villages et leurs lieux de chasse. Un récit anonyme relatant le voyage de Courcelles au lac Ontario précise que

> M. le Gouverneur [Courcelles] escrivit à tous les missionnaires des deux nations de leur faire voir qu'ils ne pouvoient se lier ensemble pour ce commerce sans se mettre en péril de se faire la guerre plus cruelle que devant; que leurs humeurs et leurs façon de faire ne s'accommodoient point aux Iroquois, qu'il leur estoit périlleux de recevoir chez eux un si grand nombre de leurs ennemis qui portoient dans leur cœur le ressentiment de tant de leurs parents massacrez dans des guerres passées, et qui venoient moins pour chercher des marchandises que pour apprendre la situation de leurs villages et les lieux de leur chasse, afin de venir un jour faire connoistre qu'ils les devoient tousjours regarder comme ennemis[2].

En soulevant la possibilité d'une éventuelle attaque outaouaise, les Français réussirent à semer le doute chez les Iroquois quant aux véritables intentions de cette nation. La désinformation française semble davantage porter fruit chez les Iroquois. Le récit de voyage de Courcelles ajoute que

> les Sauvages, principalement les Iroquois, donnèrent si bien dans le panneau qu'ils se représentoient à tous

> momens les Outaouas les armes à la main, qui venoient les esgorger jusques dans leurs cabanes, en sorte qu'ils eurent, mesme pendant l'hyver, plusieurs terreurs paniques sur ce sujet, qui les obligèrent de se fortifier mieux contre ces ennemis qu'on leur faisoit voir si proches[3].

Il faut néanmoins nuancer l'efficacité de cette stratégie à l'égard des Outaouais puisqu'un groupe de chasseurs se rendit chez les Cinq-Nations au printemps afin de faire la traite. Ils furent alors reçus sans hostilité[4]. Même si l'effet de cette désinformation s'estompe au printemps 1672, elle eut néanmoins le mérite, d'un point de vue français, d'empêcher la conclusion d'un traité commercial qui ne pouvait que nuire aux intérêts de la Nouvelle-France.

La désinformation est également un moyen auquel la colonie française eut recours dans l'espoir d'empêcher le déclenchement d'un conflit au sein des nations de l'Ouest. Afin d'inciter un Saki à ne pas lever un parti de guerre contre les Sioux, les Français, d'après le témoignage de La Potherie, procédèrent à une véritable mise en scène invoquant un songe prémonitoire fait par l'un des leurs :

> Un Saki leva dans ce temps-là une Chaudiere de guerre, contre l'aveu de tous les Chefs de sa nation ; quelques-uns de son parti entrerent dans la cabane d'un François qui étoit couché. Celui-ci se doutant qu'ils venoient lui dire adieu, affecta de ronfler ; les autres attendirent le moment qu'il pût s'éveiller. Le François se reveillant tout à coup comme un homme qui sort d'un profond sommeil, dit tout haut en langue sakise, les Sakis qui vont en guerre seront défaits[5].

Il ne faut pas minimiser l'importance que les Amérindiens accordaient aux rêves prémonitoires[6]. Ce n'est donc pas sans raison que les Français eurent l'idée d'en invoquer un à des fins politiques. D'ailleurs, s'il faut en croire La Potherie, les Français obtinrent les résultats escomptés :

> Cette fixion eut plus d'effet que toutes les sollicitations de ces chefs, qui ne pouvoient empêcher ce parti [...] ils [les jeunes guerriers sakis] ne manquerent pas de dire que l'Esprit s'étoit servi du François dans cette rencontre, pour les détourner d'une entreprise qui leur auroit été sans doute funeste[7].

Il n'y a pas seulement contre leurs alliés de l'Ouest que les Français employèrent ce moyen stratégique souterrain. Ils le firent également à l'endroit des Cinq-Nations, à la toute fin du XVIIe siècle, notamment dans l'intention de les inciter à accepter leurs conditions de paix. Une lettre de Bellomont, gouverneur de la Nouvelle-York, en fait état. Elle stipule que c'est par l'entremise de certains Iroquois domiciliés que les Français appliquèrent cette stratégie :

> Il me vint avertir hier deux de nos Indiens de la nation appellée Onnontague que vous [Frontenac] leur aviés envoyé deux revoltés [Onontagués domiciliés] de leur nation dire à eux et à toutes nos autres nations d'Indiens, excepté les Maquaès qu'en cas qu'ils ne vinssent pas en Canada dans quarante cinq jours demander la paix, qu'ils eussent à attendre que vous marcheriés dans leur pays, à la teste d'une armée pour les y contraindre par force[8].

Contrairement à ce que pourrait laisser croire ce passage, Frontenac redoutait de telles entreprises et y était opposé. Certes, il avait autorisé deux ans auparavant une expédition en Iroquoisie. Toutefois, c'est la conjoncture politique de l'époque qui le contraignit à agir de la sorte. Il ne faudrait donc pas considérer cette menace du gouverneur général comme sérieuse. La correspondance officielle est muette quant à des plans de campagne d'une grande envergure pour l'année 1698. Par conséquent, cette affirmation n'est pas autre chose qu'une stratégie cherchant à intimider les Iroquois, qui sont à cette époque dans une situation militaire qui s'avère de plus en plus précaire, plutôt qu'une réelle volonté d'entreprendre un projet de la sorte.

Les Français employèrent aussi la désinformation afin de masquer leur politique extérieure tout en cherchant à assurer la sécurité de leurs agents, notamment les missionnaires jésuites chez les Iroquois. Peu de temps avant sa campagne de 1687, Denonville s'efforça à garder secrets ses desseins militaires à l'endroit des Cinq-Nations. Il fallait également garantir la sécurité de Jean de Lamberville encore présent au sein de l'Iroquoisie, puisqu'il est évidemment impensable qu'il y demeure en temps de guerre. Les Iroquois auraient pu s'en prendre ouvertement au missionnaire, voire le tuer. Dans son mémoire relatant sa campagne militaire, Denonville raconte qu'il chercha à faire sortir le père de Lamberville de chez les Onontagués, sans toutefois leur donner des soupçons quant aux véritables intentions des Français[9]. Un retrait prématuré du jésuite aurait sonné l'alarme chez les Cinq-Nations, qui auraient pu dès ce moment déclencher un raid préventif sur la Nouvelle-France ou adopter une stratégie afin de contrer les plans militaires des dirigeants de la colonie. Afin de permettre à Lamberville de quitter l'Iroquoisie, sans vendre la mèche auprès des Iroquois, Denonville employa la désinformation. Le gouverneur général demanda au missionnaire de se rendre au fort Frontenac accompagné des capitaines de la Ligue iroquoise en leur faisant croire qu'ils allèrent entreprendre des négociations diplomatiques à cet endroit. Une fois sur les lieux, le missionnaire sera en sécurité, d'autant plus que les troupes de Denonville seront aux portes de l'Iroquoisie. Lamberville était très engagé dans la politique extérieure française, le prétexte employé pour les circonstances paraissait tout à fait crédible et pouvait berner les Iroquois. Le jésuite ne réussit pas cependant à rassembler une délégation iroquoise à temps, comme lui avait demandé Denonville. Averti par un messager de l'arrivée imminente des troupes françaises, le missionnaire se retira en sa compagnie et rejoignit l'armée le 29 juin 1687[10].

La désinformation peut aussi servir pour tendre des pièges. Alors que l'armée de Denonville devait arriver sous peu au fort Frontenac, à l'été 1687, des campeurs iroquois s'étaient installés à proximité de cet établissement. Les Français qui étaient sur les lieux craignaient que les Iroquois aperçoivent le corps d'armée du gouverneur général. Ils redoutaient aussi que les préparatifs nécessaires pour accueillir les troupes soient interprétés comme un signe précurseur d'une expédition militaire éminente des Français sur les Cinq-Nations. Afin d'éviter que les campeurs aillent transmettre aux chefs iroquois des renseignements d'une telle importance, les Français présents au fort Frontenac cherchèrent un moyen de les faire prisonniers. Le prétexte d'une fête fut la stratégie choisie et les Français s'empressèrent de faire circuler cette nouvelle auprès des campeurs iroquois. Les Iroquois se présentèrent, le 24 juin, à l'intérieur du fort afin de participer à un festin pour célébrer la fête de la Saint-Jean-Baptiste. Cependant, une fois à l'intérieur du fort, les Iroquois furent capturés[11].

Les témoignages qui rendent compte de l'emploi de ce moyen stratégique de la part des Cinq-Nations à l'endroit des Français sont peu nombreux. On remarque tout de même que la Ligue iroquoise l'utilisa dans l'espoir de retarder et d'empêcher les raids français ou de gagner du temps face à une situation qui leur était défavorable. En ayant recours à la désinformation en ce sens, les Iroquois cherchèrent à assurer le mieux possible la sécurité de leurs nations.

On retrouve un exemple éloquent de la mise en œuvre de cette stratégie en 1697. Plusieurs Onneiouts s'établirent près de Montréal et confirmèrent qu'un autre groupe d'Onneiouts était toujours disposé à venir les rejoindre si les autorités françaises mandataient «quelqu'un pour aller les querir[12]». Les Français envoyèrent expressément un chef de cette nation, nommé Otacheté, afin de leur faire part qu'ils seraient les bienvenus. Ayant eu vent de cette nouvelle, les Onontagués demandèrent à Frontenac, par l'entremise de trois colliers, s'ils seraient bien accueillis dans la perspective où ils viendraient négocier, ces derniers, précise Callière, «ayant fait suspendre le depart de cette nation [le deuxième groupe d'Onneiouts qui devait venir s'établir près de Montréal] jusqu'à la reponse de Monsieur le Comte de Frontenac affin que les deputez des quatre autres [nations iroquoises] vinssent avec eux[13]». Le gouverneur français, en dépit du fait qu'il considérait ces trois colliers «comme de nouvelles finesses des Iroquois qui avoyent pour but d'arrester par ce moyen le depart des Oneiouttes et pour eluder une seconde entreprise contre eux[14]», accepta cette demande en leur accordant cependant 40 jours pour venir négocier.

Les Agniers envoyèrent aussi, entre-temps, un collier «particulier» aux Iroquois du Sault-Saint-Louis. Par l'entremise de leurs confrères domiciliés, les Agniers espéraient obtenir de Frontenac la permission de s'établir dans cette réduction. À nouveau, le gouverneur général accepta, en spécifiant qu'ils avaient 40 jours pour faire le trajet. Des Iroquois domiciliés allèrent communiquer la réponse de Frontenac aux Agniers. Toutefois, leur réaction peu enjouée à ce délai de 40 jours ainsi que leurs comportements subséquents confirmèrent les soupçons des Français quant aux véritables intentions des Agniers et des autres nations iroquoises. Le gouverneur de Montréal ajoute que

> nous verrons quel sera le fruit de ces colliers dont nous n'attendons pas qu'ils produissent beaucoup de bonnes choses d'autant plus que depuis qu'ils sont

partis [les Iroquois domiciliés chargé de porter la réponse de Frontenac aux demandes des Agniers], les Iroquois ont paru à la Prairie, Saint Lambert, Cap Saint Michel et à la prairie de la Magdeleine où ils ont tué quatre hommes, deux femmes, blessé deux autres habitants et emmené deux jeunes garçons qui gardoient les bestiaux, mais du moins ils fermeront la porte [aux] amusement de nos ennemis et les metteront dans leur tort[15].

Les Iroquois du Sault-Saint-Louis, chargés de transmettre la réponse de Frontenac, rapportèrent que les Agniers démentirent qu'ils avaient demandé la permission de s'établir près de Montréal, mais qu'ils avaient seulement exprimé le désir de venir parler de paix. Au sujet du deuxième groupe d'Onneiouts qui devait quitter l'Iroquoisie, les domiciliés mentionnèrent « que les Oneiouttes ne se separent point des interets de leurs confreres, et qu'il n'y a guere d'apparence que ceux qui restent viennent demeurer parmy nous[16] ».

Connaissant la volonté des Français d'attirer les Iroquois près d'eux, les Cinq-Nations utilisèrent ce thème dans l'optique de combler un double objectif. D'abord, comme le stipule Frontenac, obtenir du temps afin de convaincre le deuxième groupe d'Onneiouts de ne pas quitter l'Iroquoisie. Si les Iroquois réussirent à atteindre cet objectif, la lettre de Callière n'explique pas malheureusement ce qui fut précisément à l'origine de ce changement. Ensuite, cette stratégie avait également pour objectif de permettre aux Iroquois d'assurer leur sécurité en gagnant du temps dans l'espoir de retarder l'envoi de raids franco-amérindiens sur leurs nations. Ce n'est pas sans raison que le délai de 40 jours ne plaisait guère aux Agniers. Callière ajoute que «les fourberies des uns et des autres estant assez eclaircies pour estre persuadé qu'ils ne cherchent qu'à amusser en pourparlers pour avoir le temps de se retablir[17]».

La Ligue iroquoise planifiait à l'avance ses stratégies et pouvait utiliser la désinformation pour s'adapter aux circonstances. Les Français apprenaient parfois des captifs les thèmes que les Cinq-Nations envisageaient d'exploiter. C'est le cas en 1695 où des partis, de retour d'un raid sur l'Iroquoisie, ramenèrent des prisonniers par lesquels les Français apprirent que les Iroquois devaient se rendre incessamment à la rivière des Outaouais pour chasser et attaquer un parti franco-amérindien. Les Iroquois, dans l'éventualité que leurs forces seraient supérieures, avaient prévu attaquer les Français et leurs alliés autochtones ou «de leurs dire que la paix estoit faite par le moyen de Tiorhatarion et d'Ononsista qui estoient venus chez eux». Toutefois, «en cas qu'ils se trouvassent les plus foibles», les Iroquois soutiendraient que les Anglais se préparaient à déclencher une invasion de grande envergure sur la Nouvelle-France «et que leurs preparatifs estoient faits pour cela n'attendant que le renfort de la vieille Angleterre[18]».

Il n'y a pas seulement les Iroquois qui pratiquèrent la désinformation à l'endroit des Français. Les nations alliées le faisaient aussi, mais en exploitant des stratégies parfois très différentes. En transmettant de l'information mensongère aux Français, les Amérindiens de l'Ouest cherchèrent à atteindre plusieurs objectifs. L'un de ceux-là était de dissimuler les négociations secrètes qu'ils entretenaient avec la Confédération iroquoise. On en retrouve un exemple au début du second gouvernement de Frontenac. La Potherie mentionne que les Hurons et les Iroquois s'étaient donné rendez-vous à un endroit

> où ils devoient conduire une bonne & solide Paix. Ils [les Hurons] avoient eû la précaution de laisser un Chef à Michilimakinak pour entretenir les François dans une correspondance d'amitié, & comme un gage de leur fidélité à Onontio, sans donner à connoître qu'ils eussent aucun dessein prémidité affurant même que s'ils voyoient des Iroquois ils les attireroient insensiblement pour les mettre à la chaudière[19].

Le recours à la désinformation peut se prêter également à la dissimulation de la suspicion d'une nation envers une autre. Se méfiant des capacités et de la réelle volonté des Français d'aller en expédition contre les Iroquois, en 1696, les Outaouais eurent recours à ce moyen stratégique souterrain afin de justifier leur absence. D'après Callière, les Outaouais utilisèrent le prétexte qu'ils devaient déplacer l'un de leurs villages, craignant d'éventuelles représailles de la part de la nation huronne puisque 20 de leurs guerriers avaient tué, par méprise, dix Hurons. Cependant, les Français se doutaient bien « que la veritable raison estoit qu'ils doutoient de nostre marche et qu'ils vouloient voir si nous estions en volonté et en pouvoir d'aller en armée contre les Iroquois[20] ».

Les factions présentes au sein des collectivités amérindiennes ont également recours à la désinformation. Un discours prononcé par le chef huron Le Baron, en 1695, est un témoignage éloquent de la mise en œuvre de ce moyen stratégique souterrain afin de favoriser l'atteinte des objectifs politiques de son groupe pro-iroquois. Selon une relation de l'intendant Champigny, Le Baron se référa à un vieillard âgé de 100 ans vivant dans la terre du « Sakinan » depuis la dispersion des Hurons. Il lui attribue, dans un premier temps, des paroles dignes d'un jésuite. Le Baron précise que le vieil homme communique avec le maître de la vie

> qui luy parle frequamment ne permet pas qu'il ignore quoique ce soit ni qu'il manque des chosses necessaires à la fin luy envoyant des bestes et luy donnant des grains et citrouilles dan son desert avec abondance. Ce venerable vieillard nous a exhorté à bien écouter les robes noires et nous attacher à la priere nous assurant que le maitre de la vie qui est un en trois personnes qui ne font qu'un meme esprit et une meme volonté vouloit estre obei sans quoy il feroit perir les desobeissants en leur otant leur grains. Il nous dit qu'il sçavoit que tous nos blessés avoient eté gelés l'année passée parce que nous n'avions pas esté assidus à la priere[21].

Les Français comprirent rapidement la ruse du chef huron lorsqu'il ajouta à son histoire que le vieillard souhaitait de la part des Amérindiens de Michillimakinac l'adoption d'une politique de non-agression à l'endroit des Iroquois. Champigny ajoute que

> ce conte qui etoit divulgué parmy tous les Sauvages etoit de l'invention et du sac du Baron qui ne manquoit pas de leur insinuer que le vieillard leur deffendoit de fraper les premiers sur l'Iroquois parce que celuy qui commenceroit seroit infailliblement détruit et que l'Iroquois luy meme le seroit s'il etoit assé hardy pour les prevenir de sa hache[22].

Le Baron offrit ensuite à Lamothe Cadillac un présent de castor pour appuyer ses paroles. Le commandant français lui demanda alors si elles étaient de lui ou du vieillard. Le chef huron répondit qu'il s'agissait là des paroles du vieil homme. Cadillac refusa le présent. Champigny nous en explique ainsi les raisons :

> Et comme le sieur de La Mothe eut un raisonnable soupçon que le Baron avoit conclud la paix dès l'année passée et qu'il l'avoit ratiffiée l'hyver, il fit tres bien de ne point recevoir la voix [de] l'hermite emprunté [puisqu'il a refusé le présent] ; sçauroit eté la reconnoitre veritable et donner lieu au Baron de faire parler ce vieillard en toutes les rencontres qu'il auroit jugé favorable à ses desseins pernicieux[23].

On voit bien ici que Le Baron tente d'exploiter à son avantage le discours des Français et des jésuites en le transposant dans la bouche d'un vieillard qui a tous les attributs d'un ermite. Il importe d'abord de légitimer le vieil homme, de lui conférer une grande autorité et de faire en sorte que ses paroles soient crédibles et respectables. Pour ce faire, le capitaine huron le présente comme un serviteur et un interprète de la volonté du grand esprit. En ce sens, si l'on n'obéit pas au vieillard, on désobéit également au grand esprit et les conséquences ne pourront qu'être funestes. Cette étape est fondamentale et préalable à la stratégie du chef autochtone puisque, ayant présenté le vieil homme comme un instrument de la volonté divine, il confère par le fait même une très grande légitimité à son discours. En somme, Le Baron demande que l'on obéisse au vieillard et non à lui-même. Le vieil homme étant l'instrument de la volonté du grand esprit, c'est ni plus ni moins au grand esprit qu'il demande obéissance. Qui refuserait d'obéir « au maitre de la vie qui est en trois personnes » ? Sûrement pas les Français, encore moins les jésuites. Lorsque Champigny écrit que « ce conte etoit divulgué parmy tous les Sauvages » on doit comprendre que cette histoire cherchait à créer un effet sur l'ensemble des Amérindiens de Michillimakinac. Il paraît même qu'ils furent réceptifs à ce discours, ne le rejetant pas comme le firent les Français[24]. Par ailleurs, si l'on admet que les Hurons francophiles étaient davantage convertis au christianisme que les Hurons pro-iroquois, on pourrait supposer que Le Baron cherchait à obtenir une réaction plus concluante sur les premiers en manipulant des éléments de la tradition chrétienne tout en proposant une forme de syncrétisme religieux à but politique.

Le chapitre précédent a permis de constater que les nations de l'Ouest entretenaient des sentiments mutuels de méfiance. Lorsque les Français pénétrèrent plus profondément dans la région des Grands Lacs, ils prirent contact de façon plus significative avec cette situation. Les nations des Pays d'en Haut, prenant en considération les armes, les outils et la protection militaire que pouvait apporter ce nouvel acteur, cherchèrent, les unes après les autres, à empêcher les Français de poursuivre leur route et d'établir de bonnes relations avec leurs voisins, et ce, pour des questions de sécurité nationale. Aucune de ces nations ne désirait et n'avait intérêt à ce que les collectivités voisines obtiennent un avantage quelconque, qu'il soit militaire, politique ou commercial. Il fallait, selon le raisonnement de chacune des nations de l'Ouest, que les bénéfices de la présence française leur demeurent exclusifs. Cherchant à tout mettre en œuvre afin que les agents et les voyageurs français n'établissent pas de contacts, d'alliances et de traités commerciaux avec leurs voisins, les Amérindiens des Grands Lacs eurent recours à plusieurs reprises à la désinformation.

Au cours de ses explorations, Cavalier de La Salle fit face à cette situation à plus d'une reprise. La relation de Joutel décrivant les voyages de l'explorateur en fait état: «j'avois entendu plusieurs fois M. de La Salle dire que la politique des Sauvages estoit d'empescher les estrangers d'aller chez leurs voisins[25]». Les témoignages de La Salle illustrent fort bien dans quelle mesure les nations de l'Ouest manipulèrent l'information pour protéger leurs intérêts respectifs et assurer leur sécurité. En 1679, les Outagamis utilisèrent une telle stratégie afin de dissuader La Salle de poursuivre sa route chez les Illinois. Une relation anonyme précise que les Outagamis

> Exhortoient le sieur de La Salle à demeurer avec eux et à ne point aller chez les Illinois, à qui il luy seroit impossible de résister et qui estoient résolus de massacrer tous les François, depuis qu'un Iroquois, qu'ils avoient pris et bruslé, les avoit assurez que la guerre que sa nation leur vouloit faire avoit esté conseillée par les François qui haïssoient les Illinois […] il [La Salle] sçavoit que ces raisons pouvoient leur avoir esté inspirées par ceux qui s'opposoient à son entrepris et par la jalousie des Sauvages [les Outagamis], à qui les Illinois estoient redoutables par leur valeur et qui craignoient qu'ils devienssent plus fiers quand, par le moyen des François, ils auroient l'usage des armes à feu[26].

Certes, La Salle attribue également la désinformation des Outagamis à des personnes qui pouvaient s'opposer à ses entreprises. Toutefois, on constate bien que cette nation a de la difficulté à dissimuler sa méfiance en considérant les conséquences qu'entraîneraient d'éventuelles relations commerciales et une future alliance franco-illinoise, qui auraient pour effet de mettre sa sécurité en cause.

Une année plus tard, soit en 1680, alors que La Salle était chez les Illinois, Nicanapé, frère de Chassagoach, l'un des chefs les plus considérables de cette nation, organisa un festin afin de le convaincre de ne pas poursuivre son voyage. L'aventurier français précise que Nicanapé lui

> dit que le motif qu'il avoit de nous régaler n'estoit pas de nous rassasier, mais de nous guérir l'esprit (c'est leur façon de parler) de la maladie que nous avions de penser à descendre une rivière où jamais personne n'avoit descendu sans mourir; que l'amitié qu'il avoit pour les Fraçois l'obligeoit à nous advertir[27].

C'est lors du festin même que Niscanapé chercha véritablement à décourager les Français de ne pas poursuivre leur route. Il fit alors une description de ce qui les attendait s'ils ne rebroussaient pas chemin. La Salle ajoute que Nicanapé

> commença par le dénombrement d'une infinité de nations barbares par où il nous faudroit passer, et qui, estant très-peuplées, nous accableroient de leur nombre [...]. Ensuite il se mit à descrire quantité de serpens et de monstres dont il asseuroit que la rivière estoit remplie [...] [et] estant toute pleine de précipices et de saults [...] que le courant estoit si violent qu'on y tomboit sans remède, avant que de s'apercevoir du péril; que ces saults et ces cheutes d'eau aboutissoient à un gouffre où la rivière se perdoit et qu'il n'y avoit personne qui sceust où elle ressortoit de dessoubs terre[28].

Les Français n'étaient pas insensibles à de telles histoires. Par conséquent, il ne faut surtout pas en minimiser les effets. Même si La Salle demeurait très incrédule quant à la véracité d'un tel récit, les hommes qui l'accompagnaient démontraient des sentiments contraires, du moins s'il faut en croire l'intéressé lui-même: «Je m'apercevois bien du changement qui paroissoit sur le visage de la pluspart de mes gens de l'appréhension que ce discours leur donnoit[29]». L'inquiétude et la peur qu'a créées le discours de Nicanapé dans l'esprit des compagnons de La Salle ne sont pas sans lui causer des problèmes immédiats. En effet, il dut faire face à la désertion d'une partie de ses hommes. L'explorateur n'hésite pas à attribuer au récit de Nicanapé la cause de cet événement:

> Elle [la neige] ne refroidit pas le dessein de six de mes gens à qui la peur d'estre obligez de faire un voyage qu'ils se figuroient plein de monstres fit prendre une résolution où il y avoit plus de péril qu'à tout ce que les Sauvages nous avoient dépeint de rude et de pénible. Ils estoient la pluspart de garde cette nuit-là, tellement qu'il leur fut aisé de s'en aller sans qu'on s'en aperçust et de prendre ce qui estoit le plus nécessaire pour leur voyage[30].

De passage chez les Akansas en 1682, La Salle eut droit à des mises en garde semblables à celles des Outagamis et des Illinois. Les Akansas évoquèrent, à leur tour, la férocité des nations voisines qui « mangeroient les François » afin d'inciter La Salle à ne pas poursuivre son chemin[31].

Le cas de La Salle n'est pas isolé. On retrouve des témoignages semblables chez les jésuites et d'autres explorateurs. Un récit de voyage des découvertes du père Marquette rapporte, par exemple, que les Folles-Avoines eurent recours à la désinformation afin de l'inciter à ne pas continuer sa route[32]. Par ailleurs, ce même récit nous apprend qu'un chef illinois, en s'adressant à Jolliet et à Marquette, exploita à nouveau cette stratégie en évoquant les grands dangers qui attendaient les Français s'ils poursuivaient leur voyage[33].

Entre nations amérindiennes

Cette stratégie n'est pas en cause uniquement dans les relations franco-amérindiennes, mais également dans les rapports qu'entretiennent les nations autochtones. Les principaux motifs qui incitèrent les Amérindiens à employer la désinformation envers les Français, lorsque des explorateurs comme La Salle prirent contact avec eux, sont les mêmes qui poussèrent certaines nations autochtones à y avoir recours entre elles. En 1680, La Salle était aux prises avec les conséquences qu'entraîna l'information mensongère de Nicanapé. L'explorateur eut également à composer, lors de son séjour chez les Illinois, avec la désinformation que les Miamis pratiquèrent à l'endroit de cette nation. En effet, les Miamis cherchèrent par ce moyen à rendre les Français suspects auprès des Illinois. Plus précisément, un chef miami nommé Monso eut recours à ce moyen stratégique en espérant empêcher l'établissement d'une alliance commerciale entre Illinois et Français. La Salle, qui était au courant des démarches de Monso, prononça alors ces paroles :

> Après le repas, je repris la parole et dis, en présence de quantité de Sauvages qui s'estoient assemblez pour nous voir, que je n'estois pas surpris qu'on leur fist des rapports à nostre désavantage et que leurs voisins entrassent en jalousie des commoditez qu'ils recevroient du commerce qu'ils alloient avoir avec nous [...]. Je ne dormois pas, dis-je, mon frère Nicanapé, quand Monso vous a fait la fausse peinture des Français qu'ils vous descrivoit la nuit et en cachette comme des espions des Iroquois[34].

Une stratégie similaire avait déjà été mise en œuvre par les Potéouatamis lorsqu'ils apprirent que les Français avaient fait alliance avec les Miamis par l'entremise de Nicolas Perrot. Croyant que cette nouvelle alliance franco-miami représentait une menace à leurs intérêts, ils tentèrent de la briser. La Potherie précise que les «Pouteouatemis jaloux de ce que les François entroient chez les Miamis, envoyèrent sous main un Esclave qui dit beaucoup de chose fort desobligeante des François[35]».

Selon les témoignages, les Folles-Avoines, les Potéouatamis, les Miamis, les Illinois et les Akansas eurent recours successivement, parfois même les uns envers les autres, à la désinformation afin précisément d'empêcher les Français d'entrer en communication ou d'établir de bonnes relations avec les collectivités voisines. On remarque donc que la stratégie demeure essentiellement la même de nation en nation. Un nouvel acteur politique important faisait son entrée en scène et pouvait offrir une protection militaire et des perspectives commerciales très intéressantes. Considérant le contexte politique de cet espace géographique, aucune nation occupant celui-ci n'avait intérêt à ce que ses voisins se donnent un avantage, aussi minime soit-il, en entrant en communication et en établissant de bonnes relations diplomatiques avec les Français. Le souci d'assurer leur sécurité et leurs intérêts réciproques incite donc les nations autochtones à manipuler l'information afin d'empêcher les Français de poursuivre leur route et d'établir de bons rapports avec les collectivités voisines.

Un récit du père André datant de 1672 est particulièrement intéressant quant aux motivations qui poussèrent les Miamis à faire circuler de l'information mensongère afin de s'approprier ce qui relevait, à leurs yeux, d'un symbole et d'un témoignage de leur alliance avec la Nouvelle-France. Étant à la mission de Saint-Jacques-des-Mascoutins, le père André adressa la parole à un ensemble de nations dont les Miamis étaient les plus nombreux. S'il faut en croire le jésuite, les autochtones se précipitèrent littéralement pour venir voir la «robe noire». Constatant le bon accueil qu'on lui fit, le père André s'empresse de préciser que

> l'affection et le respect que tout ce peuple témoignait pour notre sainte Foi, je plantai à la porte de notre chapelle une croix haute de vingt-deux pieds. Ils [les Amérindiens présents] écoutèrent avec silence l'instruction que je leur fis à ce sujet, se mirent à genoux, adorèrent la croix et prièrent Dieu. Les Miamis qui y assistaient me dirent: «Voilà qui est beau; nous t'en remercions, mais il est bon que tu expliques cela en plein conseil à tous les capitaines[36]».

Le missionnaire rencontra effectivement les anciens des Miamis et, selon lui, les discussions tournèrent exclusivement sur des thèmes touchant à la religion: «Le 20 [août], deux des principaux Miamis me vinrent trouver, et me prièrent que, quand je m'en irais, je leur donasse cette croix pour la transporter à leur bourgade: "Elle n'est pas bien chez les Machkoutench, me disaient-ils, ils ne t'obéissent pas[37]"». Le père André ne leur donna pas de réponse assurée, mais les Miamis «firent courir le bruit» qu'il la leur avait donnée. Cela provoqua des plaintes chez les Mascoutins, qui affirmèrent «qu'ils ne souffriraient pas que la croix fut enlevée de la place[38]». Le jésuite opta pour une solution qui accordait partiellement aux Miamis ce qu'ils demandaient, tout en évitant d'offusquer les Mascoutins. Le missionnaire précise qu'il leur promit que la croix « ne serait point transportée ailleurs ; mais que, pour satisfaire les Miamis », il ferait « faire une autre croix toute semblable[39] ». Le père André planta donc une autre croix dans une bourgade des Miamis, comme il l'avait déjà fait chez les Mascoutins.

En dépit de ce qu'affirme le père André, qui est soit très naïf soit menteur, il est clair qu'il n'y a aucune motivation religieuse derrière la requête des Miamis. On comprendra ici que cette nation était d'abord motivée par des intérêts politiques. Plusieurs indices vont en ce sens. Ce n'est certes pas sans raison que les Miamis exigent précisément que ce soit la croix plantée par le père André qui soit transportée dans l'une de leurs bourgades. S'ils demandaient cette croix uniquement pour obtenir un symbole de leur foi, on pourrait rétorquer que rien ne les empêchait d'en fabriquer une eux-mêmes et de la planter dans l'un de leurs villages. Au contraire, c'est le père André qui plante lui-même la croix tant désirée chez les Miamis. Il paraît donc évident qu'ils exigeaient que le jésuite procède lui-même à cet exercice, comme si la tâche exécutée devait obligatoirement relever d'un Français afin que ce symbole soit pertinent et légitime. Celui-ci était, sans l'ombre d'un doute aux yeux de ces Amérindiens, qui en étaient encore à leurs premiers contacts significatifs avec les Français, associé davantage à la présence et à l'alliance françaises plutôt qu'à la foi chrétienne. D'ailleurs, les Français ne plantaient-ils pas des croix afin de marquer leur souveraineté sur des territoires ? De plus, ce n'est pas sans des préoccupations d'ordre politique que les Miamis demandèrent au père André de rencontrer les « considérables » de leur collectivité. Ce sont deux d'entre eux qui exigèrent par la suite la croix des Mascoutins. Le missionnaire ne mentionne pas que ces deux chefs sont baptisés, qu'ils ont l'intention de le faire ou qu'ils sont réceptifs à son message. Dans le cas contraire, il aurait été très surprenant que le jésuite ait passé ce fait sous le silence. N'est-ce pas beaucoup de ferveur catholique pour des gens qui n'ont même pas apparemment reçu les sacrements ?

On mentionne aussi à plusieurs reprises qu'il suffit de la présence de quelques Français vivant auprès des Amérindiens de l'Ouest pour qu'ils se sentent en sécurité[40]. On a déjà noté que les Français établis au sein des nations des Pays d'en Haut représentent, aux yeux des autochtones, l'alliance avec la Nouvelle-France. N'ayant probablement pas de Français résidant au sein de leur collectivité à cette époque, les Miamis cherchèrent à obtenir un symbole légitime représentant leur alliance avec les Français, tout en essayant d'assurer leur sécurité. Ils firent alors de la désinformation afin de faire en sorte que les Mascoutins acceptent de se départir d'un symbole qui sanctionnait cette alliance. Les Mascoutins réagirent auprès du père André en lui indiquant clairement qu'ils n'étaient point désireux d'abandonner leur croix, pour les mêmes motivations qui poussèrent les Miamis à vouloir se l'approprier.

Les Népissingues, nation des Pays d'en Haut située au nord-est de la baie Georgienne, jouèrent un rôle relativement important dans la traite des pelleteries[41]. C'est en faisant payer un droit de passage aux étrangers empruntant leurs territoires, voire en les pillant, que cette nation défendait ce qu'elle considérait comme ses droits et ses intérêts. Sous le gouvernement de Courcelles, un groupe de Français et d'Amérindiens de l'Ouest empruntèrent leur territoire. Les Népissingues, jugeant qu'ils n'étaient pas en mesure d'exiger un droit de passage ou de piller la marchandise, utilisèrent la désinformation afin de protéger les avantages commerciaux que leur procurait un emplacement situé sur la route entre les Grands Lacs et Montréal. La Potherie rapporte qu'ils dissimulèrent alors « le ressentiment qu'ils avoient de ne point entendre parler du payement de leur Peage, parce qu'il y avoit des François qu'ils étoient bien aises de ménager[42] ». Le lendemain, ce même groupe franco-amérindien rencontra des canots népissinguiens chargés de marchandises, revenant de Montréal. Les Népissingues affirmèrent alors que la peste sévissait dans la colonie française, qui était dans un grand désordre. Ces nouvelles firent peu d'impression sur deux chefs outaouais, qui se doutaient « que les Nepicirinsens n'eussent fort envie d'amuser les Kristinaux et les gens de Terre pour les piller, ou leur faire payer le Peage » avec de « fausses allarmes[43] ». Un Français présent sur les lieux affirma : « vous [les Népissingues] êtes des menteurs, vous voulez tromper & abuser les gens qui décendent pour les piller comme vous avez toûjours fait. Le nombre qui compose cette flotte [c'est-à-dire celle des voyageurs amérindiens et français] vous empêchant de le faire[44] ». La Potherie précise pour sa part que « le motif de ceux-ci [les Népissingues] étoit d'avoir eux-même les Pelleteries des autres à un prix modique, pour s'exempter d'aller à chasse, mais ils n'osoient déclarer leur pensée[45] ».

L'interprétation de La Potherie mérite d'être précisée. La question de la chasse qu'il évoque paraît secondaire par rapport aux véritables motifs qui poussèrent les Népissingues à avoir recours à cette stratégie. Le péage leur permet d'obtenir des pelleteries, des produits européens et une compensation pour tout convoi commercial empruntant leurs territoires. Étant dans une situation où ils ne peuvent imposer leurs droits et désirant ne pas laisser passer des voyageurs sans obtenir un avantage quelconque, les Népissingues firent circuler de l'information mensongère afin de convaincre les voyageurs d'échanger avec eux leurs pelleteries à bon prix.

Les nations des Pays d'en Haut ont également employé la désinformation contre les Iroquois. Le témoignage le plus célèbre à cet égard est sans nul doute la ruse de Kondiaronk à l'endroit d'un groupe de députés iroquois en 1688. Ayant appris que les Français et les Cinq-Nations négociaient un traité de paix et craignant que celui-ci exclue les nations de l'Ouest, Kondiaronk attendit cette ambassade à l'anse à la Famine. Il la surprit dans une embuscade en prétextant qu'il ne faisait qu'obéir aux ordres des Français. Charlevoix écrit à ce sujet que

> Teganissorens, qui étoit un de ses Prisonniers, lui ayant demandé comment il avoit pu ignorer qu'il étoit Ambassadeur, [...] ce Foube [Kondiaronk] fit sem-

blant d'être encore plus étonné que lui; il protesta que c'étoit les François eux-mêmes, qui l'avoient envoyé à la Famine, en l'assûrant qu'il y rencontreroit un Parti de Guerriers Iroquois, qu'il lui seroit très-facile de surprendre & defaire; & pour lui faire voir qu'il parloit sincérement, il le relâcha sur l'heure même avec tous ses Gens, à l'exception d'un seul, qu'il vouloit retenir, disoit-il, pour remplacer un des Siens, qui avoit été tué[46].

La stratégie du chef huron ne s'arrête pas là et, pour donner encore plus de crédibilité à ce qu'il avançait, il chercha aussi à manipuler le commandant de Michillimakinac. Une fois arrivé à ce poste, Kondiaronk remit l'ambassadeur iroquois à La Durantaye, prétextant qu'il s'agissait d'un prisonnier de guerre. Le commandant français le fit passer par les armes afin, selon Charlevoix, de lui éviter apparemment le supplice du feu. L'historien jésuite précise que

> dès qu'il fut mort, le Rat [Kondiaronk] fit venir un vieux Iroquois, qui étoit depuis lontems Captif dans son Village, lui donna la liberté, & lui recommanda de s'en retourner dans son Canton, d'y instruire ses Compatriotes de ce qui venoit de se passer sous ses yeux, & de leur apprendre que, tandis que les François amusoient les Cantons par des négociations feintes, ils fais ent faire des Prisonniers sur eux, & leur cassoient la tête[47].

Si Kondiaronk, pour employer ses mots, a « tué la paix », c'est parce qu'il croyait que la sécurité de sa nation était en jeu dans l'éventualité d'une paix séparée franco-iroquoise. Il avait aussi le sentiment d'avoir été trahi par les Français. Kondiaronk n'avait pas été mis au courant des négociations franco-iroquoises ; il avait accepté de participer à l'expédition de 1687 parce que Denonville avait promis de poursuivre la guerre jusqu'à la dispersion des Iroquois[48]. Même s'il est difficile d'en établir avec certitude la portée réelle[49], la ruse de Kondiaronk mit fin aux négociations et la paix n'eut pas lieu[50].

En ce qui concerne ses relations avec les nations des Grands Lacs, la Ligue iroquoise employa la désinformation surtout dans l'optique d'ébranler l'alliance franco-amérindienne. Elle cherchait par ce moyen à précipiter certaines collectivités de l'Ouest à accepter leurs propositions de paix sans la participation des Français et à les inciter à joindre son réseau d'alliances. La stratégie des Cinq-Nations consistait à exploiter la crainte continuelle des nations des Pays d'en Haut d'être abandonnées par la Nouvelle-France dans une paix séparée avec l'Iroquoisie. En 1694, neuf députés iroquois, dont Teganissorens, présentèrent 10 colliers de wampum afin de demander la paix aux Français. Ces ambassadeurs descendirent à Québec en compagnie de Callière pour rencontrer Frontenac et participer à une conférence diplomatique. Toutefois, sous le couvert de ces négociations officielles, les Iroquois pratiquaient au même moment de la désinformation à l'endroit de certaines nations des Grands Lacs afin de les pousser à faire une paix séparée avec la Confédération iroquoise. Callière précise que les Français ne furent « pas longtemps sans avoir lieu de soupçonner leur droiture ». En effet, avant le départ des ambassadeurs iroquois en direction de la colonie française, les chef des

Cinq-Nations «avoient envoyé dès l'hiver à Michilimakinak des colliers par deux Sauvages de nostre party du Sault Sainte Marie, prisonniers parmy eux pour dire à nos alliés que la paix estoit conclue» entre les Français et les Iroquois. Callière ajoute que cette stratégie a été mise en œuvre «dans la veüe de leur donner [aux nations des Grands Lacs] de la meffiance que nous nous estions accommodés ensemble sans nous soucier de nos alliés afin de les porter à faire la paix avec eux independamment de nous[51] ».

Un autre document rédigé cette fois-ci par Frontenac et Champigny confirme les propos du gouverneur de Montréal, en ajoutant toutefois que les Outaouais semblent particulièrement visés par les manœuvres des Iroquois. De plus, le gouverneur général et l'intendant précisent que cette stratégie iroquoise cherchait aussi à persuader certaines nations de l'Ouest à joindre la Chaîne d'alliance[52]. Frontenac et Champigny réitérèrent l'année suivante dans un mémoire les objectifs poursuivis par les Cinq-Nations:

> Pendant l'année derniere 1694 les Iroquois ont fait plusieurs propositions de paix. Ils ont fait pour cela toutes les avances qu'on pouvoit desirer; mais on a reconnu qu'ils n'agissoient pas de bonne foy, parce que dans le mesme temps qu'ils la demandoient ils avoient envoyez des deputez chez les Sauvages nos alliez pour les détacher d'avec nous, ayant fait ce qu'ils ont pu pour leur persuader que nous les avions abandonnés[53].

Cette stratégie des Cinq-Nations ne permit pas un renversement des alliances. Elle eut néanmoins le mérite, d'un point de vue iroquois, de semer suffisamment le doute dans l'esprit des nations des Pays d'en Haut. Ces dernières mirent fin aux préparatifs militaires d'un parti de 800 guerriers qui devait attaquer l'Iroquoisie[54].

L'année suivante, soit en 1695, les Iroquois eurent à nouveau recours à ce moyen stratégique souterrain afin de répondre au même objectif[55]. En résumant les événements importants de l'année 1695, Frontenac et Champigny soutiennent que la Ligue iroquoise

> a poussé son adresse plus loin, elle s'est servie de l'attention favorable qu'on a donné à ses propositions pour faire craindre aux Sauvages nos alliez qu'elle tomberoit sur eux apres s'estre accommodée avec nous, de sorte que les Hurons qui nous avoient esté fidelles jusqu'à present ont traité avec elle, et les Outaouais, les Renards [Outagamis], les Mascoutins sont entrez en negociation[56].

Toujours en 1695, un parti iroquois se rendit à Michillimakinac en espérant détacher les Hurons de l'alliance française. Les guerriers annoncèrent à la nation huronne que la paix était signée entre les Français et les Iroquois. Ils ajoutèrent que Frontenac avait aussi abandonné les Hurons dans cette paix. Callière précise que les Iroquois laissèrent «un casse teste planté à la marque des François pour leur faire croire que c'estoit Onontio qui avoit envoyé les manger afin de leurs donner de la mefiance de nous aussy bien qu'à nos autres alliez[57]». Toutefois, la désinformation iroquoise n'eut pas les effets escomptés. Sans en préciser les raisons, Callière ajoute qu'il n'y a «point de ruse dont ils [les Iroquois] ne se servent pour tascher de venir à bout de leurs dessains[58] ».

Ne bénéficiant plus, selon l'éventualité d'une paix séparée franco-iroquoise, de la protection et de l'aide militaire de la Nouvelle-France, les nations de l'Ouest craignaient devoir affronter seules les Cinq-Nations. Les Iroquois connaissent très bien les aspirations géopolitiques des autochtones des Pays d'en Haut et c'est dans cette optique qu'ils les exploitent selon leurs propres intérêts.

Les Iroquois ont eu également recours à un autre type de désinformation afin de répondre à ces mêmes objectifs. Ils promirent aux Hurons de Michillimakinac de se joindre à eux afin de leur venir en aide dans une guerre contre les Sioux. Toutefois, s'il faut en croire les *Relations des jésuites*, cette belle intention en cachait une autre:

> Les Iroquois et les Sonnontouans sont venus icy cet hyver en Ambassade et ont fait de grands presents a nos hurons souds pretexte de se vouloir ioindre a eux pour aller Ensemble Combattre les Nadoussiens avec qui ils sont en guerre mais nous Craignons bien que souds cette belle apparence il ne cachent un autre dessein qui est dattirer en leur pais tous nos sauvages ce qui seroit sans doudte la Ruine de cette esglise[59].

Certes, après 1701, les Iroquois vont porter la guerre de plus en plus loin. Ces événements sont cependant rapportés dans une relation traitant des années 1676 et 1677. À cette époque, la Ligue iroquoise n'avait pas encore entrepris un tel de type de guérilla et concentrait ses activités guerrières sur des nations relativement proches de son territoire, comme les Andastes. Pour quelles raisons alors et à partir de quels intérêts géopolitiques les Cinq-Nations iraient-elles s'en prendre aux Sioux en compagnie des Hurons ? Les Iroquois avaient-ils véritablement quelque chose à gagner dans une telle entreprise ? En considérant ces facteurs, l'interprétation que donnent les *Relations des jésuites* de la réelle intention des Iroquois doit être retenue. D'ailleurs, les relations ne font pas état de la réaction des Hurons, ce qui est un excellent indicateur que cette proposition iroquoise ne fut pas prise en très grande considération.

Le recours à la désinformation afin de favoriser un renversement des alliances au profit du réseau anglo-iroquois n'est cependant pas exclusif aux Cinq-Nations. La faction pro-iroquoise de Michillimakinac exploita également la peur d'une paix séparée franco-iroquoise afin de créer un sentiment favorable à l'établissement d'une alliance avec le réseau anglo-iroquois. Un témoignage de 1695, rapporté par Champigny dans une relation, stipule que cette faction fit circuler une information mensongère qui affirmait que la paix était faite entre les Français et les Iroquois[60]. Par conséquent, il n'est pas invraisemblable d'avancer que cette forme de désinformation favorable aux Iroquois pouvait très bien provenir de l'intérieur comme de l'extérieur des nations de l'Ouest.

Les négociations secrètes

Entre Français et chefs amérindiens

Les négociations diplomatiques officielles par la voie des ambassades et des conférences sont très importantes dans les relations franco-amérindiennes. Néanmoins, elles ne sont pas exclusives. Nombre de pourparlers et de négociations ont lieu en secret et en retrait de l'activité politique officielle. Dans un contexte géopolitique entaché par la méfiance et l'instabilité, les négociations secrètes paraissent un moyen très utile pour obtenir des garanties et faire valoir ses intérêts, sans dévoiler à tous et chacun sa stratégie. Elles permettent aux acteurs de mieux manœuvrer et de faire part à un allié des informations ou des demandes qui pourraient être compromettantes dans des négociations officielles. Ce type de pratique n'a rien d'exceptionnel et de rarissime. Une relation anonyme de 1691 indique que les « intrigues secretes [...] se pratiquent ordinairement icy[61] ». Sans être des négociations proprement dites, des conversations secrètes ont également lieu entre personnes influentes. Elles permettent d'obtenir des informations fort opportunes donnant le moyen de réévaluer l'orientation de la politique extérieure et de mesurer l'appui de certaines nations ou chefs. Sous le deuxième gouvernement de Frontenac, La Potherie note que « le Fils du grand Chef des Outagamis vint à la Baye, où il eut une conversation secrette avec un François des plus distinguez[62] ». Toutefois, il ne précise pas le contenu de cette conversation. Les négociations diplomatiques officielles s'accompagnent généralement de négociations secrètes et d'audiences particulières. En 1695, plusieurs chefs des nations de l'Ouest se rendirent dans la colonie française afin de rencontrer Frontenac. La conférence diplomatique débuta le 16 août. Au cours de ces pourparlers, La Potherie précise que le chef des Potéouatamis nommé Ounanguicé

> n'étoit pas trop content du Chef des Renards [Otagamis]. Sa fidelité aux interêts des François lui étoit trop suspecte. Il savoit qu'il n'avoit pas le cœur droit. Cette Nation méprise toutes les autres, elle faisoit même peu de cas des François. Il en avertit en secret le Comte de Frontenac dans cette Audience[63].

En plus de permettre la transmission ou l'acquisition de renseignements privilégiés, les audiences particulières sont également des moments propices pour traiter de problèmes plus personnels. Ce fut le cas d'une audience sollicitée par Changouossy, chef des Sinagos, qui accompagnait une délégation de Kiskakons et d'Outaouais du Sable venue rencontrer Frontenac en 1698. Lors de cette audience, Changouossy présenta au gouverneur général «un collier en particulier» par lequel il affirma s'opposer à l'intention exprimée par certains chefs de déplacer le feu de Michillimakinac[64]. À cause de son opposition à ce projet, le chef des Sinagos croyait sa vie menacée et demanda à Frontenac un antidote afin de le prémunir contre ses adversaires qui, selon lui, cherchaient à l'empoisonner.

La Grande Paix de Montréal fut l'occasion de tenir de nombreuses négociations secrètes. Les docu-

Représentation d'un conseil amérindien

Les négociations secrètes et les tentatives de manipulation s'exercent souvent en marge des conseils et des conférences diplomatiques. Les dirigeants français et les chefs amérindiens se rencontrent en retrait des négociations officielles afin d'aborder des sujets délicats ou hautement secrets.

ments en conservent la trace. Par exemple, La Potherie écrit que « les Outaouaks demanderent dans ce moment une Audience particuliere, sur quelques petites affaires qui leur étoient survenuës[65] ». Ces rencontres étaient essentielles pour atténuer les différends et trouver des solutions pour lever certains obstacles à la conclusion de traités ou d'accords commerciaux.

Les négociations secrètes peuvent se faire par voie interposée. Elles sont à l'occasion désignées par les expressions « collier secret » ou « collier sous terre ». Dans une lettre qu'il adresse à Phélypeaux, en 1690, Frontenac décrit cette dernière expression comme étant « la maniere dont on se sert pour faire dire aux Sauvages quelque chose en secret[66] ». Fabriqués à partir de coquillages, les colliers de wampum incarnent et symbolisent la véracité des paroles prononcées. Selon ses dimensions, ses motifs et les couleurs qu'il représente, le collier de wampum porte un message, une entente ou un traité qu'on relira à l'occasion quand le besoin s'en fera sentir. Conservés précieusement, au dire de Lafiteau, ils « tiennent lieu [...] de contrat, d'actes publics, et en quelque sorte de fastes et d'annales, ou de registres[67] ». Qu'ils soient remis de façon interposée ou non, les colliers secrets ou sous terre remplissent les mêmes fonctions que ceux qui sont offerts lors de négociations diplomatiques officielles. Ils incarnent des propositions ou des ententes, mais celles-ci doivent demeurer secrètes. Au même titre qu'un document secret dans la culture occidentale, la signification d'un collier sous terre ne doit pas être ébruitée en dehors du cercle fermé de ceux qui en sont concernés. Ce procédé s'apparente aussi aux clauses secrètes de certains traités européens.

En 1694, les Cinq-Nations envoyèrent Onnagoga et Teganissorens porter des colliers aux Iroquois domiciliés afin de leur faire part du déroulement des négociations diplomatiques tenues à Albany en février de la même année. Cette ambassade alla aussi rencontrer Frontenac et lui faire des propositions. Après que le gouverneur général eut répondu aux députés, La Potherie mentionne que les deux ambassadeurs offrirent en privé à Frontenac des colliers sous terre, qui provenaient de trois chefs iroquois :

> Quand les Nations sauvages veulent parler de quelques accommodens en particuliers, ils donnent un Collier en secret aux Personnes avec qui ils ont à traiter. Ce collier sous terre étoit de la part de Garagontié, la Grande Gueule, & Thorontisati, qui sons les trois Chefs les plus consederables des Onnontaguez. Ils lui demandoient la continuation de son estime, le priant d'être pesuadé qu'ils feroient tout ce qu'ils pourroient pour engager non seulement leurs Parens à écouter sa voix, mais le reste de leur Village[68].

Au cours de ce même séjour dans la colonie française, Onnagoga et Teganissorens participèrent à plusieurs négociations secrètes. La Potherie précise que « plusieurs conversations particulieres avec Onnagoga, Theganissorens & le frere de Tareha [eurent lieu] pendant le sejour qu'ils firent auprès de lui [Frontenac][69] ».

Les Amérindiens de l'Ouest ont également recours à un procédé similaire dans leurs relations avec les Français. En 1703, les Outaouais-Sinagos communiquèrent par un collier sous terre à Lamothe Cadillac leur intention de venir s'établir à Détroit[70].

À la lumière de la documentation consultée, aucun témoignage significatif selon lequel les Français prirent l'initiative d'entreprendre des négociations secrètes avec des chefs amérindiens afin de mettre en œuvre leurs objectifs géopolitiques n'a été retracé. Ce constat ne permet pas pour autant de soutenir que les autorités françaises n'ont pas eu recours à ce moyen stratégique. Les jésuites et les agents français présents au sein des collectivités amérindiennes notamment entretenaient sans l'ombre d'un doute de telles négociations. Ce qui est secret ne trouve pas toujours son « chemin » jusqu'aux documents officiels.

Entre nations autochtones

Les négociations secrètes ne sont pas étrangères à la culture politique autochtone. Il ne faut donc pas attribuer à l'arrivée des Européens et au contexte géopolitique de la seconde moitié du XVIIe siècle l'émergence de ce type de négociation. Au sein de leurs collectivités, les Amérindiens ont à la fois des conseils publics et secrets[71]. De même, face à certains événements particuliers, les anciens tenaient des conseils secrets pour débattre de sujets qu'ils jugeaient peu opportuns d'aborder en public[72]. Non seulement les pourparlers secrets faisaient partie de la vie politique des Amérindiens, mais ceux-ci étaient passés maîtres dans l'art de les dissimuler. Bien malin

Le chef iroquois Chaudière noire

Le « considérable » de la nation iroquoise tient dans sa main droite un collier de wampum. Remis « sous terre » ou dans une conférence diplomatique, le collier de wampum est indispensable pour mener à terme et conclure des accords commerciaux, politiques et militaires.

était celui qui réussissait à en connaître le contenu l'existence. Parlant des manœuvres secrètes de Hurons auprès des Tsonnontouans en 1695, l'intendant Champigny écrivait que

> c'est un malheur qu'on n'ait pas pu prevoir l'ambassade de ces sauvages [Hurons de Michillimakinac chez les Tsonnontouans] car on auroit infailliblement rompu ce coup mais il faut qu'on sache que quand ils se sont mis en teste de garder un secret la politique du plus ruzé des machiaveliste echouroit contre leur finesse et fourberie platée du blanc de la sincerité et des plus belles aparances du monde[73].

En négociant secrètement entre elles, les nations amérindiennes échangent des informations ou des propositions diplomatiques qu'elles jugent ne pas être de leurs intérêts à divulguer aux Français ou à d'autres collectivités. Afin de convaincre leurs compatriotes domiciliés de regagner leurs terres d'origine, les Cinq-Nations tentèrent, à plusieurs reprises, d'établir avec eux des négociations et des contacts secrets[74]. En 1691, les Iroquois envoyèrent deux Amérindiennes de la réduction de la Montagne — elles étaient prisonnières parmi eux — porter un collier à la famille du sieur de Sainte-Hélène, fils de Charles Le Moyne, en guise de considération à son décès[75]. Cependant, les Iroquois avaient profité de cette occasion pour ordonner à ces deux mêmes Amérindiennes

> d'en donner un [collier] secrettement et sous terre à un Sauvage du Sault nommé Louis Atoriata [...] pour l'exorter à se retirer luy et sa famille parmy eux et emmener le plus qui pouroit des gens du Sault affin

qu'ils evitassent leur perte innevitable. Ils convierent par un autre collier Tamouratoüa Sauvage de la Montagne de se retirer aussy avec tous ses gens[76].

Les deux femmes allèrent plutôt porter les colliers à Callière afin de faire avorter le projet des Iroquois. En 1693, la correspondance française se fait à nouveau l'écho des nombreuses négociations secrètes par lesquelles les Agniers tentent de convaincre les domiciliés de regagner les Cinq-Nations. L'auteur anonyme de la *Relation de ce qui s'est passé en Canada depuis le mois de septembre 1692 jusques au depart des vaisseaux en 1693* rapporte que « les Agniers [...] n'avoient rien oublié pour tâcher à debaucher le plus qu'ils pouvoient de nos Sauvages ». Les Français avouaient qu'ils ne pouvaient « avoir connoissance » des « frequantes negociations », des « pourparlers secrets », et des « correspondances » qu'ils entretenaient avec les Iroquois domiciliés[77].

Deux années plus tard, Charlevoix rapporte que c'est après avoir infructueusement tenté de rapatrier leurs compatriotes des réductions que les Iroquois reprirent leur guérilla contre la colonie française. Le jésuite précise que

> ces Barbares, après plusieurs intrigues pour nous débaucher leurs Compatriotes du Sault S. Louis & de la Montagne, qui furent sur le point de se laisser gagner, voyant toutes leurs ruses découvertes, recommencerent à se montrer tout autour de nos Habitations, & à y exercer leurs cruautés & leurs brigandages ordinaires[78].

La Ligue iroquoise entretient également des négociations secrètes avec les nations des Grands

Lacs, mais dans le but principalement de les convaincre de faire la paix avec elle, sans la participation des Français, et de les attirer dans leur réseau d'alliances. Ces pourparlers secrets sont dirigés essentiellement vers les Hurons de Michillimakinac et les Outaouais. Frontenac et Champigny font allusion à ce genre de démarche, en 1695, dans leur correspondance avec le ministre Phélypeaux. Les Iroquois auraient eu quelques «entreveües secrettes» avec ces deux nations alors qu'ils continuent d'entretenir des pourparlers de paix avec les Français[79]. Peu de temps après le retour de Frontenac dans la colonie, dans un contexte où les relations étaient très tendues entre les Français et les Iroquois, La Potherie rapporte lui aussi que la Confédération iroquoise entretenait des négociations secrètes avec les Outaouais. Le gouverneur général mentionna au goyogouin Ourehouare, qui tentait de rapprocher les Iroquois des Français, que les Cinq-Nations ne pourraient pas compter sur l'aide et la médiation françaises dans l'éventualité d'un conflit entre Outaouais et Iroquois à la suite de la conclusion d'une paix sans la participation des Français :

> Dis-moi un peu pourquoi tes gens ont-ils en secret des pourparler avec l'Outaouak, croyent ils que j'en sois jaloux, j'aime leur union & c'est ce que je souhaite ? Mais s'ils font la paix entre'eux sans que j'y sois apellé, qu'ils ne viennent pas parler à l'avenir des differens qu'ils pourroient avoir ensemble[80].

Donner la liberté à un prisonnier ou à un esclave afin qu'il aille porter des colliers «souterrains» est une stratégie qui fut également employée à l'égard des collectivités des Pays d'en Haut. Sous le deuxième gouvernement de Frontenac, les Anglais libérèrent un Amérindien de l'Ouest et lui donnèrent pour mission d'attirer les nations des Grands Lacs dans leur influence. Les Iroquois se saisirent de cette occasion pour lui donner des colliers et des présents, en espérant atteindre le même objectif. Seuls les Sauteurs semblent cependant avoir été sensibles à ces sollicitations secrètes[81]. Il serait vain de multiplier d'autres témoignages abondant dans ce sens. Il appert que les pourparlers secrets que les Iroquois entretenaient avec les nations des Grands Lacs étaient fort nombreux. Un témoignage en particulier révèle l'ampleur des négociations secrètes menées par les Cinq-Nations envers certaines collectivités des Pays d'en Haut pendant la seconde moitié du XVIIe siècle. En 1695, lors d'une rencontre diplomatique à Michillimakinac, réunissant le commandant de ce poste, Cadillac, et plusieurs chefs autochtones de l'Ouest, Ouiskous, chef outaouais, affirma que les anciens de sa nation avaient « receu de plains sacs » des colliers de la part de Iroquois[82].

Lorsque leurs manœuvres secrètes sont dévoilées au grand jour, les ambassadeurs et les chefs amérindiens utilisent différents subterfuges pour éviter d'en porter seuls la responsabilité. Certains « considérables » alliés et iroquois cherchent alors à placer en position défensive le parti adverse en lui faisant porter l'initiative des pourparlers secrets. Lors d'une conférence diplomatique à laquelle participaient Frontenac et Kondiaronk en 1694, la Potherie écrit que « les Goyogouens voulurent embarrasser les

Outaouaks par un reproche qu'ils leur firent sur le champ, les accusant d'avoir eû avec eux des Pourparlers de Paix sans la participation d'Onontio [Frontenac][83] ». Les Français rétorquèrent que c'était plutôt les Goyogouins qui étaient à l'origine de ces négociations secrètes. Malgré cette intervention, Kondiaronk sentit le besoin de prendre la défense des nations de l'Ouest, en ajoutant que c'étaient les Iroquois qui avaient envoyé en premier des colliers aux Hurons et aux Outaouais. Après cette intervention, La Potherie précise qu'il « s'éleva un grand bruit sourd parmi toutes ces Nations, & ils ne pûrent convenir de leurs faits. Il se fit de grands reproches de part et d'autre[84] ». On comprendra alors que la mise en œuvre de ce moyen stratégique souterrain requiert une préparation et des précautions minutieuses de la part des nations qui sont concernées. Non seulement les Français ont intérêt à mettre fin à tous ces pourparlers secrets, mais les factions autochtones opposées pouvaient également faire avorter ou mettre à jour de telles négociations[85]. À cet égard, il fallait prévoir quelques scénarios pour faire face à de telles possibilités. En 1689, peu de temps après les événements de Lachine, alors que les Français tentent de convaincre les nations alliées de Michillimakinac de ne pas quitter l'alliance française, La Potherie note que les Outaouais et les Iroquois « conclurent cependant dans le secret qu'ils envoyeroient aux Iroquois les mêmes Députez dont ils étoient convenus, & que si leur départ étoit malheureusement découvert, les Anciens le desavoüeroient[86] ».

Les nombreuses négociations secrètes entre la Ligue iroquoise et les nations de l'Ouest ne sont pas à sens unique. On remarque que les Amérindiens des Grands Lacs sont aussi à l'origine de telles initiatives. Avant l'expédition de Denonville, en 1687, les Hurons de Michillimakinac auraient entretenu des correspondances secrètes avec les Iroquois[87]. Charlevoix, qui rapporte l'information, ne donne toutefois pas de précision sur le contenu des discussions. Lorsque les autochtones des Pays d'en Haut entament des pourparlers secrets avec l'Iroquoisie, on remarque souvent que ceux-ci se déroulent en parallèle aux négociations officielles avec les Français. On a déjà noté que les nations des Grands Lacs étaient déchirées entre deux grandes options géopolitiques : maintenir l'alliance française ou joindre la Chaîne d'alliance. Cette ambivalence se reflète dans les pourparlers entretenus avec l'Iroquoisie. Sans vouloir couper les liens qui les unissaient avec la Nouvelle-France, les Amérindiens de l'Ouest, par l'entremise des négociations « souterraines » qu'ils entretenaient avec les Cinq-Nations, se gardaient une solution politique. Dans la première moitié de la décennie 1690-1700, alors que les tractations secrètes sont nombreuses entre les nations de Michillimakinac et la Ligue iroquoise, ce double jeu est souligné par La Potherie qui mentionne que

> Monsieur le Comte de Frontenac avoit sujet de croire que les Hurons & les Outaouais lui avoient parlé à cœur ouvert dans les Audiences qu'il leur avoit donnée, mais il fut bien surpris d'apprendre que les Hurons avoient envoyé des Ambassadeurs chez les Iroquois, & les Iroquois chez les Hurons[88].

Cette situation découle également des divisions politiques présentes au sein de ces sociétés. Les négociations secrètes entreprises par les nations des Pays d'en Haut envers la Ligue iroquoise étaient, à toutes fins utiles, la résultante des initiatives des factions pro-iroquoises. En 1695, Lamothe Cadillac, qui commande à Michillimakinac, fait savoir à Callière que Le Baron, peu de temps avant de venir rencontrer les autorités françaises, entretient des correspondances secrètes avec les Iroquois. Le gouverneur de Montréal précise que 30 Hurons s'étaient rendus en ambassade chez les Tsonnontouans, à l'insu de Cadillac. Ces députés étaient chargés de 14 colliers, délivrés par les Outaouais qui souhaitaient «negotier leur paix independamment d'Onontio[89]». Ces pourparlers secrets ne sont pas l'occasion uniquement de discuter d'affaires politiques, mais également d'échanger des informations précieuses. C'est ainsi que les Hurons prévinrent les Iroquois d'une attaque menée par trois chefs alliés de l'Ouest[90].

Les nations des Pays d'en Haut entretiennent également des négociations secrètes entre elles. Ces tractations résultaient des problèmes engendrés par l'élargissement continuel du réseau d'alliances franco-amérindien. Las de voir les Français commercer avec les Sioux et leur vendre des armes, les Outagamis «vouloient engager secretement ceux-ci [les Sioux] de se joindre à eux contre les François qui leur avoient fourni des armes[91]». Les conflits embrassant les nations de cet espace géographique donnent aussi lieu à des pourparlers secrets. On cherche alors à entériner des accords ou des alliances dont l'existence doit demeurer secrète, surtout aux Français, qui cherchent à consolider l'effort de guerre des collectivités des Pays d'en Haut contre les Iroquois. La Potherie apporte pour témoignage des négociations entre les Sioux et les Miamis sous le deuxième gouvernement de Frontenac. Il écrit que ces deux nations « eurent (à l'insçu des François) des entretiens secrets pendant une nuit, où les Miamis jurerent l'entiere destruction des Maskoutechs[92] ». Les correspondances secrètes entre Amérindiens alliés ne vont pas nécessairement toujours à l'encontre des intérêts des Français même si les témoignages abondant en ce sens sont minimes. On notera à cet effet un passage de la *Relation des jésuites* de 1672-1673 par lequel on apprend que les Neutres eurent des pourparlers secrets avec un chef huron francophile nommé Louis Thaondechoren, afin d'obtenir l'aide française pour quitter l'Iroquoisie. On peut y lire qu'il

> se trouvait alors à Onnontagué une autre nation tout entière que l'on appelle la Nation Neutre. Ces peuples, qui s'étaient volontairement donnés aux Iroquois, en étaient cependant traités comme des esclaves. Dans le désir de se délivrer de cette tyrannie, ils invitèrent Louis à un conseil secret, où ils le prièrent de leur obtenir d'Onontio des soldats pour favoriser la fuite qu'ils méditaient[93].

Les négociations secrètes apparaissent comme un moyen privilégié par les autochtones pour assurer leur sécurité et défendre leurs intérêts. L'ensemble des témoignages indiquent que ces pourparlers secrets furent utilisés autant de la part des nations de l'Ouest que de celles de l'Iroquoisie avec, cependant, les nuances déjà mentionnées. Ces négociations sont qualifiées de secrètes parce qu'elles se font précisément à l'insu des Français. On pourra y voir à la fois l'importance de l'activité diplomatique de ces collectivités entre elles et les limites du «contrôle» français sur l'alliance.

La propagande

Par propagande, on entend toutes les actions entreprises et exercées «en vue d'amener l'opinion à adopter certaines positions politiques ou sociales ou à soutenir certaines personnes[94]». Au cours de la seconde moitié du XVIIe siècle, les Français l'utilisèrent tant auprès des Cinq-Nations qu'à l'égard de leurs alliés des Grands Lacs.

Les Iroquois faisaient l'objet d'une attention particulière des Iroquois domiciliés. Ces derniers faisaient fréquemment des séjours plus ou moins longs dans leur pays d'origine et profitaient de l'occasion pour faire de la propagande pro-française. Leur but était de convaincre leurs compatriotes de se convertir au christianisme et de venir s'établir dans les réductions de la région de Montréal. Les chefs domiciliés participèrent activement à cette entreprise. Dans un mémoire daté de 1687, Denonville mentionne que le Grand Agnié «renvoya son neveu et un autre au village d'Agnié convier les parens de venir se faire chrétiens[95]». Même s'il n'était pas résident d'une réduction, Garakontié prit à plusieurs reprises la parole afin d'exhorter ses compatriotes à se convertir au christianisme[96]. La Potherie écrit, sans le nommer, qu'un « Capitaine d'Onneyout nouvellement Baptisé, qui fut tué depuis la Guerre contre les Tsonnontoüans, fit un Voyage exprés en son païs pour y aller prêcher la Foi[97] ». La mise en œuvre de cette stratégie n'était toutefois pas exclusive aux chefs. Selon Charlevoix, en 1697, un Iroquois du Sault-Saint-Louis originaire de la nation onneioute « avoit été envoyé dans ce Canton pour en exhorter les Habitans à venir s'établir parmi nous[98] ». Les *Relations des jésuites* soutiennent que les Iroquois domiciliés « veulent [...] attirer leurs parents au même dessein [c'est-à-dire se convertir]. Ils retournent en leur pays, ils leur parlent et les persuadent de venir à la Prairie, et ils les emmènent en bon nombre pour y vivre en véritable disciples de l'Évangile[99] ». Enfin, La Potherie apporte un témoignage similaire lorsqu'il écrit que pendant la seconde moitié du XVIIe siècle :

> Les Iroquois du Sault & de la Montagne de Montreal [...] firent tout ce qu'ils pûrent pour engager les Aniers de se joindre à eux, pour reconnoître & adorer ensemble le veritable Dieu du Ciel & de la terre, ou pour me conformer à leur expression, afin de faire ensemble la priere[100].

Ces témoignages sont très élogieux envers l'évangélisation des Iroquois domiciliés et comportent, sans doute, une part d'exagération. En consultant les sources françaises, surtout les *Relations des jésuites* et les auteurs appartenant à un ordre religieux, on se doit de garder une certaine prudence puisqu'ils sont souvent très enthousiastes à décrire la ferveur religieuse des Amérindiens convertis. Or, une lettre du

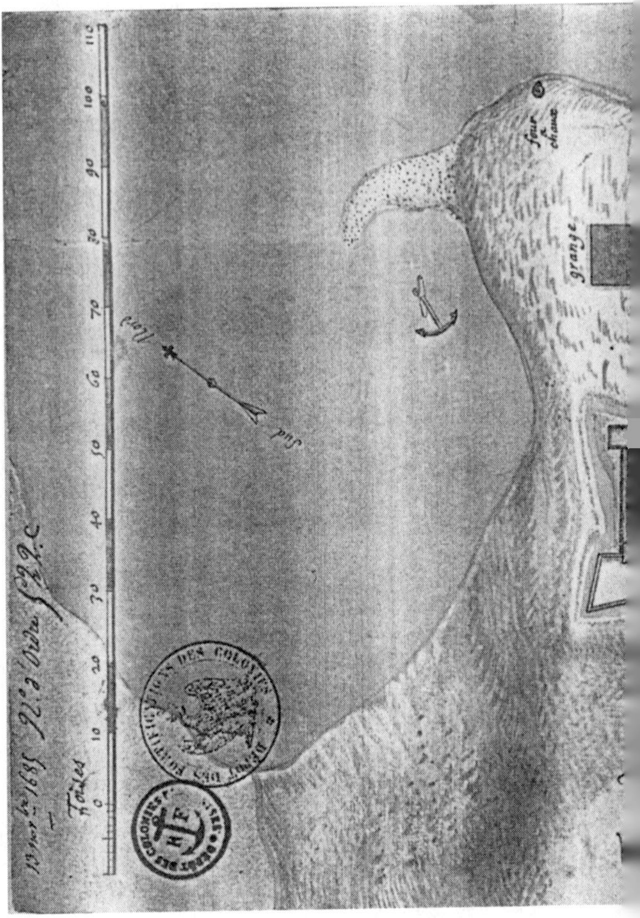
Toises
0
10
20
30
40
50
60
70
80
90
100
110
Nord
Sud
grange
four à chaux

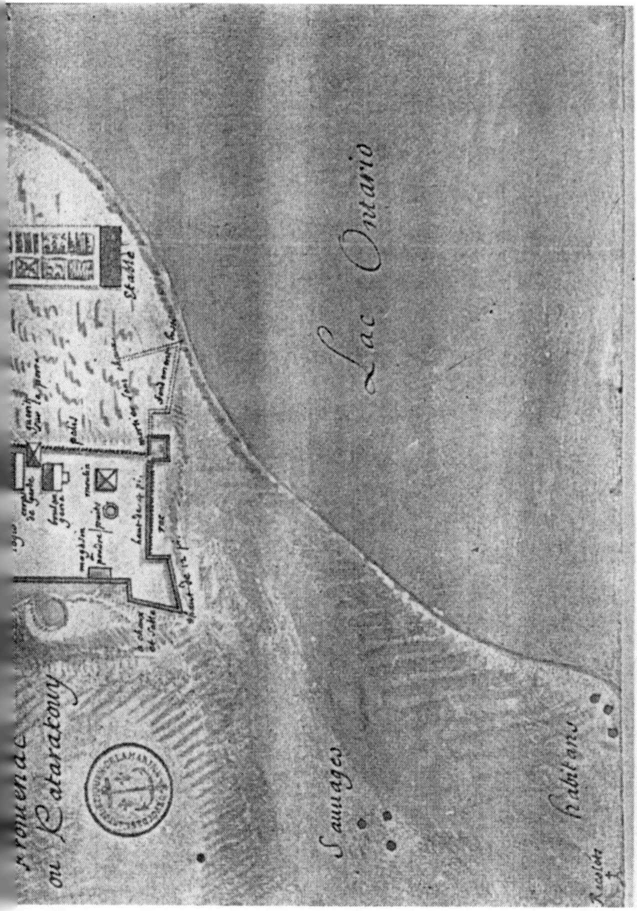

Plan du fort Frontenac

Lors de l'établissement de ce fort sur la rive nord du lac Ontario en 1673, Frontenac tenta de gagner la confiance et la sympathie des chefs iroquois par de nombreux présents et de multiples « caresses ».

colonel Dongan et un procès-verbal entre certains chefs iroquois et La Barre permettent de prendre la mesure de cette entreprise de propagande à partir d'un autre point de vue que celui des Français. Dans le premier document, daté du 11 juin 1687, le gouverneur de la Nouvelle-York demandait à Denonville d'ordonner aux «Indiens qui sont catholiques en Canada» de se contenter d'y demeurer sans chercher à «debaucher les autres»; Dongan menaçant de traiter «tres severement[101]» ceux qui seraient pris. Une telle exigence avait déjà été formulée, en 1684, par les Iroquois lors des négociations à l'anse à la Famine. Les capitaines des Cinq-Nations, par l'entremise de l'orateur Otreouti, demandèrent à La Barre d'empêcher «les chrestiens du sault Saint Louis et de la Montagne de venir plus chez nous pour attirer nos gens au Montreal qu'ils cessent de demembrer nostre terre comme ils font tous les ans[102]». La propagande pratiquée par les Iroquois domiciliés, même si on admet que le thème de la conversion au christianisme n'était pas toujours exploité avec autant de ferveur que le laissent entendre les Français, irrite suffisamment les Anglais et les Iroquois par son intensité. Il ne faudrait donc pas y voir un phénomène négligeable.

La propagande française effectuée par les Iroquois domiciliés ne se confine pas uniquement à ces objectifs. Même s'ils sont moins fréquents, d'autres thèmes sont exploités selon les circonstances. Afin de diviser les Cinq-Nations avant l'expédition de La Barre, en 1684, les Français firent appel à sept Iroquois domiciliés pour qu'ils aillent faire la promotion du maintien des relations pacifiques avec les Agniers, les Onneiouts et les Onontagués. La Barre écrit dans un mémoire que les sept Iroquois chrétiens devaient « leur dire que nous estions dans la resolution d'entretenir la paix faite avec eux [...] et que nous le prions de ne se point mesler de la guerre que nous allions faire aux Sonnontouans[103] ».

Une stratégie similaire, selon Charlevoix, est notamment employée en 1693 par Frontenac qui peut compter sur Ourehouare pour faire la promotion des intérêts français auprès des Iroquois : « Son fidèle Ourehouharé [...] faisoit de fréquens voyages dans son Canton, & n'omettoit rien de ce qu'il jugeoit plus propre à disposer les esprits à se raprocher des François[104] ». Un autre témoignage suggère qu'un chef onneiout de la réduction du Sault-Saint-Louis, nommé Otaouheté, alla, de sa propre initiative, faire de la propagande à l'avantage des Français chez les Iroquois. Une relation rapporte, sans donner des détails précis quant au contenu de son message, qu'il « s'estoit chargé [...] d'engager les Iroquois ennemis à entrer dans les memes pensées où luy et une party de sa nation sembloient estre, et de leur inspirer les sentiments de soumissions qu'ils devoient avoir pour leur pere Onnontio[105] ».

Les Français encourageaient les Iroquois des réductions à faire la promotion de leurs intérêts auprès de leurs confrères de l'Iroquoisie. En agissant ainsi, ils pouvaient tirer divers avantages personnels, comme des présents, ou obtenir les bonnes grâces des autorités françaises. Certains témoignages suggèrent cependant que cette propagande pro-française provenait aussi de l'initiative des domiciliés qui pouvaient agir par conviction, notamment religieuse.

À l'égard des autochtones de l'Ouest, les autorités coloniales ont exercé une forme différente de propagande, qui visait d'abord à impressionner pour mieux convaincre. Conscients que l'alliance avec les nations des Grands Lacs était fragile, les Français mettaient tout en œuvre pour impressionner leurs ambassadeurs et leurs chefs lorsqu'ils étaient de passage dans la colonie. L'objectif était de faire une démonstration de la puissance française. On cherchait par cet exercice à créer un moyen de renforcer l'alliance, d'autant plus qu'on espérait que les Amérindiens de passage feraient l'éloge des Français une fois de retour dans leurs nations. Les Outaouais présents à Québec, en 1691, ont eu droit à une véritable mise en scène de la part des dirigeants coloniaux qui leur présentèrent des « spectacles inconnus parmy eux [et] [...] des choses si nouvelles qu'ils ne pouvoit cesser de les admirer[106] ». Les Français firent voir à leurs hôtes les mouvements des matelots ainsi que l'illumination des vaisseaux et des maisons. Le bruit de l'artillerie et les artifices qui furent tirés ne manquèrent pas d'étonner les Outaouais, qui eurent également un aperçu de « la quantité de canons de bombes et de boulets[107] » qu'avaient à leur disposition les autorités françaises. On prit le soin de leur souligner que ce matériel pouvait être utilisé contre les ennemis de la Nouvelle-France, mais aussi servir à défendre ses alliés qui « n'auroient qu'à s'attendre à estre puissament secourus pour faire la guerre[108] ».

Un exercice similaire fut également appliqué auprès d'un chef sioux. La Potherie précise: «Il n'y eut qu'on Nadoüaissioux que l'on fit rester quelque temps, à qui l'on étoit bien aise de faire voir la Colonie, afin qu'il pût donner une idée à sa nation de la puissance des François[109]». Sous le deuxième gouvernement de Frontenac, la stratégie française semble fonctionner à l'égard des Outagamis puisqu'ils «revinrent de l'ardeur qu'ils avoient eû de se joindre avec leur famille aux Iroquois. Le Fils de leur Chef qui étoit revenu de Montréal fit trop d'impression sur leur esprit par le récit qu'il fit de la puissance des François[110]».

La propagande française à l'endroit des Amérindiens alliés exploite des thèmes différents que ceux qui sont employés à l'égard des Cinq-Nations. Les mises en scène auxquelles ont droit les autochtones des Pays d'en Haut auraient eu vraisemblablement peu d'effet sur les Iroquois. La proximité des colonies anglaises et la taille de certaines villes comme Boston ou la Nouvelle-York rendaient futile l'application d'une telle stratégie. Même s'ils pouvaient prendre conscience, en se rendant par exemple à Montréal, des éventuelles répercussions qu'entraînerait une attaque française contre leurs villages, les Iroquois pouvaient difficilement être impressionnés par une colonie et des villes de moindre importance. C'est donc précisément l'absence de ville européenne dans la région des Grands Lacs qui rend possible une telle stratégie française. Face à la Ligue iroquoise, la Nouvelle-France devait concevoir sa propagande de façon différente. Les jésuites missionnaires ont certes participé à cet exercice. Toutefois, en employant des Iroquois domiciliés, les Français espéraient toucher une sensibilité plus profonde auprès des Cinq-Nations et obtenir de meilleurs résultats. De plus, il s'agissait de promouvoir les intérêts français sans donner l'impression d'y participer.

« Présents particuliers » et « caresses » ou l'art de corrompre les élites

La coercition étant à toutes fins utiles absente de la conception que les Amérindiens avaient du pouvoir, les chefs autochtones, pour se maintenir dans leur position, devaient périodiquement multiplier envers leur collectivité des dons de toutes sortes et offrir des festins. Un bon chef est avant tout un excellent pourvoyeur envers son peuple. Nicolas Perrot précise que « si les chefs ont quelque pouvoir sur eux [les gens de leur nation], ce n'est que par les libéralitez et les festins qu'ils leur font[111] ». On peut également lire dans les *Relations des jésuites* que les chefs « ne s'attirent de la considération et du respect, qu'autant qu'ils ont, comme on parle ici, de quoi faire chaudière, c'est à dire, de quoi donner des festins à ceux qui les obéissent[112] ». L'intendant Raudot notait également cet aspect fondamental sur lequel reposait le pouvoir des chefs dans les sociétés autochtones :

> Parmy ces anciens sont les chefs de guerre, ils le deviennent par les belles actions qu'ils font, par l'amitié de la jeunesse qu'ils s'attirent et par les présents qu'ils leur font ; car ordinairement ces chefs sont les plus mal vêtus de la nation donnant tout pour se faire aimer[113].

Cet esprit du don qui est à la base de la chefferie amérindienne sera mis à profit par les Français. Par l'entremise d'une politique rappelant les pots-de-vin européens[114], ils tenteront de corrompre et de faire agir les chefs autochtones dans leurs intérêts. Ces derniers, dont, s'il faut en croire Lafiteau, « le zèle pour le bien public n'est cependant pas si universel que plusieurs ne pensent à leurs intérêts particuliers[115] », sont forts sensibles aux présents particuliers et aux « caresses » des Français. Nicolas Perrot notait aussi le penchant des Amérindiens à se laisser gagner par la corruption : « ils s'engageront à des guerres injustes, et rompront les traitez de paix avec des peuples sans raisons. L'intérest les corrompt et les rend capables de touttes sortes de maux[116] ». Les sociétés amérindiennes, comme toutes les autres d'ailleurs, ne sont pas imperméables à la corruption.

On se doit de souligner qu'il n'y a pas seulement les Français qui essaient de corrompre les chefs amérindiens. Les autochtones avaient également recours à cette stratégie entre eux. Toutefois, les témoignages sont rarissimes. On peut noter ce témoignage rapporté dans les *Relations des jésuites* où les Amérindiens de Kaentoten tentèrent, sans résultat, de soudoyer le chef de la jeunesse des Kiskakons afin qu'il incite sa nation à s'établir près d'eux[117]. Pour des raisons qu'il explique mal, Nicolas Perrot note que les Hurons réussirent à corrompre un chef nommé Sinagos[118]. La rareté de ces témoignages n'autorise pas à conclure que les nations autochtones négligèrent l'emploi de ce moyen stratégique souterrain dans leurs relations. D'ailleurs, les premiers missionnaires français qui prirent contact avec les sociétés amérindiennes notèrent l'importance de la corruption dans le monde politique et diplomatique autochtone. Le témoignage de Jean de Brébeuf est éloquent à cet égard: « quand quelqu'un, soit citoyen, soit étranger veut obtenir quelque chose du pays, la coutume est de graisser les mains des principaux capitaines[119] ».

Par contre, aucun exemple où les Amérindiens tentèrent de soudoyer les autorités françaises n'a été retracé. Comment expliquer ce constat ? Est-ce à dire que les autochtones n'avaient rien à offrir aux Français ? Les dirigeants coloniaux étaient-ils incorruptibles ? Bien sûr que non. Plusieurs explications peuvent être avancées. Les Amérindiens comprirent, sans doute, que la structure de pouvoir chez les Occidentaux était beaucoup plus complexe et impliquait un élément de subordination qui était étranger à leur culture. Certes, par des « présents particuliers », des pelleteries par exemple, les chefs amérindiens pouvaient obtenir des concessions et entrer dans les bonnes grâces des commandants et des officiers français. Cependant, ils constatèrent que cette stratégie était futile pour amener les hautes têtes dirigeantes françaises à faire des concessions considérables sur leur politique. D'ailleurs, les dirigeants coloniaux pouvaient obtenir sans grande difficulté par d'autres moyens, la contrebande par exemple, le seul produit que les autochtones avaient véritablement à offrir, c'est-à-dire des fourrures. Les sources étant rédigées par des Français, on comprendra que le silence est de rigueur et que certains agissements, à moins qu'ils soient dénoncés, laissent rarement des traces dans les documents écrits.

La stratégie des dirigeants coloniaux de corrompre les chefs amérindiens n'a rien d'improvisé et apparaît, pendant la deuxième moitié du XVIIe siècle, comme un élément clé de la politique française à l'endroit des autochtones, tant alliés qu'Iroquois. La mise en œuvre de ce moyen stratégique cherchait à répondre à plusieurs buts, notamment de maintenir ou d'attirer les chefs amérindiens dans les intérêts de la Nouvelle-France tout en cherchant à assurer la sécurité de la colonie. L'intendant Duchesneau était d'avis que le meilleur moyen pour atteindre ces objectifs était de « gagner soubs terre ainsi qu'ils s'expliquent ce que nous disons soubs main ceux qui ont la conduitte des affaires[120] ».

Dès son arrivée dans la colonie, et plus précisément lors de l'établissement du fort qui portera son nom à Cataracoui, Frontenac mit en place une politique de pots-de-vin. Il se fit accompagner des « considérables » iroquois à tous ses repas. Il alla même jusqu'à accorder un traitement de faveur aux enfants des chefs en leur donnant du pain, des pruneaux et des raisins[121]. Le gouverneur général français manifesta une sollicitude minutieuse envers un chef pro-hollandais afin d'obtenir sa sympathie. Une relation de ce voyage précise : « C'est un homme [Torontishati] qui a toujours esté ennemy des François et fort dans les interestz des Flamans, ce qui obligea Monsieur le Comte de Frontenac de le caresser en particulier et de l'arrester pour diner avec luy[122] ». En fait, tous les chefs iroquois rencontrés par le gouverneur général eurent droit à des présents particuliers. Selon l'auteur du *Voyage de Monsieur le Comte de Frontenac au lac Ontario en 1673*, il «n'y eut point de capitaine ny aucun des principaux d'entre les Cinq Nations à qui il [Frontenac] n'eut parlé auparavant en particulier et à qui il n'eut fait des presens [...] et tous partirent satisfait[123]».

Toutes ces «caresses» et ces présents cherchent ni plus ni moins à obtenir, voire à maintenir, la sympathie et l'affection des chefs iroquois. En 1673, la paix obtenue par Courcelles est encore récente et Frontenac a tout intérêt à consolider les bonnes dispositions diplomatiques que les Iroquois manifestent à l'égard des Français. Dans leur correspondance avec le gouverneur général, les missionnaires jésuites présents en Iroquoisie feront écho des répercussions de cette politique. Il semble, à la lumière de cette correspondance, que les libéralités de Frontenac ont eu les effets attendus. Le père Millet, missionnaire chez les Onneiouts, écrit qu'il en «voy desja de trez bons effets en cette mission[124]». Lamberville ajoute que les présents offerts par Frontenac «ont entierement emporté leurs coeurs[125]». Le jésuite précise dans un billet inclus dans cette même lettre que

> les Hollandois ont fait tant de tentatives auprès des iroquois pour se defaire de nous que si vous n'aviez pas gagné à katarok*oui* par vos liberalitez et par vostre accortise les considerables, nous croions que tout ce qu'il y a icy de François seroient desja ou morts, ou chassez de ce pais[126].

On retrouve le même son de cloche chez La Salle, qui soutient que Frontenac a «entierement gagnez[127] » les Iroquois. Ces résultats encouragent sans l'ombre d'un doute le gouverneur général à poursuivre cette politique. L'année suivante, des chefs de la Ligue iroquoise sont présents à Montréal pour des pourparlers diplomatiques et afin de faire part aux autorités françaises s'ils acceptaient ou non de leur donner en adoption quelques enfants iroquois. Frontenac écrit que les députés des Cinq-Nations

> ont paru dans une si grande sousmission, si touchez du bon traitement des présents, et des regals que je leur ay faits, qu'il n'y a personne en ce pays qui ne soit surpris de les voir dans ces sentimens, mais ce qui cause un plus grand estonnement, est de voir qu'ils m'ayent accordé ce qu'ils ont tousjours refusé à tous les gouverneurs[128].

La décision des chefs iroquois d'acquiescer à la demande de Frontenac découle-t-elle des présents particuliers qui leur ont été offerts ? Le gouverneur général fait ici sa propre publicité. Les résultats concrets de sa politique de corruption sont difficiles à mesurer même si les chefs iroquois, selon plusieurs témoignages, parurent fort satisfaits des présents offerts en 1673. Il n'en demeure pas moins que Frontenac appliqua, lors de cette rencontre diplomatique, en 1674, la même stratégie à laquelle il avait eu recours une année auparavant à Cataracoui. Dans une lettre au ministre Colbert, il explique à nouveau qu'il accorda une grande attention aux « caresses » et aux « presents particuliers » qu'il fit à l'endroit des chefs de la Ligue iroquoise pendant leur séjour[129].

Le successeur de Frontenac, La Barre, adopte une politique similaire. En 1683, afin de savoir pour quelle raison les chefs iroquois refusaient de venir le voir, comme ils l'avaient promis au mois de décembre de l'année précédente, il envoya le sieur Le Moyne accompagné de quatre des principaux chefs de la réduction de la Prairie de la Madeleine chargés de «presents particuliers pour gagner les esprits les plus considerables[130]». Denonville met en œuvre une stratégie qui s'inscrit dans la continuité de ses prédécesseurs. Dans une lettre à Seignelay, en 1686, il écrit que les succès des négociations diplomatiques «se soutiendront par quelques presans que l'on fera pour gaigner les considerables[131]». Les officiers français ont également recours à cette pratique. Commandant au fort Frontenac et se défendant dans un interrogatoire d'avoir participé à la traite des fourrures, Louvigny affirma qu'il «n'a traitté en aucune maniere avec aucuns Sauvages, mais qu'il a donné gratuittement et liberalement aux Considerables pour gaigner leurs esprits[132]». De même, les explorateurs et les agents de la Couronne française parcourant les nations amérindiennes ont parfois recours à cette stratégie afin de défendre les intérêts de la colonie et d'assurer leur sécurité. C'est parce qu'il gagna la sympathie d'un chef illinois, par des présents particuliers, que La Salle fut au courant que Monso fit circuler de l'information mensongère désavantageuse aux Français auprès de cette même nation[133]. Gagner l'affection et la sympathie d'un chef est un atout très important qui peut servir les intérêts français à tout moment. Lamberville apporte pour exemple le comportement d'un chef iroquois nommé Tegannehout qui, en 1684, s'opposa à Arnaud, un envoyé de Dongan. Le jésuite est d'avis que Tegannehout

> a tres bien fait son personnage et a harangué fortement contre l'envoyé de Monsieur Dongan en faveur d'Onnontio. La bonne chere, et la maniere dont vous l'avez regalé a esté une medecine confortatrice qui luy a soutenu la voix lorsqu'elle auroit manqué peut estre à quelqu'autre qui n'auroit pas eu des marques de vostre amitié comme vous lui avez l'honneur de luy en donner[134].

Selon certaines circonstances, les présents «souterrains» ou «particuliers» n'ont pas uniquement pour objectif de gagner la sympathie des chefs autochtones envers les autorités françaises. Ils sont également offerts afin d'obtenir une action ou un geste précis de leur part. En espérant avoir sous la main un porte-parole iroquois qui se fera le défenseur des accords de paix de l'anse à la Famine, Lamberville, au nom de La Barre, offre à un chef des Cinq-Nations un présent particulier. Le missionnaire écrit à cet effet qu'un

> parti de 40. Soldats sortira d'icy [Onontagué] dans six jours pour aller contre les Illinois qu'il trouvera parmi les Chouennons. J'ay donné de vostre part au chef une chemise pour exhorter les Sonnontoüans chez qui il passera à vous tenir parole, il m'a assuré qu'il ne menera point sa troupe du costé que vous avez défendu[135].

Peu de temps auparavant, La Barre mentionne, dans une lettre à Seignelay en juin 1684, qu'il a profité de la présence d'un ambassadeur tsonnontouan dans la colonie pour le soudoyer. Le gouverneur général français espérait que le diplomate iroquois allait, une fois de retour en Iroquoisie, retirer par ses propres moyens les jésuites qui seront bientôt en danger à cause de l'expédition imminente des Français[136].

Il n'y a pas seulement les « considérables » iroquois que les Français tentent de soudoyer. Une politique similaire est également appliquée à l'endroit des chefs alliés de l'Ouest. La présence de certains d'entre eux à Montréal, pendant l'été 1690, est un témoignage fort éloquent quant aux deux significations que prit l'offre de présents. Ainsi, lorsque Frontenac écrit qu'il leur fit « plusieurs regals et presents [...] en particulier et en general[137] », on constate que les Français procédèrent à un échange de présents s'inscrivant dans le contexte traditionnel du protocole diplomatique nord-est américain, mais qu'ils tentèrent également de corrompre les chefs alliés[138]. Les Français, à la suite des événements de Lachine, paraissent dans une position précaire et l'alliance avec les nations des Pays d'en Haut se fait très chancelante. En offrant des présents particuliers aux chefs alliés lors de cet événement, les autorités françaises cherchent à entretenir ou à regagner leur confiance, voire leur fidélité. De plus, ces mêmes présents particuliers ont pour objectif de les inciter à poursuivre la lutte armée contre les Iroquois[139]. On note également un tel témoignage, en 1686, dans un contexte où les nations huronne et outaouaise notamment menacent de quitter l'alliance française. Charlevoix soutient que, si les missionnaire n'avaient pas « trouvé le secret de gagner les principaux Chefs »

hurons et outaouais, ces deux nations se seraient «jointes aux Tsonnonthouans, ou qu'elles ne se fussent demeurées dans l'inaction [contre les Iroquois][140] ». Sous le deuxième gouvernement de Frontenac, La Potherie rapporte qu'une stratégie similaire fut aussi appliquée envers un chef outagamis afin qu'il engage sa nation à prêter main-forte aux Outaouais dans la lutte armée contre les Iroquois. Il revenait de Montréal et se trouvait à la baie des Puants lorsque les Français lui dirent «qu'il se presentoit une occasion favorable qui pourroit le rendre recommandable auprès d'Onontio [Frontenac][141] ». Toujours selon La Potherie, le chef amérindien «promit qu'il iroit avec plaisir pour l'amour d'Onontio, & partit aussi-tôt sans faire auparavant un Festin de guerre[142] ».

Afin d'inciter les chefs alliés des Pays d'en Haut, particulièrement ceux de Michillimakinac, à poursuivre leur guérilla contre la Ligue iroquoise tout en cherchant à empêcher un renversement des alliances, les Français ont accordé une attention particulière à cette stratégie au cours de la seconde moitié du XVIIe siècle. Évoquant les conséquences néfastes qu'entraînerait le retrait des Français des postes de l'Ouest, Frontenac soutient que c'est précisément grâce à la présence d'officiers qui ont offert des présents particuliers aux chefs des Grands Lacs que la Nouvelle-France a pu empêcher un retournement des alliances au cours de cette période. Le gouverneur général écrit que Cadillac et Louvigny, par leur adresse à «gaigner les principaux chefs de ces Sauvages avec des caresses et des presents», ont réussi à rompre «touttes les intrigues des mal intentionnez[143] ».

En soudoyant certains chefs iroquois, les autorités françaises visaient aussi à se prémunir contre certaines attaques iroquoises afin de garantir la sécurité de la colonie. En 1686, Denonville, qui se préparait lui-même à attaquer les Tsonnontouans, avait donné des présents au père de Lamberville afin de « gagner les principaux Iroquois plus intriguans pour arrester la fureur de toute la jeunesse qui tendoit à marcher contre nous[144] ». Le gouverneur général ajoute que le retour du père de Lamberville en Iroquoisie « avec les presens secrets que l'on nomme icy, sous terre, dissipa cet orage[145] ».

En 1688, c'est-à-dire peu de temps après la campagne de Denonville en Iroquoisie, des négociations de paix se sont enclenchées entre Français et Iroquois, plus particulièrement avec les Onontagués, les Onneiouts et les Goyogouins. Les autorités de la Nouvelle-France cherchaient alors à obtenir la paix, du moins une trêve, avec la Ligue iroquoise afin de faire en sorte que la colonie ne soit pas soumise à une guérilla incessante en guise de représailles à l'expédition française. Pour ce faire, les Français décidèrent de garder quelques prisonniers onontagués « pour les employer à persuader leurs compatriotes[146] » à demander la paix au gouverneur général. Selon Callière, Denonville avait arrêté son choix sur les Onontagués pour deux raisons ; ils « avoient paru moins animés contre nous » et ils « estoient en commerce avec le Pere de Lamberville[147] ». Le missionnaire jésuite renvoya les Onontagués vers leur nation « apres les avoir caressés et leur avoir fait des presens pour les gaigner[148] ». Callière précise que cette stra-tégie fonctionna à merveille : les Onontagués réussirent à convaincre leur nation, ainsi que les Goyogoins et les Onneiouts, à entreprendre des pourparlers de paix avec les Français.

C'est alors, toujours selon le témoignage de Callière, qu'une députation escortée par 900 guerriers se présenta pour demander la paix à Denonville. N'est-il pas curieux qu'une députation ressente le besoin de se faire accompagner par 900 guerriers, d'autant plus que ce sont les Français qui demandent la paix ? Un tel nombre de guerriers laisse supposer qu'il s'agit bien davantage d'une force d'invasion, d'autant plus qu'il est hors du commun que les Iroquois prennent la peine de faire escorter leurs chefs par un tel nombre de guerriers. Il paraît donc très peu probable qu'il s'agissait bel et bien d'une escorte et tout laisse croire que cette « députation » n'avait guère au départ l'intention de venir demander la paix aux Français. C'est en consultant une autre lettre que l'on peut mieux comprendre le déroulement des événements. En écrivant à Seignelay, Denonville mentionne que c'est plutôt en ayant eu recours à un Iroquois très proche de Lamberville que les Français ont tenté d'ouvrir des négociations de paix avec les Iroquois. On peut y lire que le père de Lamberville, en route vers Cataracoui, engagea un de ses amis iroquois « avec un très joly esprit[149] » à descendre à Onontagué dire aux villages de se méfier des paroles de Dongan[150]. Le gouverneur de la Nouvelle-York avait profité de cette conjoncture très tendue dans les relations franco-iroquoises pour faire de la désinformation à l'égard des Cinq-Nations en leur affirmant que les Français s'apprêtaient à les attaquer de nouveau. C'est alors que cet Iroquois rencontra sur son chemin un parti de 1 000 guerriers « entestés des meschants discours de Monsieur Dongan[151] », qui s'apprêtaient à fondre sur les habitations des Français. Denonville ajoute que cet Iroquois envoyé par Lamberville

> fit prendre aux anciens la premiere resolution de me venir demander la paix, mais comme la plus grande partie estoient persuadez par les soins de Monsieur Dongan que je n'en voulois point et que je voulois les tromper, ils crirent devoir accompagner les anciens jusqu'auprés de nos habitations et en effet cinq cens virent camper à trois lieües de Montreal[152].

Notre propos ici est moins de choisir entre ces deux versions que d'avoir le souci de souligner que c'est en ayant eu recours à la corruption ou à un Iroquois gagné aux Français que la Nouvelle-France réussit à détourner temporairement un projet d'invasion de la Ligue iroquoise[153]. Une chose semble néanmoins évidente : les Iroquois avaient lors de leur départ de l'Iroquoisie l'intention ferme d'attaquer les Français. Otreouti, député iroquois présent lors de ces événements, en fit part à Denonville lors des négociations qui eurent lieu à Montréal[154].

Une fois la délégation iroquoise présente à Montréal, les Français comprirent très rapidement qu'ils pouvaient difficilement exiger des conditions de paix à leur avantage. Il fallait même accepter une trêve, en dépit du fait que la Ligue iroquoise la proposait les armes à la main car, et c'est le moins que l'on puisse dire, les Français étaient en position très vulnérable[155]. Les dirigeants coloniaux devaient donc mettre leur orgueil de côté et tenter de limiter les dégâts ou d'éventuelles complications aux conséquences fâcheuses afin d'assurer la sécurité de la colonie. Pour ce faire, les autorités françaises tentèrent à plusieurs reprises de soudoyer les chefs iroquois. Denonville reçut la délégation «avec beaucoup de caresses[156]». Il demanda que ses alliés soient inclus dans la paix, ce à quoi les Iroquois s'opposèrent formellement. Le gouverneur général fit même semblant d'ignorer qu'une partie de l'armée iroquoise avait pillé en cours de route trois canots appartenant à des Amérindiens alliés, ce qui en dit long sur l'état d'esprit des autorités coloniales[157]. Au cours des négociations, les Français en viennent rapidement à la conclusion qu'ils doivent se faire le plus conciliants possible en mettant l'accent sur la seule stratégie susceptible d'aider leur cause dans les circonstances, c'est-à-dire tenter de soudoyer les chefs de la délégation. Denonville précise:

> Dans toutes les conférences que nous eusmes Monsieur l'Intendant et moy avec tous les plus esclairez dans la connoissance des interest du pays il fut conclu que nous ne pouvions mieux faire que d'accepter la paix et gagner par presens les plus considerables[158].

Non seulement les Français ne se gênent pas pour offrir de nombreux présents particuliers aux chefs iroquois, mais ils sont également conviés à de bons repas[159]. On observe, au cours de cet événement, que ce sont essentiellement des questions de sécurité qui incitent les autorités françaises à mettre en œuvre une stratégie de corruption à l'égard des députés des Cinq-Nations. Il est toutefois difficile d'en mesurer l'efficacité concrète. Les correspondances de Denonville et de Callière ne précisent pas que la trêve obtenue est redevable aux présents particuliers et aux « caresses » des dirigeants de la Nouvelle-France. Par ailleurs, le raid iroquois sur Lachine, en 1689, fait ressortir le caractère précaire de ces accords de paix.

On remarque jusqu'à maintenant à travers ces témoignages que les Français eurent recours à une politique de pots-de-vin en regard de situations particulières ciblées dans le temps. Toutefois, cette stratégie de « gagner » les chefs amérindiens s'inscrivait également dans une perspective à long terme. En ce sens, les autorités françaises ont cherché à obtenir, par la voie de la corruption, une collaboration permanente de certains capitaines autochtones en leur octroyant, parfois périodiquement, des présents particuliers. Une telle stratégie visait idéalement, à plus ou moins longue échéance, à les gagner entièrement à la cause française. Il fallait, en d'autres mots, en faire des « considérables » francophiles. Plusieurs chefs furent l'objet d'une telle stratégie. Les deux cas les mieux documentés et les plus éloquents sont ceux d'Ourehouare et d'Otreouti, deux grands chefs iroquois qui réagirent de façon différente aux cadeaux des Français.

Le chef goyogouin Ourehouare était l'un des Iroquois qui avaient été envoyés aux galères de France en 1687. Lors de son retour en Nouvelle-France, en 1689, il était sur le même navire que Frontenac. Le gouverneur français y vit là une occasion de gagner son affection. Le secrétaire Charles de Montseignat écrit, sans aucun doute avec une part d'exagération, que les bons traittements que luy [Ourehouare] et ses gens avoient receus de Monsieur le Comte depuis qu'ils estoient aupres de luy leur avoit deub faire oublier tout ce que leur esclavage avoit eu de fascheux, il paroissoit dans la soumission qu'un fils doit avoir pour son pere, il ne faisoit rien sans le consulter[160].

La Potherie précise à propos d'Ourehouare qu'on « le ménagea pendant le sejour qu'il fit avec les François, & il [Frontenac] gagna assez sur lui pour oublier les mauvais traitemens qu'il avoit reçûs pendant son esclavage[161] ». Charlevoix ajoute que Frontenac l'avait « caressé » pendant son voyage[162]. Lamothe Cadillac mentionne qu'Ourehouare « est un Sauvage iroquois que Monsieur le Comte a gaigné et qui fait de merveilles pour nous dans la paix et dans la guerre[163] ». Plusieurs mois après son retour en Amérique du Nord, Ourehouare manifeste toujours des sentiments pro-français ; pour les entretenir, Frontenac continue à lui offrir des présents et des cadeaux[164]. D'ailleurs, certains Français doutent encore de sa sincérité et on le soupçonne même d'être « d'intelligence » avec sa nation[165]. Cependant, la suite des événements prouvera qu'Ourehouare demeurera toujours fidèle aux Français.

En 1691, Ourehouare, qui avait été chassé en territoire iroquois, alors que certains Français pensaient qu'il avait usé de ce prétexte pour s'enfuir, annonce à Frontenac qu'il s'était brouillé avec les Cinq-Nations et qu'il n'était plus l'un de leurs chefs. Champigny écrit :

Oreoaé chef iroquois qui estoit prisonnier parmy nous et que l'on croyait estre retourné dans son pays ainsy que nous l'avons cy devant marqué est de retour de la chasse d'aujourd'huy. Il a paru fort mecontant de sa nation lors qu'il a apris qu'on avoit fait brusler l'interprete et les deux canoteurs du Chevalier Do. Monsieur de Frontenac luy a proposé d'aller parler à ses nations, à quoy il a fait reponce qu'il n'estoit plus leur capitaine puisqu'ils avoient brulé les gens du Chevalier Do, et qu'ils le bruleroient peut estre luy mesme ce qui doit faire comprendre que les affaires sont plus broüillées que jamais[166].

Près de deux années après son retour de France, un important changement s'opère chez Ourehouare. Le chef goyogouin comprit que son attitude et ses opinions pro-françaises étaient inacceptables pour la Ligue iroquoise, à un point tel qu'elles pouvaient même mettre sa vie en danger s'il en faisait la promotion. Ourehouare le francophile prend ses distances envers son peuple et perd ou abandonne son statut de chef[167]. Celui qui fut d'abord attentif aux Français, à la suite des présents successifs et des menues attentions de Frontenac, est dorénavant gagné aux Français[168]. La stratégie française fonctionne. Les présents particuliers ne sont plus désormais nécessaires afin de faire agir Ourehouare dans les intérêts des Français ou d'empêcher sa défection. Même s'il continue de recevoir des présents de la part de Frontenac en récompense de ses services, les cadeaux prennent un autre sens. Ils expriment, selon la coutume de la chefferie amérindienne, une forme de gratification. Il ne faut pas y voir la marque d'un pot-de-vin, mais bien davantage celle d'une récompense démontrant l'appréciation des autorités françaises pour ses services. De tels présents étaient d'ailleurs aussi offerts aux chefs iroquois domiciliés.

Ourehouare se distingue ensuite, en 1691, dans un parti commandé par Vaudreuil. Une relation anonyme mentionne à propos de l'Iroquois qu'il « commença dans cette occassion de donner des marques de sa bravoure et de la fidélité qu'il avoit pour les François[169] ». Peu de temps après, au cours de la même année, Ourehouare « se surpassa luy mesme » dans une autre expédition commandée par Valrenne[170]. La Potherie précise :

> Auriouaé s'y signala beaucoup, il ne faisoit que de revenir d'une expedition fort glorieuse pour lui ; il s'étoit trouvé si choqué du mépris que sa Nation avoit euë de toutes les démarches qu'il avoit faites pour les attirer dans nos intérêts, qu'il partit d'un propos délibéré pour s'en venger avec quinze Sauvages de Lorete & de la Montagne, il fit son coup entre Goïoguen & Onnontagué[171].

Après sa participation à ces événements, Ourehouare alla rencontrer Frontenac à Trois-Rivières le 14 août[172]. En descendant à Montréal, il apprit qu'une femme et deux hommes avaient été pris à la rivière des Prairies par un parti ennemi. Ourehaoure, de sa propre initiative, alla délivrer les Français. Il soutint alors « avec une modestie peu ordinaire à un Sauvage qu'il n'en avoit pas encorre assez fait pour reconnoistre les obligations qu'il avoit à son pere Onnontio [Frontenac] et marquer son attache aux François[173] ».

Résidant à la réduction de la Montagne et s'étant converti au christianisme, Ourehouare continuera le reste de ses jours à agir dans les intérêts des Français[174]. Lors de ses funérailles, on lui accorde des honneurs auxquels très peu de chefs francophiles ont eu droit. Une relation anonyme mentionne qu'après

> son arrivée à Québec une forte pluresie le prit et il mourut bon François et bon chrestien en fort peu de temps, Monsieur le Comte crut que sa fidelité meritoit quelque marque de distinction et il fut enterré avec les ceremonies eclesiastiques et militaires qui se pratiquent ordinairement pour les officiers. C'est une perte pour nous ce Sauvage nous ayant esté fort affectionné depuis son retour de France[175].

Une politique similaire fut également mise en place auprès d'Otreouti. C'est sous le gouvernement de La Barre que les Français tentèrent de gagner à leur cause ce chef iroquois. En écrivant à La Barre le 10 février 1684, Lamberville est l'un des tous premiers à faire écho des tentatives de corruption à l'égard du chef onontagué. S'il faut en croire le jésuite, les résultats obtenus sont plus que satisfaisants :

> Le sieur de la Grande Gueule [Otreouti], que vostre liberalité et le bon air dont vous l'avez recû ont gaigné est entierement devenu vostre creature. Il semble que ce soit vostre homme d'affaire avec Garakontié. Il fit encor ces jours passés vostre panegyrique en parlant aux soldats [...]. Puisque le sieur de la Grande Gueule dit qu'il ira cet esté vous voir pour parler de diverses affaires, pour répondre aux paroles dont vous l'avez chargé, et particulierment pour l'affaire du taillandier, je ne luy ai point demandé de vostre part ce qu'il souhaittoit cette année qui est la premiere de la pension que vous luy faites la grace de luy donner[176].

La stratégie française consiste à combler périodiquement Otreouti de présents, à un point tel que Lamberville le qualifie de pensionnaire[177], afin d'obtenir des actions ou des paroles précises de sa part. Au mois d'août de la même année, le missionnaire écrit à nouveau à La Barre en affirmant qu'il a

> donné à la Grande Gueule vostre collier sous terre et luy ay marqué les choses que vous desiriez qu'il fist effectuer. Il se dit votre camarade, et vous avez tres bien fait de vous estre attaché ce[lui] qui est la plus forte teste, et la plus forte voix des Iroquois[178].

Les bonnes paroles d'Otreouti à l'égard des Français découlent des cadeaux offerts de la part du gouverneur général. Pour chaque présent qu'il reçoit, le chef iroquois doit exécuter une tâche quelconque ou poser un geste. Lamberville précise, en septembre 1684, que «le sieur de la Grande Gueule a fait icy votre panegyrique, et prétend tenir la promesse qu'il vous a faite de faire garder les articles de la paix[179]».

Le rôle d'Otreouti lors des négociations diplomatiques à l'anse à la Famine en 1684 et à Montréal en 1688 nous éclaire quant à la véritable relation qu'il entretient avec les autorités françaises. Ces événements méritent une attention toute particulière, puisqu'ils viennent corriger quelque peu l'image très idéalisée transmise par Lamberville. Otreouti était l'orateur des députés iroquois à l'anse à la Famine. C'est en vain que l'on cherche la manifestation de la sympathie pro-française du chef iroquois et on est en droit de supposer qu'il s'attacha uniquement à défendre les intérêts des siens. Lorsque l'on prête attention à son comportement en regard de ces événements, on remarque qu'Otreouti ne prêche guère en faveur des Français, qui n'ont pas en lui un allié indéfectible. En présentant le déroulement des négociations de l'anse à la Famine dans une lettre, l'intendant de Meulles le traite de « Parasitte qui ne cherche qu'à faire un bon repas » ainsi que de « bouffon[180] ». Écho semblable lors des négociations de paix à Montréal, en 1688, où il est qualifié de « Barbare » dans une relation anonyme[181].

Il faut donc nuancer ce que soutient Lamberville, à savoir qu'Otreouti est la créature du gouverneur général et on aurait tort de le présenter comme une marionnette. Lorsque les situations s'y prêtent, il sait tirer avantage de sa position de « considérable » en obtenant des présents sans vraiment se compromettre contre les intérêts des Cinq-Nations. On doit davantage ses paroles et ses gestes pro-français aux présents particuliers de La Barre qu'à une sympathie profondément française, même s'il dit qu'il « avoit toujours aimé le François[182] ». Plus précisément, Otreouti aime et aide les Français uniquement lorsque ces derniers lui font des cadeaux. Avant que La Barre le comble de présents particuliers, les relations entre l'orateur iroquois et les Français ne semblaient guère amicales. Par exemple, lorsqu'il est fait mention d'Otreouti dans la documentation de la décennie 1660-1670, il apparaît comme un individu très peu sympathique à l'endroit des Français. Il fut l'un des assassins du père Jacques Le Maistre. Il alla même jusqu'à narguer les habitants de Montréal vêtus de la soutane du sulpicien[183]. Sa collaboration est ponctuelle et dépend étroitement des présents.

Par conséquent, Otreouti ne pose pas de gestes spontanés favorables aux Français sans préalablement avoir reçu un cadeau. Comme l'écrit Lamberville, il faut « entretenir » Otreouti qui est « une ame venale » si on désire obtenir quelque chose de sa part[184]. En dépit du fait qu'il rendit des services aux autorités françaises et qu'il obtint des présents particuliers pendant plusieurs années, Otreouti n'est jamais devenu, contrairement à Ourehouare, un francophile.

CHAPITRE III

L'ESPIONNAGE

La quête d'information privilégiée est indissociable de l'activité diplomatique et politique. De surcroît, lorsqu'un environnement géopolitique est défini comme très instable, il paraît primordial de mettre en place des stratégies afin d'obtenir des renseignements sur les intentions de ses ennemis, mais aussi de ses alliés. L'espionnage est un moyen indispensable pour défendre la sécurité d'une nation, pour s'assurer de mener à terme ses objectifs ainsi que pour défendre ses intérêts. Ce troisième chapitre est consacré à l'étude des formes que prit l'espionnage dans les relations franco-amérindiennes. L'analyse porte d'abord sur la région des Pays d'en Haut pour ensuite se concentrer sur les relations franco-iroquoises.

L'espionnage dans l'Ouest

Qu'est-ce qu'un espion ? Qui doit-on reconnaître comme un espion ? Est-ce un métier ou une activité que l'on exerce en parallèle à une fonction officielle ? Au XVIIe siècle, quelle définition les Français accordaient-ils au vocable « espion » ? Pierre Richelet dans son *Dictionnaire françois, contenant les mots et les choses, plusieurs nouvelles remarques sur la langue françoise*, publié en 1680, définissait l'espion comme « celui qui épie & vient observer la conduite des gens pour faire son raport, afin que ceux à qui il en fait le raport en tirent avantage, ou prennent leurs mesures pour agir[1] ». Antoine Furetière dans son *Dictionnaire universel*, paru en 1690, définissait un espion comme étant « celuy qui fait mestier d'observer les actions d'autruy. Parmi les domestiques des Grands il y en a toûjours quelqu'un qui est traistre, qui est son espion, qui est payé pour prendre garde à ce qu'il fait[2] ». Enfin, le *Dictionnaire de l'Académie françoise* de 1694 définit l'espion comme une personne « qui fait mestier d'espier », c'est-à-dire « observer secrettement & adroitement quelqu'un pour luy nuire[3] ».

À la lumière des définitions que l'on attribue au mot espion dans la langue française à la fin du XVIIe siècle, on doit reconnaître que les Français de cette époque concevaient qu'il s'agissait de personnes rémunérées faisant un métier de la quête d'information auprès d'une nation étrangère ou auprès d'un prince ennemi. En Nouvelle-France, pendant la deuxième moitié du XVIIe siècle, on ne retrouve personne que l'on pourrait qualifier d'espion professionnel, c'est-à-dire faisant de la collecte de renseignements secrets un métier lui permettant de gagner sa vie. Les espions, tant français qu'amérindiens, pratiquent cette activité parallèlement à une fonction officielle sans recevoir des gages particuliers pour récolter des informations secrètes. L'espionnage fait partie de leur tâche. Commandants, miliciens, soldats et missionnaires français, ambassadeurs et guerriers autochtones effectuaient de l'espionnage puisqu'il était de leur devoir d'en faire.

Une première forme d'espionnage que l'on remarque dans la région des Grands Lacs est effectuée par des chefs autochtones pour le compte des Français. Les dirigeants de la Nouvelle-France misaient sur l'amitié de certains « considérables » amérindiens francophiles pour obtenir des informations qui, autrement, leur étaient difficilement accessibles. Tout en faisant la promotion de l'alliance française, ces capitaines pro-français communiquaient aussi aux autorités coloniales les derniers développements politiques et diplomatiques ayant eu cours au sein de leur nation, voire au sein de plusieurs autres collectivités. Pour des raisons politiques, ou simplement en raison des liens d'amitié qui les unissaient aux Français, ces chefs autochtones étaient prêts à jouer le rôle d'espion[4]. Lahontan écrivait qu'un bon commandant « doit avoir le soin de choisir dans sa troupe un espion, lequel étant bien recompensé, l'informe adroitement de tout ce qui se passe, afin d'y remédier directement ou indirectement[5] ». Les Français appliquèrent cette stratégie au sein même de leur alliance, spécialement dans la région des Pays d'en Haut, en exploitant la bonne disposition de certains chefs à transmettre de l'information privilégiée.

Lorsque les Outagamis envisagèrent de s'allier et de faire la paix avec les Iroquois au milieu de la décennie 1690-1700, Onnonguissé, chef poutaouatamis, en parlant au nom d'un autre chef, nommé Makate Manyouad, alla avertir Frontenac de cette éventualité. Une relation de Champigny rapporte ainsi les paroles prononcées par le « considérable » amérindien : « Je [Makate Manyouad] ne trouve pas bon que ma nation veuille s'allier et faire la paix avec l'Iroquois et je viens vous en advertir et vous dire que je n'ay point changé de pensée et que je vous suis toujours obeissant[6] ». Onnonguissé transmit à nouveau des renseignements secrets à Frontenac au cours de la même période. Lors d'un entretien diplomatique, il dit au gouverneur général « en particulier et secretement[7] » qu'un chef nommé Touagami n'entretenait pas de très bons sentiments envers les Français. Il ajouta aussi que les Mascoutins « avoient encore le cœur plus mauvais que luy[8] ».

Les officiers français présents dans les Pays d'en Haut entretenaient des relations privilégiées avec certains Amérindiens influents. Lorsqu'il était commandant à Michillimakinac, Lamothe Cadillac eut à plusieurs reprises accès à des informations secrètes grâce à des autochtones qui agissaient comme de parfaits espions. Par exemple, en 1695, le fils du Baron se rendit aux villages des Tsonnontouans avec 14 colliers pour faire la paix avec la Ligue iroquoise en accord, selon Champigny, avec toutes les nations des environs de Michillimakinac. Huit jours après le départ de cette délégation pour l'Iroquoisie, « quelques Hurons des mieux intentionnés[9] » donnèrent secrètement à Cadillac l'explication de ces colliers. En une autre occasion, en 1696, des députés iroquois furent reçus par certaines nations alliées des Grands Lacs. Une relation anonyme rapporte que la paix était alors presque conclue. Cadillac ne fut pas invité à participer à ces négociations. Il trouva toutefois le « moyen de sçavoir tout ce qui s'y estoit passé par Onaské chef des Kiscacous[10] ».

L'espionnage pour le compte des Français n'est pourtant pas exclusif aux chefs amérindiens, même si leur participation aux affaires politiques et diplomatiques les rend plus susceptibles de communiquer des renseignements stratégiques. De simples particuliers peuvent également agir comme des espions. Peu de temps après le retour de Frontenac dans la colonie, les Outaouais décidèrent d'envoyer en secret des députés aux Iroquois. Un Sauteur, que La Potherie ne nomme pas, transmit à Nicolas Perrot cette information privilégiée[11]. Toujours selon La Potherie, en une autre occasion, ce même Sauteur, « qui avoit déjà sçû que les Outaouaks avoient voulu envoyer des Députez aux Iroquois[12] », apprit que deux canots outaouais devaient aller en guerre contre les Miamis. Il alla avertir les Français qui rompirent « encor leur mesure[13] ».

Les autochtones des Pays d'en Haut n'eurent pas recours à l'espionnage uniquement à l'avantage de la colonie française. Un témoignage de Nicolas Perrot met en perspective la mise en œuvre de cette stratégie dans un contexte où le commerce des armes à feu qu'entretiennent les Français avec les Sioux est perçu comme une atteinte à la sécurité de certaines nations de la baie des Puants. Le commandant français passa l'été de 1686 dans le pays des Sioux à cause des glaces qui avaient brisé ses canots. L'année suivante, soit en 1687, Perrot apprit, alors qu'il revenait du territoire des Miamis, qu'un parti de quinze cents hommes composé d'Outagamis, de Mascoutins et de Kiskapous allait en guerre contre les Sioux. Ce même parti s'apprêtait à « piller mes marchandises » rapporte le voyageur français, qui précise qu'ils « devoient ensuitte faire autant plus haut à des François et les égorger[14] ». En espérant recueillir des renseignements sur l'état du poste de Perrot, les Amérindiens envoyèrent des espions reconnaître les lieux. Le commandant français écrit qu'ils étaient venus « espier à mon poste, [et voir] dans quelle situation on y estoit, sous prétexte de traitter de la poudre ». Les espions autochtones rapportèrent à leur parti « qu'ils n'avoient veüs dans le fort que quatre personnes seulement[15] ».

Une fois de retour à son fort, Perrot remarqua deux autres espions en train d'observer son établissement. Selon des circonstances qu'il explique mal, Perrot s'adressa à eux et demanda à parler à leurs chefs. Ces derniers vinrent voir le commandant français, qui les fit rentrer dans son poste en espérant négocier un arrangement. Afin de les intimider, Perrot profita du moment pour chercher à les tromper quant au nombre de Français présents dans son établissement. En espérant donner plus de crédibilité aux propos de leur commandant, les Français changèrent de vêtements à plusieurs reprises pour simuler un nombre de personnes plus considérable. Perrot chercha à leur faire croire qu'il avait 40 hommes sous ses ordres, sans compter ceux qu'il avait envoyés à la chasse. «Ils crurent la chose comme je la disois[16]», rapporte-t-il.

Le lendemain, le parti se présenta devant le fort français. Les «considérables» amérindiens, qui se trouvaient toujours à l'intérieur, dirent aux guerriers que les affaires étaient arrangées alors que Perrot menaça de s'en prendre à leurs chefs si une attaque était déclenchée. Les autochtones demandèrent à faire la traite des pelleteries en échange de munitions, afin, disaient-ils, de faire la chasse aux buffles. Perrot, qui était dans une position fort peu favorable pour tenir tête à un tel parti, consentit à la demande des Amérindiens. Même s'il ne l'écrit pas spécifiquement, Perrot se doutait bien que ces munitions allaient servir à une entreprise contre les Sioux. Il avait même exhorté auparavant les chefs à relâcher «la guerre qu'ils alloient faire, et qu'ils tournassent leurs armes plustost contre les Irroquois[17]».

Malgré les distances séparant l'Iroquoisie de la région des Grands Lacs, les Iroquois avaient des espions dans les territoires des nations autochtones alliées aux Français. Un témoignage rapporté par des coureurs de bois français nous renseigne sur la manière dont les Iroquois pratiquaient l'espionnage. Ce groupe de 14 Français avait obtenu un congé pour aller en traite chez les Illinois. Retenus par les glaces, ils furent contrains d'hiverner près de la rivière Teakiky. Le 23 février 1684, quatre d'entre eux partirent à la chasse et furent «decouverts par seize Irocois, et une femme qui s'estoient déguisez en façon d'Ilinois, tant de leur langage que de leurs habits[18] ». On comprendra, dans la suite des événements, que ce groupe d'Iroquois avait une mission bien précise, qui consistait à recueillir en territoire illinois toutes les informations pertinentes pouvant servir les intérêts de la Ligue iroquoise. Afin de passer le plus inaperçus possible, ces espions poussèrent leur finesse au point d'emprunter la tenue vestimentaire et la langue illinoises.

Ces « Iroquois » se montrèrent très amicaux envers les voyageurs français et leur demandèrent où étaient leurs cabanes et combien ils étaient. La recherche de renseignements est évidemment très importante pour ces espions. En accompagnant les quatre Français jusqu'à leur campement, ils se tinrent « tousjours sur leurs gardes, en s'informans incessamment de nous s'il n'y avoit point d'Illinois et de Miamis ou autres nations desdits lieux aupres de nous[19] ». Étant toujours très sympathiques à l'égard des Français, les Iroquois demandèrent à passer deux jours à leur campement afin de se reposer. Le lendemain, soit le 27 février, ils firent semblant « d'aller à la chasse pour découvrir s'il estoit vray qu'il n'y eust point de nations aupres de nous[20] ». Les Français refusèrent de leur prêter des armes à cet effet, stipulant qu'ils avaient de la viande pour eux. Pendant les deux heures au cours desquelles certains Iroquois allèrent à la découverte, les anciens du groupe demandèrent aux Français de discuter avec eux dans leur cabane. Trois présents de sept castors furent alors offerts. Le troisième demandait aux Français qu'ils ne donnent aucun advis à Monseigneur le General ny à aucune autre nation, qu'ils estoient dans ce païs là et qu'au cas que nous nous trouvassions avec les nations contre lesquelles ils alloient en guerre que nous n'essions à prendre aucun party s'ils se battoient. Nous leurs demandasmes ce qu'ils pouvoient faire, n'estant que seize hommes, ils nous dirent qu'ils avoient 200 hommes à 6 journées de là dans les terres et 100 hommes le long du bord du lac au autre 500 hommes dans la grande riviere de Missisipy au dessoubs des Ilinois[21].

Les voyageurs français refusèrent le troisième présent. Les Iroquois les assurèrent quand même qu'ils pouvaient circuler en toute sécurité le long de la rivière Teakiky et qu'ils n'avaient rien à craindre s'ils rencontraient l'un de ces partis. Le 28 février, les Iroquois quittèrent les Français en bons termes. Malgré ces assurances, les Français furent pillés le 5 mars suivant par un parti de 200 Iroquois, qui les attendaient au passage d'un rapide. On comprendra que, si 200 Iroquois attendaient les 14 Français pour les piller à un endroit précis, cette stratégie est redevable à l'information recueillie par ce groupe de 14 espions.

«Allez à la découverte»: des espions indispensables

La guerre à l'amérindienne

L'expression «allez à la découverte» est récurrente non seulement dans la correspondance officielle française, mais également dans la littérature de l'époque. Nous pouvons discerner trois formes d'espionnage mises en œuvre par les découvreurs.

On remarque d'abord que les découvreurs précèdent les partis allant en guérilla sur l'ennemi. Dans un type de guerre se déroulant dans les bois, la nécessité de surprendre tout en évitant d'être surpris est fondamentale. L'intendant Raudot note que les Amérindiens « prennent toutes les précautions possibles pour surprendre et n'être point surpris[22] ». Les colons français établis en Nouvelle-France s'étaient adaptés aux tactiques de la guerre à l'amérindienne. En 1684, Duchesneau recommandait même qu'une partie des soldats envoyés de France soient affectés à la culture des terres pendant que les Canadiens seraient envoyés en guérilla. Il croyait que dix hommes du pays pour faire la guerre aux Iroquois serait plus adéquat que 30 des meilleurs soldats de France puisque les Canadiens sont « accoutumez au pays et aux manieres de combatre des Sauvages[23] ». Un document anonyme de 1691 affirmait que les Canadiens ont « les mesme connoissance des bois que les Sauvages, connaissant d'ailleurs leurs manieres ce qui est un tres gros advantage[24] ». Les officiers français et les dirigeants de la colonie modifièrent leur façon de faire la guerre et adoptèrent les stratégies des autochtones. Frontenac était d'avis, en 1690, que la guerre à l'amérindienne est « la veritable methode qu'on doit garder en ce pais[25] ». En 1695, Champigny précisait dans une relation que « le sieur de Muy ne neglige rien pour decouvrir l'ennemy et qu'il envoye François et Sauvages [...] à la decouverte pour eviter

« Canadiens en raquette allant en guerre sur la neige »

Devenus familiers avec les tactiques de la guerre à l'amérindienne, les Canadiens faisaient accompagner leurs partis de guerre par des découvreurs. Ces espions étaient indispensables dans la guérilla que se livraient l'alliance franco-amérindienne et la Ligue iroquoise.

d'estre surpris et faire reussir le dessein qu'il avoit luy meme de les surprendre[26] ».

Ces espions ont essentiellement pour tâche de repérer la position de l'adversaire, de l'observer et de faire rapport au parti de l'état de leurs forces. Ce type d'espionnage est inhérent et indissociable à la guérilla que pratiquent les Amérindiens et, éventuellement, les Français. La *Relation des jésuites* de 1669-1670 décrit très bien l'emploi de cette forme d'espionnage de la part des Iroquois auprès des Mohicans. Après avoir repéré leur retranchement, les Iroquois envoyèrent leurs découvreurs examiner et observer l'état des forces des Mohicans. C'est ensuite, selon leur rapport, que les Iroquois prirent leur décision sur la bonne stratégie à adopter :

> Les espions s'en estant retournez, ayans fait leur raport de l'estat où estoit l'ennemy, on prit resolution, non pas de l'ataquer dans son reduit, où il paroissoit trop bien retranché, mais de luy dresser un embuscade sur la route qu'on croyoit qu'il devoit tenir[27].

En 1693, un autre exemple, cette fois-ci rapporté par Champigny, témoigne que les Français, conjointement avec leurs alliés amérindiens, employèrent cette stratégie dans leurs raids sur les Cinq-Nations. Arrivé près d'un village agnier, un parti franco-amérindien fut envoyé à la découverte et entendit les ennemis chanter. Après quelque temps, les « decouvreurs ne tarderent pas à raporter que les ennemis ne faisoient plus de bruit, on s'aprocha des village [...] et l'on se rendit maistre de toutes les cabannes sans aucune resistance[28] ». Ces espions jouent également un rôle clé lors des grandes expéditions françaises sur l'Iroquoisie. Ce fut le cas notamment lors de la campagne de Denonville en 1687 et lors de celle de Frontenac en 1696[29]. Au cours de cette dernière entreprise, Vaudreuil avait fait placer, par rapport aux troupes, des découvreurs en des endroits stratégiques. Ils suivaient et précédaient la marche du corps d'armée en territoire iroquois afin de lui éviter des embuscades[30].

Les éclaireurs et la sécurité des établissements

Une seconde forme d'espionnage que l'on attribue aux découvreurs a essentiellement pour mission d'assurer la sécurité des nations. Ces espions patrouillent les environs des établissements et rapportent aux autorités concernées toute présence ennemie ou information pertinente. C'est en référence au terme «scout» employé par Richter que l'on attribue le vocable «éclaireur» à ces découvreurs[31].

Les Iroquois avaient des éclaireurs qui parcouraient les environs de leurs villages et signalaient la présence éventuelle de partis ennemis[32]. Même après la signature des accords de paix de l'anse à la Famine, en 1684, la Ligue iroquoise maintient différents groupes d'éclaireurs sur son territoire pour surveiller la progression des troupes de La Barre. Lamberville confirme, dans une lettre adressée au gouverneur général, que ces espions avaient pour mission de suivre les déplacements quotidiens de l'armée française: «Des découvreurs sonnoutoüans ont esté jusqu'à Kaionhoüagué [l'anse à la Famine] où vous avez conclu la paix pour estre assurés du lieu où vostre armée étoit[33] ». Trois années plus tard, lors de l'expédition en Iroquoisie du marquis de Denonville, on remarque encore que des éclaireurs iroquois parcourent et surveillent leurs territoires. Un mémoire de Denonville nous apprend qu'un

> Huron [celui-ci accompagnant l'armée française] surprit un Sonontoüan qui dans toutes les apparences observoit nostre marche il fust tué sur le champ parce qu'il refusa de suivre, mais j'aurois fort souhaitté qu'il m'eust esté amené en vie pour apprendre des nouvelles de l'ennemy[34].

En 1696, lorsque les troupes de Frontenac pénètrent en territoire iroquois, les Cinq-Nations ont recours à une même stratégie. Ces espions ont à nouveau pour mission de prévenir les collectivités iroquoises de la progression des troupes françaises. Les rapports de ces éclaireurs permettent aux populations iroquoises de se replier en toute sécurité afin d'éviter un affrontement direct avec l'armée française. Une relation précise qu'un

> jeune François prison[nier chez] les Onnontaguez depuis sept ans arriva au camp le lendemain matin septieme il s'etoit sauvé d'avec ceux qui etoient venus la nuit precedente à la decouvertte, il raportoit qu'ils [les Iroquois] s'etoient retirez à vingt lieues de leur fort avec leurs familles ayant toujours des decouvreurs autour d'eux pour fuir plus loing s'ils etoient poursuivis[35].

Lors de ces deux grandes expéditions, les Français firent face essentiellement à des villages iroquois abandonnés. Ils durent, en l'occurrence, se contenter de brûler des récoltes et les réserves de nourriture. Les éclaireurs jouèrent alors un rôle clé dans la

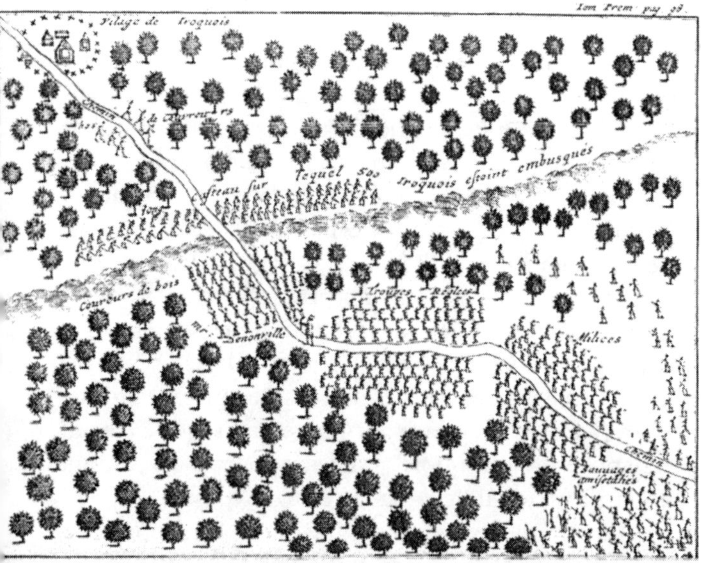

Attaque d'un village tsonnontouan
par les troupes françaises

Les grandes expéditions françaises en Iroquoisie, notamment en 1687 et 1696, illustrent très bien le rôle important que jouèrent les éclaireurs iroquois. Informés par ces derniers de l'approche de l'armée française, les populations des villages des Cinq-Nations se replièrent dans les bois afin d'assurer leur sécurité.

sécurité des Cinq-Nations. N'eût été du recours à ces espions surveillant en quasi-permanence leurs territoires, les collectivités iroquoises auraient subi des dommages beaucoup plus considérables[36].

Une telle stratégie est également employée par les nations des Pays d'en Haut. Vers 1653, les Hurons envoyèrent, selon Nicolas Perrot, des éclaireurs dans leur ancien pays afin d'observer les mouvements des Iroquois[37]. On a noté précédemment que, lorsque les Français rencontrèrent 16 espions des Cinq-Nations déguisés en Illinois, ils apprirent de ces derniers que des partis iroquois étaient présents dans l'Ouest. Certaines collectivités des Grands Lacs étaient également au courant de cette situation. Un chef outagamis envoya quatre Mascoutins en découverte afin de les repérer. C'est grâce à trois femmes qui s'étaient échappées des Iroquois qu'il avait été mis au courant de la présence de ces partis dans l'Ouest[38].

La guérilla incessante que mena la Ligue iroquoise sur la colonie française, plus particulièrement dans la région de Montréal, poussa les Français à adopter une stratégie semblable. Des éclaireurs français et autochtones parcouraient les environs de Montréal afin de repérer d'éventuels partis iroquois. Les endroits les plus susceptibles de faire l'objet d'une attaque ou les voies d'eau habituellement empruntées par les Iroquois lors de leurs invasions, comme le Richelieu, font l'objet d'une attention particulière. Une relation rédigée par Charles de Montseignat, en 1690, stipule que les Français faisaient tenir « continuellement des descouvreurs au-dessus de l'isle [de Montréal] sur les avenües par où les ennemis pouvoient descendre[39] ». Cette même relation mentionne également que

> le Chevalier de Clermont avoit receu ordre de Monsieur le Comte lors qu'il montoit au Montreal de quitter sa route ordinaire et d'aller descouvrir le long de la riviere de Chambly depuis Sorel jusques dans le lac Champlain qui est le chemin que les ennemis devoient tenir pour faire descente en ce païs[40].

Même si on lui porte une grande attention, la région de Montréal ne fait pas l'objet exclusif d'une telle politique d'espionnage de la part des autorités françaises. Lorsqu'elles ont de bonnes raisons de croire qu'une invasion anglaise est envisageable, des éclaireurs français sont positionnés en différents endroits le long du Saint-Laurent. Une lettre de Champigny datée de 1693 précise que

> lors que tous ces vaisseaux sont arrivez nous estions beaucoup occupez à faire fortifier Quebec et Montreal pour faire une forte resistance contre les Anglois, et nous attendions de jour à autre à avoir avis des descouvreurs que nous tenions à Tadoussac que leurs vaisseaux [des Anglais] estoient dans la riviere[41].

De même, en 1711, les Français ont également recours à des éclaireurs pour obtenir des informations sur la progression de la flotte anglaise dans le golfe du Saint-Laurent. Le 20 septembre, l'armée navale n'est plus qu'à 60 ou 70 lieues de Québec. On peut lire dans une lettre du jésuite Joseph Germain que les Français « aprimes ces aproches par nos Descouvreurs[42] ». À la suite de leur rapport, les dirigeants coloniaux prennent les mesures qui s'imposent afin d'assurer la sécurité et la défense de Québec.

Les Français eurent abondamment recours aux services des Iroquois des réductions de la région de Montréal dans la mise en place de ce réseau d'espionnage. La rive sud du Saint-Laurent, dans la banlieue de Montréal, étant une région stratégique, fut sujette aux raids des Iroquois. Les autorités françaises promirent par conséquent aux domiciliés du Sault-Saint-Louis de leur faire construire un meilleur fort, en 1689, afin de leur permettre d'espionner cette région. Champigny, dans une lettre adressée à Seignelay, soutient que les Français ont « promis aux Sauvages [les Iroquois domiciliés du Sault-Saint-Louis] de faire travailler par les soldats à leur refaire un fort au printemps affin qu'ils puissent estre en etat de resister à l'ennemy, garentir la coste sud et aller à la decouverte[43] ». Un mémoire anonyme faisait part, en 1692, au ministre de la Marine Pontchartrain des précieux services que rendaient à la colonie française les éclaireurs iroquois de la réduction du Sault-Saint-Louis. On peut y lire qu'ils « découvrent partout » et avertissent les Français de la « marche » des Cinq-Nations[44]. À l'occasion, les Français, spécialement les Canadiens, ainsi que les Amérindiens alliés, notamment les Iroquois des réductions de Montréal, participent conjointement à une telle stratégie[45].

Les découvreurs en quête d'information

On remarque également une troisième forme d'espionnage mise en œuvre par les découvreurs, selon laquelle ils ne précèdent pas une expédition militaire et ne sillonnent pas les territoires de leurs nations respectives. Fonctionnant en petits groupes ou individuellement, ces espions vont plutôt directement en territoire ennemi pour recueillir des informations. Les partis de découvreurs cherchent évidemment, en règle générale, à garder secrète leur présence en territoire ennemi. Ce n'est toutefois pas toujours le cas des Iroquois domiciliés, qui vont seuls en espionnage au sein des villages iroquois et anglais. Sous différents prétextes, ils circulent au grand jour parmi les bourgades des Cinq-Nations et même au sein des établissements anglais afin de recueillir des renseignements qu'ils transmettront aux dirigeants de la Nouvelle-France.

En 1687, constatant que les autorités françaises cherchaient à obtenir des informations privilégiées sur les Agniers, le Grand Agnier, selon Charlevoix, offrit à Denonville ses services afin d'aller faire de l'espionnage auprès de cette nation iroquoise promettant «d'en raporter des nouvelles certaines[46]». Trois années plus tard, soit en 1690, La Plaque, chef iroquois du Sault-Saint-Louis, fut envoyé près d'Orange pour recueillir des renseignements. À cette occasion, il rapporta qu'il «avoit veu sur le bord du lac du Saint Sacrement une grosse armée ennemie qui faisoit des canots». N'ayant pu faire des prisonniers, il laissa «à veu de leurs cabannes trois casse teste par lesquels il leur marquoit qu'il estoient descouverts[47]».

Les relations et les contacts privilégiés qu'entretiennent certains Iroquois domiciliés avec leurs compatriotes de l'Iroquoisie leur permettent d'avoir accès, au cours de leurs voyages chez les Cinq-Nations, à de l'information privilégiée. Les Français profitèrent de cette situation pour soutirer des renseignements aux dépens de la Chaîne d'alliance. Dans une lettre datée de 1701, le marquis de Vaudreuil soutient que les Français eurent recours à cette stratégie :

> La paix générale que le chevalier de Callière a faite avec les nations iroquoises, hormis l'Anié, ne laisse pas que de mettre l'Anglois en jalouisie, et j'ay sceu d'un Sauvage de nos quartiers, qui estoit aux Aniez dès l'année passée, et qui s'est trouvé à Orange, dans un conseil général, que le gouverneur général de ces quartiers y a tenu, combien il avoit esté touché de la paix qu'ils ont faite avec nous[48].

Comme on le remarque à travers ce témoignage, les Iroquois domiciliés se rendent également au sein des établissements anglais afin de rapporter des informations aux dirigeants français. En 1700, le père Bruyas apprit de la part d'un Amérindien du Sault-Saint-Louis revenant d'Orange que le gouverneur Bellomont avait affirmé aux Iroquois que, si les jésuites faisaient un éventuel retour en Iroquoisie, il « les feroit prendre[49] ». Cette information incita Callière, alors gouverneur général de la Nouvelle-France, à demander au ministre Pontchartrain quelles mesures il devrait prendre dans une telle éventualité[50].

Afin de compléter leurs observations en territoire ennemi, les partis de découvreurs peuvent faire, lorsque l'occasion se présente, des prisonniers qui, une fois interrogés, fourniront des informations supplémentaires aux autorités françaises. Champigny nous apprend, en 1691, que La Plaque s'était rendu en territoire anglais « pour aller faire quelques prisonniers chez les Anglois afin d'apprendre de leurs nouvelles[51] ». L'intendant ne mentionne pas cependant si le chef iroquois rapporta effectivement un prisonnier. Toutefois, deux années plus tard, La Plaque participa à un autre groupe de découvreurs qui rapporta cette fois-ci des prisonniers. Ce parti, qui « avoit fait coup assez pres d'Orange », captura deux soldats de la garnison de cet établissement. L'un des deux prisonniers fut cependant mis à mort après qu'il eut tenté de s'enfuir et de tuer trois des six découvreurs. Le second fut amené aux autorités françaises qui l'interrogèrent. Le soldat affirma que les « Anglois de la Nouvelle Yorck et Virginie se preparent à venir ce printemps par mer, et qu'un autre se doit faire du costé d'Orange avec nos Sauvages alliez pour descendre du costé du Montreal[52] ».

Même si les Amérindiens domiciliés forment des partis de découvreurs de leur propre initiative, les autorités françaises sont souvent à l'origine de leurs démarches. En 1693, Callière, alors gouverneur de Montréal, forma un parti de neuf Amérindiens domiciliés « pour faire quelques prisonniers afin de sçavoir leurs desseins ». Ce parti délivra un Français, qui les prévint d'une éventuelle invasion anglaise. Afin de confirmer ces informations, Callière envoya différents partis de découvreurs vers Boston et les bourgades iroquoises. Ces mesures ne furent cependant pas très concluantes puisque les découvreurs « qui allerent vers Baston firent quelques prisonniers anglois ausquels ils furent obligez de casser la teste n'ayant pas voulu marcher et les autres ne trouverent pas occasion de faire coup de sorte que l'on ne put rien apprendre par leur moyen[53] ». Une année plus tard, Frontenac et Champigny formèrent plusieurs partis de découvreurs qu'ils envoyèrent du côté d'Orange « pour estre informez des mouvemens des ennemis et prevenir les surprises[54] ».

Contrairement aux partis de guerre, la mission première des découvreurs n'est pas d'affaiblir l'ennemi, mais plutôt de rapporter de l'information. En ce sens, les autorités françaises cachent difficilement leurs regrets lorsque des découvreurs autochtones rapportent des chevelures plutôt que des prisonniers. Tous « les partis n'eurent pas le meme bonheur de faire des esclaves » se plaint Champigny en 1695 ; c'était pourtant ce que les Français avaient « le plus à cœur ». Les chevelures contribuaient au prestige des guerriers, mais elles « ne disoient aucunes nouvelles[55] ».

Même si les témoignages se font rarissimes, les Français participent aussi à ces entreprises de découverte en territoire ennemi, parfois conjointement avec les Iroquois domiciliés. À titre d'exemple, Callière, dans une lettre qu'il adresse à Phélypeaux, en 1697, mentionne qu'il a « envoyé de continuels petits partis de François et de Sauvages pour faire des prisonniers sur nos ennemis, affin de sçavoir ce qui se passoit chez eux[56] ».

Les prisonniers rapportés par les Français et les Amérindiens domiciliés sont interrogés par les autorités coloniales. Le contenu d'un tel interrogatoire est rapporté, en 1693, dans un document rédigé par Frontenac[57]. Après avoir choisi un interprète, dans ce

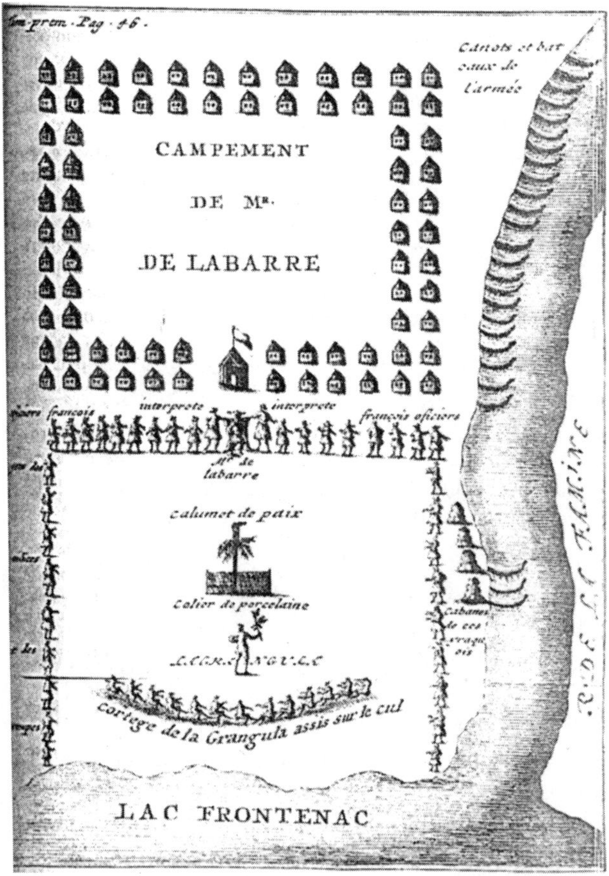

Campement des troupes de La Barre

Selon Lahontan, c'est grâce aux informations rapportées par un espion que les Iroquois apprirent la situation très critique dans laquelle se trouvaient les troupes françaises à l'anse à la Famine.

cas-ci un dénommé De Linot de Québec, les dirigeants français interrogent le prisonnier tant sur la situation des colonies anglaises que sur l'Iroquoisie. Le prisonnier nommé Jean Chelberg répond à toutes les questions et semble collaborer puisque le document ne fait aucune mention de refus ou de réticences de sa part. Toutefois, les personnes interrogées ne sont pas toujours aussi loquaces, comme en 1697, où un prisonnier fut à nouveau questionné par les autorités françaises. Une relation rapporte que Frontenac

> depescha un party de huit Abenakis pour aller aux nouvelles du costé de Baston, ils promettoient d'en ramener un prisonnier de consideration, mais ils ne purent effectuer qu'à demy leur parolle, et l'Anglois qu'ils conduisirent icy se trouva par malheur si bete qu'on n'en put tirer aucunes lumieres[58].

Les Iroquois envoient également des découvreurs espionner les Français dans leurs établissements ou dans leurs campements. Lors des négociations diplomatiques à l'anse à la Famine, en 1684, les Français firent tout ce qu'ils purent pour cacher aux Cinq-Nations la maladie qui sévit dans leurs rangs. Néanmoins, il appert que les Iroquois étaient au courant de l'état lamentable des troupes françaises. Le premier présent offert par Otreouti à La Barre lors de l'ouverture des pourparlers en témoigne: «Je vous donne un breuvage qui n'a rien d'amer, pour puriffier tout ce qui pouroit vous avoir incommodé pendant le voyage, et chasser le mauvais air que vous avez respiré depuis Montreal jusques icy[59]».

Comment les Iroquois furent-ils mis au courant de cette information puisque les Français avaient pris le soin de faire retirer toutes les personnes malades afin de cacher leur véritable situation qui était très alarmante ? C'est en consultant plutôt un passage de Lahontan que l'on peut apporter un élément de réponse à cette interrogation. On peut y lire :

> Vous remarquerez qu'il avoit eu a précaution de renvoyer les malades à la Colonie, afin que les Iroquois n'en eussent point connoissance; Mr. le Moine leur ayant fait entendre que le gros de l'Armée étoit demeuré au Fort de Frontenac, & que les gens de nôtre Camp n'étoient qu'une simple Escorte du Général. Mais par malheur quelqu'un d'entr'eux, à qui la langue Françoise n'étoit pas tout-à-fait inconnuë, se glissant la nuit le long de nos tentes entendoit tout ce qui s'y disoit, & par cette finesse découvroit les mistéres qu'on prétendoit leur cacher[60].

C'est en ayant pris la vigilance de faire introduire un découvreur dans le camp des Français que la Ligue iroquoise fut mise au courant du véritable état de l'armée française. Les Iroquois, grâce à ces informations, étaient conscients qu'ils pouvaient obtenir des conditions de paix qui leur seraient fort avantageuses et, en effet, les Cinq-Nations obtinrent un règlement nettement à leur avantage. La Barre dut signer une «paix honteuse», par laquelle il abandonnait les Illinois à leur sort[61].

Les Iroquois venaient aussi espionner les environs de Montréal. Après avoir fait prisonnier Ourehouare, en 1687, les Français apprirent qu'il venait faire de l'espionnage sur la rive sud. Denonville écrit dans un mémoire que le chef goyogouin avait le «dessein de voir ce qui se passoit chez nous et s'en retournant d'emmener quelques prisonniers françois[62] ». Tout comme les Français et leurs alliés autochtones, les Iroquois font des prisonniers, qui sont interrogés afin d'obtenir des renseignements. Une lettre de Callière écrite en 1695 stipule que des Iroquois « avoient esté gagé par le gouverneur d'Orange avec dix huit autres et qu'ils avoient quité pour venir prendre quelques François affin de sçavoir des nouvelles[63] ». De même, les autorités anglaises envoient des espions au sein même de la colonie française. Charlevoix écrit qu'en 1687 le « Gouverneur Général de la Nouvelle Angleterre paroissoit avoir des intelligences dans le Pays[64] ». Le recours à l'espionnage en territoire ennemi par l'entremise des découvreurs est une stratégie utilisée tant par la Nouvelle-France que par l'Iroquoisie. On notera que les Amérindiens des Grands Lacs ne semblent pas avoir participé à de telles missions en Iroquoisie et dans les colonies anglaises, du moins, nous n'avons pas recueilli de témoignage.

Les réductions de la région de Montréal : endroits stratégiques pour l'espionnage

Les Iroquois domiciliés et les Cinq-Nations

Comme il a été donné de l'observer, les Iroquois des réductions de la région de Montréal jouèrent un rôle de premier plan dans les stratégies d'espionnage mises en œuvre par les autorités françaises contre la Chaîne d'alliance. Toutefois, le réseau anglo-iroquois sut également tirer profit de la proximité des réductions iroquoises des établissements français afin d'obtenir des renseignements secrets. En effet, les Cinq-Nations avaient des espions au sein même de ces réductions. Pour mieux comprendre ce phénomène, il faut d'abord prendre la mesure des types de rapports qu'entretiennent les Iroquois domiciliés avec la Ligue iroquoise. Ainsi, avant d'analyser comment les Cinq-Nations s'y prirent pour faire de l'espionnage par l'entremise des Iroquois domiciliés, il appert important de comprendre ce qui rend possible la mise en place d'un tel moyen stratégique.

S'il faut en croire certains témoignages, la fidélité des Iroquois domiciliés envers les Français est irréprochable. Un tel discours est récurrent surtout dans les écrits des jésuites, mais on le retrouve aussi dans d'autres textes. Non seulement les domiciliés sont présentés comme de fervents pratiquants et des évangélistes exceptionnels[65], mais ils apparaissent aussi dans ces documents comme entièrement soumis et dévoués aux jésuites. La Potherie soutient que

> la foi seule les engage de rester parmi nous. La sage conduite des Jesuites qui les gouvernent, les entretient dans une union si grande, que rien au monde n'est plus touchant que de voir la ferveur de ces nouveaux Chrétiens. Ils ne font ensemble qu'un même esprit par toutes les pratiques de vertu & de pieté qui les unissent[66].

Quant à leur obéissance envers les dirigeants civils de la colonie française, La Potherie ajoute qu'ils

> se laissent conduire entierement par le Gouverneur general qui les fait venir à Montréal lorsqu'il s'agit de quelque afaire qui regarde le païs, & ils executent les

ordres avec docilité. Nous les regardons comme le soutien de la Nation françoise, ils se joignent avec nous dans les partis de Guerre, ils font pour lors plus cruels ennemis des Iroquois non Chrétiens que nous le serions nous-mêmes, n'épargnant point leurs parens quand ils tombent sous leurs mains[67].

Il faut cependant nuancer de telles affirmations. Sans pour autant réfuter le fait que les Iroquois domiciliés aient participé à plusieurs campagnes de guérilla sur la Ligue iroquoise, ils n'apparaissent pas pour autant comme des alliés aussi soumis et obéissants que le prétendent La Potherie et les jésuites. Les Iroquois des réductions ne sont pas toujours très enclins à faire la guerre à leurs compatriotes de l'Iroquoisie. Ce sentiment ressort clairement, en 1691, dans une lettre de Frontenac adressée à Phélypeaux. Un parti composé de Français et d'Iroquois domiciliés aurait pu en défaire facilement un autre de 60 Goyogouins parmi lequel se trouvaient aussi des Agniers. Toutefois, les Iroquois domiciliés préférèrent, au grand désaccord des officiers français, leur parler plutôt que de les attaquer, stipulant ne pas vouloir mettre fin aux pourparlers et aux négociations diplomatiques en cours. Le gouverneur français ajoute que les Goyogouins et les Agniers étaient «ravis d'avoir evité un pareil coup». Ils envoyèrent même quelques-uns des leurs rencontrer Callière pour lui confirmer que les Iroquois n'étaient pas très loin d'un «accomodement». Toutefois, la suite des événements «a fait voir que ce n'estoit qu'un pur artifice pour mieux amuser, ce qui a fait beaucoup crier icy, et soubçonner que la conduite des Sauvages du Sault n'estoit pas tout à fait droite et sincere[68] ».

Cette même lettre de Frontenac apporte un témoignage similaire. Après avoir mis en déroute un parti anglo-iroquois, un groupe de Français fut rejoint une heure après le combat par un parti d'Iroquois du Sault-Saint-Louis. N'étant pas aussi fatigués que les Français, ils auraient pu poursuivre et faire prisonniers les Anglais et les Iroquois qui retraitaient. Ils se contentèrent plutôt « de visitter les morts, de les compter et de les depouiller, ce qui a beaucoup augmenté mes soubçons aussy bien que ceux du public[69] ».

Une relation anonyme de 1691 rapporte à nouveau que les Iroquois du Sault-Saint-Louis refusèrent de s'en prendre à un parti d'Onneiouts et d'Agniers, pourtant moins nombreux, en prétendant ne pas vouloir mettre fin aux pourparlers de paix. Cette décision fut prise en dépit de l'opposition des Français qui durent finalement s'y soumettre en raison de leur infériorité numérique. En qualifiant les Iroquois domiciliés de « pretendues alliez » dans cette relation, les autorités françaises dissimulent difficilement leurs doutes quant à la sincérité et à la fidélité des Iroquois du Sault-Saint-Louis, du moins, lors de ces événements[70].

Lorsque les commandants français ne ressentent pas le besoin d'interroger des guerriers iroquois, ils demandent aux Iroquois domiciliés de ne point faire de quartier aux hommes et d'amener uniquement comme prisonniers des femmes et des enfants. Cette stratégie consistait essentiellement à affaiblir démographiquement et militairement les Cinq-Nations. Les Iroquois des réductions ne respectent pas pour autant cette consigne et se font beaucoup moins intraitables envers leurs compatriotes. On remarque que beaucoup de guerriers iroquois sont épargnés et faits prisonniers en dépit des ordres des dirigeants coloniaux[71].

Même s'ils se sont établis à proximité des Français, les Iroquois domiciliés n'ont pas coupé tout contact avec l'Iroquoisie. Ils entretiennent toujours des relations avec leurs compatriotes, notamment avec leurs parents. On observe que les Iroquois viennent à de nombreuses reprises rendre visite à leurs parents établis près de Montréal. Une relation de 1698 mentionne que des « familles d'Agniers sont venus visitter leurs parents au Sault[72] ». En 1683, le jésuite Thierry Beschefer soutient que les Iroquois domiciliés « ne manquent pas d'occasion d'exercer Cette Charité a cause de la grande quantité d'Iroquois qui viennent de leur pays, Les uns pour les visiter, Les autres pour demeurer avec eux[73] ». Non seulement les visites sont nombreuses, mais le nombre d'Iroquois peut être parfois impressionnant : « Les Sauvages de la Prairie avaient des provisions de blé pour deux ans ; mais plus de huit cents de leurs compagnons, ayant abordé et séjourné en divers temps chez eux, tout a été consommé pour bien recevoir[74] », peut-on lire dans la *Relation des jésuites* de 1672-1673. De même, les Iroquois domiciliés vont rendre visite à leurs parents en Iroquoisie. C'est le cas, par exemple, d'un dénommé Tegayesti, résident au Sault-Saint-Louis, qui se rend à Onontagué pour voir ses parents[75]. Même la guerre ayant cours entre l'alliance franco-amérindienne et les Cinq-Nations n'est pas un obstacle empêchant les Iroquois des réductions de rendre visite à leurs compatriotes. Charlevoix écrivait à ce sujet qu'en 1698 les Iroquois du Sault-Saint-Louis «étoient allés rendre visite à leurs Parens [en territoire agnier], ce que ces Sauvages, dans le plus fort même de la guerre, ne pouvoient s'abstenir de faire de tems en tems». Cette pratique ne plaisait guère aux autorités françaises qui tentèrent à plus d'une reprise d'y mettre fin. Charlevoix précise cependant que Frontenac et les missionnaires «n'avoient jamais pu les corriger sur cela[76]». En dépit du fait qu'ils se font la guerre, les Iroquois, tant domiciliés que de l'Iroquoisie, n'en sont pas moins très attachés à leurs familles. Ce n'est pas sans raison que Denonville évite d'envoyer aux galères de France certains proches parents des Iroquois domiciliés[77].

De l'ensemble de ces témoignages, nous devons comprendre qu'une fois établis dans les réductions, les Iroquois conservaient de profonds liens et un sentiment d'appartenance envers leur terre d'origine. Leur migration n'efface pas l'affection qu'ils ont envers leurs parents[78]. On pourrait, par ailleurs, difficilement concevoir qu'ils auraient pu, du jour au lendemain, couper tout lien affectif et émotionnel envers leurs nations. Malgré ce qu'en disent La Potherie et les jésuites, les Iroquois des réductions ne sont pas des marionnettes que manipulent à leur guise les autorités françaises et les missionnaires[79]. Champigny, dans une lettre qu'il adresse à Phélypeaux, en 1691, se fait beaucoup plus nuancé quant à la fidélité des Iroquois domiciliés :

> Il est d'une extreme consequence de les [les Iroquois domiciliés] menager et de leur faire part des presens que le Roy envoye pour les Sauvages parce qu'ils pouroient se retirer avec nos ennemis qui sont leurs parens et ensuite venir contre nous, ce qui pouroit causer la destruction de tout ce pays par la connoissance qu'ils en ont[80].

Ce que les Français, notamment Frontenac, interprètent comme un manque de fidélité et d'obéissance ressemble tout autant, sinon davantage, à la manifestation d'une certaine retenue des Iroquois domiciliés envers leurs compatriotes. Il y avait parmi eux, on l'observera, des gens, des chefs, voire des groupes[81], dont la sympathie envers les Cinq-Nations était toujours très forte. Par conséquent, il était tout à fait possible pour la Ligue iroquoise et les Anglais de recruter des espions parmi eux. De plus, les fréquentes allées et venues entre le territoire des Iroquois et les réductions de la région de Montréal créaient une situation propice à la fuite d'information. La Prairie de la Madeleine est décrite comme « un lieu de grand passage » dans la *Relation des jésuites* de 1673-1674[82]. Daniel St-Arnaud, dans son étude sur Pierre Millet, soutient qu'un tel contexte rendait propice la mise en place d'une stratégie d'espionnage[83].

Un atout qui peut devenir une nuisance

La Chaîne d'alliance possède des espions au sein des réductions iroquoises. Ils sont infiltrés dans les partis envoyés sur les Cinq-Nations et les colonies anglaises. En se sauvant au moment opportun, ces espions non seulement font avorter l'effet de surprise recherché par ces partis, mais ils rapportent, bien entendu, des informations privilégiées aux chefs iroquois et aux autorités anglaises. Une relation anonyme de 1691 stipule qu'une expédition composée d'Iroquois domiciliés sous le commandement de La Chapelle fit face à une telle situation. Ce parti avait fait prisonnier quelques Anglais tout près d'Orange. En revenant vers Montréal, les hommes de la Chapelle rencontrèrent «une cabanne d'Agniers où ils trouverent deux hommes les pourparler de paix les empecherent de les charger, trois autres survinrent peu de temps apres». C'est en échangeant quelques mots avec ces derniers qu'ils apprirent que des guerriers agniers, accompagnés par des Anglais, avaient tué «bien du monde» à la Prairie de la Madeleine. Cette nouvelle incita le parti de la Chapelle à «deffaire le soir» ce groupe d'Agniers «ne pouvant pas les emmener tous prisonniers, mais un traitre Sauvage de la Montagne les avertit de ce dessein, en fit sauver trois et se retira luy mesme avec eux[84]».

Un événement similaire eut lieu également en 1695 et est rapporté dans une lettre de Callière à Phélypeaux. Un parti formé de cinq Iroquois domiciliés informa les autorités françaises «qu'ayans rencontré un party ennemy un faux frere qui estoit à la descouverte avec deux de leurs gens s'en saisit à la veüe des Iroquois qu'il apela à son secours et les emme-nerent prisonniers[85] ».

On sait aussi que des prisonniers de guerre adoptés ou gardés en esclavage par les Iroquois domiciliés se sauvaient à l'occasion en rapportant des informations sur les Français. Même s'il ne s'agit pas d'espionnage planifié, le résultat est le même. En 1696, Callière note que Totatiron, l'un des chefs de la réduction de la Montagne, avait été envoyé avec un parti d'Iroquois domiciliés faire des prisonniers près d'un village onontagué «afin d'en savoir des nouvelles». Cependant, la mission avorta «à cause de la desertion de l'un des Sonontouans à qui on avoit donné la vie cet hiver qui l'avoit mené avec luy[86] ». On peut lire également dans une relation de 1696 qu'un plan d'expédition de Frontenac «avorta [...] parce qu'il fust averty qu'un esclave agnier qui s'estoit sauvé d'avec avoit donné avis de notre dessein[87] ». On comprendra que c'est pour éviter de telles situations que Frontenac chercha à contrôler les adoptions des Iroquois domiciliés, surtout lorsqu'il s'agissait de guerriers. Du moins, il cherchait à avoir son mot à dire sur ce processus. En 1695, le gouverneur général fit part aux Iroquois des réductions qu'à l'avenir ils devront lui apporter les prisonniers avant de décider de leur sort[88].

Grâce à leur participation aux affaires diplomatiques, les chefs des réductions sont plus en mesure de fournir des renseignements stratégiques à la Chaîne d'alliance. Pour cette raison, les Iroquois et les Anglais cherchèrent à obtenir les services des chefs domiciliés afin de faire de l'espionnage. Les Français sont conscients que les réductions de la région de Montréal sont sujettes à une telle stratégie. Frontenac écrit, en 1691, qu'il

> y a longtemps que je m'appercois de beaucoup de menagements qui ne me plaisent pas, non plus que certaines relations et intelligences secretes et cachées qu'ils ont avec les Agniers et Oiougouins, principalement, parmy lesquels ils ont beaucoup de parents, estant d'une mesme nation[89].

Dans un document intitulé *Narration annuelle de La Mission du Sault depuis La fondation iusques a 1 an 1686*, le jésuite Claude Chauchetière soutient qu'en 1679 les autorités françaises entretiennent des suspicions à l'endroit d'un chef domicilié qu'il ne nomme pas. Il écrit, faisant sans doute allusion à Frontenac, qu'on « disoit qu'on alloit mettre en prison a montreal le capitaine de nostre village laccusant de brouiller les affaires et le voulant faire responsable de ce que les iroquois infidelles faisoint[90] ».

L'un des cas d'espionnage les plus éloquents de la part d'un chef domicilié est celui de Tiorhatarion. Il est difficile d'évaluer à partir de quel moment ce chef domicilié commença à transmettre de l'information aux Cinq-Nations. On peut cependant affirmer que c'est en 1695 que ses liens secrets avec l'Iroquoisie apparurent au grand jour. Afin de démontrer leur bonne foi dans les pourparlers diplomatiques qu'ils entretenaient avec la Nouvelle-France, les Cinq-Nations demandèrent à Frontenac d'envoyer Tiorhatarion, chef au Sault-Saint-Louis, et Ononsista, chef de la Montagne, assister à leurs conseils[91].

Frontenac consentit à cette demande de la Ligue iroquoise en spécifiant que le mandat des chefs domiciliés devait se réduire uniquement à un rôle d'observateur et non de négociateur. Ils avaient donc pour tâche de rapporter la réponse de la Confédération iroquoise aux propositions de paix des autorités françaises[92]. À leur retour, Tiorhatarion et Ononsista présentèrent six colliers, qui furent rejetés par Frontenac. Le gouverneur général critiqua, par ailleurs, vivement leur conduite. La Potherie précise : « Toutes ces demandes étoient si insolentes que le Comte de Frontenac fut fort piqué contre ces deux Sauvages qui sans ordre étoient entrez en negociation ; il ne voulut point répondre à ces Colliers[93] ». Les deux chefs domiciliés ne furent pas très contents de l'accueil que leur fit Frontenac. La Potherie ajoute même que Tiorhatarion « avoit envie de passer chez les Iroquois[94] ».

La suite des événements confirme les appréhensions des Français. En effet, le chef du Sault-Saint-Louis remit deux colliers « sous terre » aux autres chefs de cette réduction. L'un deux portait, selon la Potherie, le message suivant :

> C'est sous terre que je mets ce Collier entre vous deux [c'est-à-dire entre Thathakouichere et les autres chefs du Sault-Saint-Louis], où il faut qu'il demeure trois ans, pour vous dire qu'il faut que vous fassiez cas de l'union que vous devez avoir entre vous, & que vous n'oubliez pas que vous avez ici votre ancienne terre, que vous devez nous avertir des desseins d'Onontio, sans vous découvrir à lui : n'aprehendez point de venir chez nous, vous y serez toûjours les bien venus[95].

En plus de vouloir rapatrier les Iroquois des réductions, les Cinq-Nations cherchaient également, au moyen de la collaboration de Tiorhatarion, à recruter d'autres espions parmi les chefs domiciliés. Ayant accès à de l'information privilégiée, Tiorhatarion la transmet à la Ligue iroquoise. C'est en ce sens, au milieu de la décennie 1690-1700, qu'il indique secrètement aux Iroquois qu'il se présente une bonne occasion d'attaquer des voyageurs français ainsi que des chasseurs algonquins et népissingues. Selon Champigny, « Tiorhatarion [...] avoit dit aux Iroquois qu'il y avoit un beau coup à faire pour eux sur des voyageurs françois qui estoient resté l'automne dans la Grande riviere et sur les Algonquins et Nepissouniens qui y chassoient[96] ». C'est par l'entremise d'un Onneiout nommé Assinaré demeurant chez les Népissingues que les Français obtinrent ce renseignement. La Potherie rapporte que Tiorhatarion « étoit un des plus grands ennemis domestiques qui fut parmi nos Sauvages[97] ». Callière va dans le même sens, précisant que ce chef travaillait pour le compte des Cinq-Nations : « l'essay qu'ils [les Iroquois] ont fait de corrompre la fidelité de nos Sauvages du Sault par le moien de Tiorhatarion qu'ils avaient gagné dont les anciens du villages m'en ayant averty aussytost qu'ils le sceurent[98] ». Callière prit alors des mesures afin d'empêcher Tiorhatarion de transmettre des informations aux Iroquois. Le gouverneur de Montréal, selon Champigny, « ordonna qu'on observa Tiorhatarion et meme de l'arrester s'il se preparoit à aller aux Iroquois sans l'agrément de Monsieur le Comte[99] ». Enfin, le chef espion fut démis de ses fonctions et chassé de la réduction du Sault-

Saint-Louis. Callière laisse entendre que les Iroquois domiciliés prirent cette décision et que Frontenac donna son agrément à la nomination du nouveau chef: «les anciens du village m'en ayant averty aussytost qu'ils le sceurent il en fut chassé et éleurent un autre chef en sa place de l'agrement de Monsieur le Comte de Frontenac[100]».

Les Cinq-Nations cherchent aussi à introduire des espions au sein même des réductions. Ils avaient le prétexte idéal dans les efforts des Français pour attirer les Iroquois dans ces établissements. À titre d'exemple, au début des années 1690, après que des chasseurs iroquois domiciliés furent repoussés près de Chambly par un parti anglo-agnier, une quarantaine d'Agniers se présentèrent sans arme et demandèrent de s'établir parmi les Iroquois du Sault-Saint-Louis. Certains Français crurent qu'ils agissaient de bonne foi, mais certains missionnaires parurent fort incrédules selon La Potherie: «L'on eut crû éfectivement que les Aniez parloient de bonne foi; le Pere Bruyas Jesuite, Missionnaire du Saut, ne savoit qu'en penser, & le Pere Lamberville ne pouvoit aussi s'imaginer que tout ce qu'ils disoient fut sincere[101]». Toutefois, les autorités françaises se rendirent compte rapidement qu'il s'agissait ni plus ni moins d'une stratégie visant à infiltrer des espions dans la réduction du Sault-Saint-Louis. La Potherie précise:

> Ce fut une conduite judicieuse que les Aniez vouloient tenir pour penetrer insensiblement l'état des affaires, & pour inspirer aux Iroquois du Saut de quitter les interêts des François & de s'en retourner en leur patrie; ils déguiserent donc leurs sentiments. L'on peut dire que

l'Iroquois est judicieux dans les mesures qu'il prend pour sonder le fort & faible de son ennemi, qu'il est penetrant dans les affaires les plus cachées, & qu'il garde bien le secret sur les moindres ouvertures qu'on lui fait[102].

On remarque à nouveau que les objectifs de ces espions sont similaires aux demandes exprimées par le collier « sous terre » offert aux chefs du Sault-Saint-Louis par Tiorhatarion. La Potherie ne précise pas cependant comment cette quarantaine d'Agniers quittèrent la réduction du Sault-Saint-Louis. De plus, il reste aussi silencieux sur les résultats concrets de cette stratégie.

Les jésuites missionnaires au service de la Couronne française

Des politiciens et des espions en soutane

On retrouve dans les Pays d'en Haut un ensemble de postes et de forts plus ou moins importants marquant la présence, aussi faible soit-elle, de la Couronne française. Les autorités coloniales pouvaient donc s'appuyer sur un tel réseau afin d'avoir accès aux derniers développements diplomatiques et politiques dans l'Ouest. Même si le fort Frontenac est situé à la limite du territoire iroquois, les Français ne peuvent compter sur un tel réseau pour faire de l'espionnage auprès des Cinq-Nations. On ne retrouve pas au cœur de l'Iroquoisie un poste similaire à celui de Michillimakinac. La colonie française pouvait toutefois compter sur une poignée d'hommes fort compétents, vivant en permanence au cœur même des établissements iroquois. En ce sens, la présence des jésuites au sein de la Confédération iroquoise se prête fort bien à une analyse des stratégies employées par les missionnaires afin de pratiquer l'espionnage auprès d'une nation autochtone.

Même si la première raison évoquée pour justifier la présence des missionnaires au sein des collectivités amérindiennes est de prêcher et de faire des conversions, les administrateurs français et les jésuites eux-mêmes ne confinaient certes pas leur missionnariat à la seule sphère religieuse. En effet, les jésuites sont non seulement des prêcheurs, mais également des agents de la Couronne française et reçoivent de la part des autorités civiles une protection toute particulière. Après avoir établi un fort à Catacoui, en 1673, Frontenac avait prévenu les Iroquois que toute violence faite aux jésuites serait considérée comme une attaque à l'endroit de sa propre personne. Une relation anonyme indique clairement la pensée du gouverneur général à ce sujet :

> Je ne les [jésuites] laisse parmy vous et dans vos villages que pour vous instruire aussy je pretens que vous les considerez et que vous empehiez que aucun de votre jeunesse ne soit si hardy et si temeraire que de les offenser en la moindre chose puisque je prendrois les offenses que vous leur feriez comme si elles estoient faites à ma propre personne et que je les punirois avec la mesme severité[103].

Daniel St-Arnaud, en prenant pour témoin Pierre Millet, écrit que ce jésuite était considéré comme un « représentant de l'administration coloniale dont il défendait les intérêts en fournissant des renseignements d'intelligence militaire et en promouvant les objectifs commerciaux français[104] ». Même si on s'attarde plus précisément au cas des Iroquois, cette affirmation pourrait être étendue à l'ensemble des missionnaires présents au sein des collectivités autochtones. On comprendra donc le raisonnement de la Couronne française, pour qui la présence des jésuites au sein d'une nation amérindienne sert de justification pour affirmer sa souveraineté sur un territoire et ses habitants[105].

En plus de prêcher, les missionnaires effectuent plusieurs tâches à caractère politique. Ce n'est pas sans raison que le centre politique des Cinq-Nations, soit Onontagué, suscite une attention particulière auprès des jésuites[106]. Lorsque les dirigeants de la Nouvelle-France veulent communiquer avec les nations amérindiennes, les jésuites sont au cœur de ce réseau d'information. Non seulement ils sont déjà présents au sein des communautés autochtones, mais leur maîtrise des langues amérindiennes est un atout fort important, voire indispensable[107]. De même, ils participent activement à la vie diplomatique. Ils transmettent les présents des autorités françaises[108]. On leur demande de maintenir les nations autochtones dans les intérêts des Français[109]. Afin d'affaiblir militairement les nations iroquoises avant son expédition, en 1684, La Barre fit même appel aux jésuites afin de les diviser[110]. Les missionnaires veillent aussi à ce que les propositions des Français soient transmises correctement par les ambassadeurs[111].

Parmi tous ces services que rendaient les jésuites à la Couronne française, l'un des plus importants était d'effectuer de l'espionnage et de transmettre de l'information privilégiée aux autorités coloniales. Étant établis au sein des nations autochtones, ils étaient au courant des derniers développements politiques et de l'évolution récente des pourparlers diplomatiques. De plus, les missionnaires présents en Iroquoisie avaient également accès à des renseignements fort utiles concernant les colonies anglaises, tout en pouvant suivre de près l'évolution des rapports diplomatiques anglo-iroquois. La correspondance qu'entretiennent les jésuites avec les gouverneurs généraux français témoigne que les missionnaires concevaient l'espionnage comme une partie intégrante de leur travail et qu'il était de leur devoir de transmettre toutes les informations susceptibles de servir les intérêts de la colonie française. Le père Henri Nouvel, avant de rapporter certains développements politiques et diplomatiques de la région des Grands Lacs, mentionne dans une lettre qu'il adresse à Frontenac, en 1673, qu'il « est important que vous soyez informé de tout ce qui se passe de considerable en ces quartiers en voicy un fidele narré[112] ». Les jésuites présents en Iroquoisie font de même. Le père Garnier s'adresse à Frontenac en ces termes :

> Apres vous avoir presenté mes tres humbles respects, et vous avoir assuré que je prends grande part à la joie commune de vostre heureuse arrivée dans le pais, priant Dieu qu'il vous assiste de son esprit, afin que tous vos desseins reussissent à l'avancement de son Saint Service pour l'honneur du Roy, et pour le bien

de tout le pais. Je suis aussy obligé de vous informer de ce qui se passe dans ce quartier, qui regarde le service du Roy[113].

Le père Bruyas, missionnaire chez les Agniers, écrit à Frontenac pour lui confirmer qu'il peut compter sur ses services pour obtenir des informations sur « tout ce qui se passe en ces quartiers[114] ». Enfin, en 1684, le père de Lamberville écrivait à La Barre en précisant « qu'on n'a encor reçu aucunes nouvelles de Sonnontoüan quelques uns disent qu'ils doivent bientost venir icy, pour conferer d'affaires impotantes. Si quelqu'un vient du fort icy je vous informerai de tout ce que j'auray apris[115] ».

Le rôle politique et l'espionnage pratiqués par les jésuites au sein de la Confédération iroquoise étaient perçus, de la part des Anglais, comme une menace sérieuse. Denonville faisait part de ce sentiment à Seignelay, en 1690, écrivant que les Anglais et les Hollandais regardent « nos missionnaires comme leurs plus cruels ennemis[116] ». La politique des Anglais en regard de l'adoption de Pierre Millet par les Onneiouts peut paraître contradictoire de prime abord, mais elle est pourtant très cohérente en regard de leurs intérêts. À la suite de la capture de Millet, les autorités anglaises, selon le jésuite, « avoient fait mon procez et mavoient desja fait brusler en Effigie[117] ». Toutefois, lorsque le missionnaire fut adopté par les Onneiouts, les Anglais proposèrent leurs services pour le ramener sain et sauf à Québec[118]. En effet, par cette adoption, Millet s'appropriait une position fort utile pour effectuer de l'espionnage et prendre part à la vie politique de cette nation iroquoise. Le missionnaire précise:

> Les Onneiouts mayant adopté pour un nommé Otasseté qui de son vivant Estoit homme de Conseil Et qui passoit de toute ancienneté pour avoir [été] un des Soutiens de la Nations Ils mobligent quelques fois dassister aux Conseils quand ce ne seroit que pour scavoir dequoy Il est question pour leur en faire rapport au moins quand ce sont des choses de Consequences pour le pays[119].

L'adoption de Millet n'est pas sans créer de vives réactions auprès des Anglais et des factions anglophiles[120]. Même si les dirigeants anglais proposèrent de nouveau à Millet de le faire sortir de l'Iroquoisie, le missionnaire, conscient de sa position fort avantageuse, refusa leurs «services[121]».

Les gouverneurs anglais écriront à plusieurs reprises aux Français afin de leur demander que les jésuites ne se mêlent que d'affaires religieuses. Un document français de 1686 stipule que «le Colonel Dunguent [Dongan] a escrit au superieur des Jesuites qu'il luy donneroit toute sorte de protection pourveu qu'il ne se meslast que des affaires de la religion[122]». En 1687, Dongan écrivit cette fois-ci à Denonville afin qu'il ordonne «à Monsieur de Lamberville qu'aussy long temps qu'il demeurera parmy ces peuples [Les Iroquois], il se mele seulement des affaires qui concernent sa fonction[123]». Une année auparavant, en espérant sans doute provoquer une réaction de la part des Cinq-Nations, Dongan s'était adressé aux Iroquois en ces termes peu nuancés: «Ils [les jésuites] sont seulement des espions parmi vous[124]».

Les Iroquois n'étaient pas dupes de cette situation et étaient conscients que les missionnaires transmettaient des informations aux autorités françaises. La présence des jésuites au sein des collectivités amérindiennes s'explique de plusieurs façons. Il a été noté dans le premier chapitre les motivations qui incitèrent les nations de l'Ouest à accueillir des missionnaires lorsqu'elles firent alliance avec les Français. Chez les Iroquois, les motifs sont quelque peu différents[125]. La présence des jésuites représente non pas une alliance avec la colonie française, mais plutôt les relations pacifiques ayant cours entre les deux collectivités[126]. Un mémoire anonyme mentionne qu'en 1666 les Onontagués, les Goyogouins, les Tsonnontouans et les Onneiouts vinrent à Québec pour confirmer la paix. On peut y lire que « conformement à leurs instantes prieres il leur sera accordé deux Robes noires, un armurier et un chirurgien; que le Roy accorde à leur prieres de faire passer des familles françoises pour s'habituer dans leurs pays[127] ». En effet, en 1667 et 1668, à la suite de la paix obtenue par Tracy, les jésuites s'établiront dans chacune des nations iroquoises[128]. Les missionnaires étaient considérés par les Iroquois comme des représentants de l'administration coloniale[129]. Les activités diplomatiques et politiques des jésuites étaient donc interprétées comme partie prenante de leur missionnariat. Cependant, la présence des « robes noires » ne faisait pas l'unanimité chez les Cinq-Nations. Au même titre que les Anglais, bon nombre d'Iroquois considéraient les missionnaires comme des ennemis et des espions. Les paroles d'un Iroquois rapportées dans la *Relation des jésuites* de 1672-1673 sont fort éloquentes à cet égard: «Il ajoute que les habillez de noir ne font icy que comme des espions, qui mandent tout à Onnontio, c'est à dire, à Monsieur le Gouverneur[130]». L'établissement des jésuites au sein de l'Iroquoisie est donc explicable en grande partie par la présence d'une faction francophile. En ce sens, les missionnaires pouvaient bénéficier de son appui et de celui des «considérables» pro-français, d'où la pertinence de mettre en place une bonne stratégie d'intégration au sein de leurs sociétés.

Stratégie d'intégration aux sociétés amérindiennes

Apprendre la langue et se familiariser avec la culture et les traditions d'une collectivité autochtone ne suffisaient pas à mettre en place une stratégie efficace d'espionnage. Les jésuites devaient avoir accès à un cercle décisionnel plus fermé et plus difficile d'accès pour fournir aux autorités coloniales des renseignements stratégiques. Il fallait donc obtenir des alliés et créer des liens d'amitié auprès des personnes influentes: «une ville est à demi prise quand on peut avoir des intelligences dans la place[131]», peut-on lire dans la *Relation des jésuites* de 1673-1674. En 1688, Denonville, un allié des jésuites, insistait auprès du ministre Seignelay sur le rôle clé des missionnaires:

> Si vous ne trouvés moyen de faire retourner tous ces Peres dans leurs anciennes missions [iroquoises] vous devés en attendre beaucoup de malheur pour cette colonie car je vous dois dire que jusqu'icy c'est leur

> habileté qui a soutenu les affaires du pays par le nombre d'amis qu'ils se sont acquis chez tous les Sauvages et par leur sçavoir faire à gouverner les esprits de ces Barbares qui ne sont sauvages que de nom[132].

Après avoir établi des liens d'amitié avec certains membres influents des nations iroquoises, les missionnaires pouvaient, en plus de leurs propres initiatives, compter sur tout un réseau de connaissances. Lahontan notait la mise en place de cette stratégie. Il écrit que les jésuites « ont de bons Vieillards dans toutes les Cabanes, qui comme de fidèles espions, leur raportent ce qu'ils voyent, ou ce qu'ils entendent[133] ». Charlevoix en rapporte un exemple concret. Après une attaque des Iroquois sur les Outaouais, en 1686, Lamberville

> découvrit à Onnontagué que cette hostilité étoit le fruit d'une Délibération de tous les Cantons, dont le Colonel Dongan avoit assemblé les Députés à Orange ; qu'il les avoit avertis que le nouveau Général des François étoit résolu de leur déclarer la guerre[134].

Charlevoix précise que, si Lamberville était au courant d'une telle information, c'est parce qu'il « avoit été averti de toutes ces menée par des Iroquois Chrestiens, & par des Idolâtres mêmes, qui l'aimoient beaucoup[135] ». Bien entendu, les jésuites n'avaient pas que des amis en Iroquoisie. En ce sens, la création de tels liens permettait aux missionnaires d'obtenir auprès des personnes influentes une indispensable protection qui leur conférait un minimum de sécurité. Pierre Millet en témoigne dans une lettre de 1691 où il écrit qu'il

> fus envoyé a divers Conseil ou de tribunal a cause que dun Costé [ie] passois parmy nos Irroquois pour un grand criminel et grand trompeur qui avoit fait emprisonner leur compatriottes sous pretexte dun festin de la S^{t}. Iean et l'autre I estois protegé par des chretiens dont quelques uns estoient les plus notables du pays et lon ne pouvoit me faire mourir sans les affliger[136].

Les relations privilégiées que les missionnaires tentaient d'établir avec les personnes influentes de l'Iroquoisie comportaient également des motifs religieux. On espérait que la conversion des chefs puisse servir d'exemple ainsi que d'incitatif auprès de la nation[137]. La distinction entre la sphère religieuse et la sphère politique peut d'ailleurs parfois être difficile à établir. Lorsqu'on lit dans la *Relation des jésuites* de 1673-1674 qu'un chef, après son retour de Cataracoui, « avait exhorté ses compatriotes, en public et en particulier, à fréquenter la prière et à écouter nos instructions[138] », on comprend que les jésuites voyaient dans une telle affirmation des possibilités autant religieuses que politiques.

Informations privilégiées et espionnage

Une fois bien établis dans la communauté et après avoir mis sur pied un réseau efficace de connaissances, les jésuites étaient en mesure d'avoir accès à des renseignements secrets qu'ils s'empressaient de communiquer aux autorités françaises. Avant de prendre certaines décisions importantes dans leur politique iroquoise, les Français prennent souvent la précaution de tâter le pouls des sentiments des Cinq-

Nations à l'égard de la Nouvelle-France. Cette pratique est rendue possible grâce à des informations transmises par les jésuites présents en Iroquoisie. Une relation de 1673 mentionne qu'avant d'entreprendre un voyage au lac Ontario, et d'y établir un fort, Frontenac avait pris le soin de consulter les lettres des pères jésuites en mission au sein des Cinq-Nations afin de connaître les dispositions politiques des Iroquois à l'endroit de la colonie française. On peut y lire que

> les lettres que receut Monsieur le Comte de Frontenac pendant l'hyver des Reverends Peres Jesuites qui sont en mission chez les Iroquois et qui luy apprenoient que ces peuples n'etoient pas trop bien intentionnez acheverent de le determiner [à entreprendre un tel voyage][139].

Neuf années plus tard, soit en 1682, Frontenac prit la même précaution avant de participer à une conférence diplomatique. Un mémoire anonyme mentionne que le gouverneur général

> donna part de ses lettres et de tous les advis qu'il avoit receus d'autres endroits à Monsieur Duchesneau duquel il fut bien aise d'avoir les sentimens par ecrit et ceux des principaux d'entre les Peres jesuistes qui ont le plus de connoissance des manieres de ces Sauvages[140].

En 1683, les missionnaires prennent la plume pour indiquer à La Barre de se méfier de la sincérité des Iroquois quant aux négociations qu'ils entendaient mener par la voie d'une ambassade. Selon Charlevoix, le gouverneur général ne tient pas compte des avis des jésuites :

> Les Missionnaires, qui étoient parmi ces Sauvages, & tous ceux, qui connoissoient mieux le caractère de la Nation, avertissoient M. de La Barre de s'en défier; mais il n'eut égard ni aux avis des uns, ni aux remontrances des autres, il reçut très-bien les Députés Iroquois, les carassa beaucoup, & les renvoya comblés de presens[141].

Une année plus tard, à la veille de l'expédition française en Iroquoisie, Lamberville s'empresse d'écrire à La Barre pour lui fournir des renseignements sur la stratégie qu'entendent adopter les Tsonnontouans en cas d'attaque. Charlevoix écrit à ce sujet que

> le Général reçut en même tems une lettre d'Onnontagué, écrite par une Personne très-sûre [Lamberville], qui lui mandoit que la guerre, qu'on se disposoit à faire aux Tsonnonthouans, ne leur feroit pas beaucoup de mal, quel qu'en fût le succès, parce que ces Sauvages s'étoient mis en lieu de sûreté avec toutes leurs provisions[142].

De plus, Lamberville précise comment les Anglais ont promis de venir en aide aux Tsonnontouans en leur fournissant 400 chevaux et autant d'hommes. Cette information fut obtenue en secret par des chefs qui, visiblement, étaient liés d'amitié avec le missionnaire ou qui cherchaient à décourager les Français[143]. Toutefois, La Barre crut bon à nouveau de ne pas suivre cette mise en garde et exécuta son projet pour en retirer des résultats très peu probants.

Les jésuites informent également les dirigeants de la colonie sur l'évolution des rapports entre la

Ligue iroquoise et les Anglais, ou encore les Hollandais. Qu'il s'agisse d'une rumeur ou de renseignements bien fondés, les missionnaires se font un devoir d'en indiquer le contenu aux autorités françaises. En 1679, les jésuites informèrent Frontenac que le général Andros « faisoit sous main des menées pour soulever contre nous les Iroquois ». N'ayant pu confirmer cette information pendant un séjour à Montréal, le gouverneur général apprit toutefois de la part des sulpiciens et des récollets, ces deux communautés religieuses ayant des missionnaires respectivement à Kenté et au fort Frontenac, que le général anglais avait proposé aux Iroquois dans une assemblée « des choses extraordinaires, et de tres grande importance, ce sont leurs termes [ceux des Iroquois qui donnèrent l'information aux missionnaires][144] ».

À la suite de l'obtention de ce renseignement privilégié, Frontenac prit des mesures pour s'assurer de la véracité de cette rumeur. Les missionnaires firent de même et confirmèrent au gouverneur général que cette information n'était pas fondée[145]. De plus, les mêmes lettres indiquèrent que les Iroquois étaient grandement affectés par la petite vérole. Ayant pu bénéficier de ce renseignement, Frontenac indique, dans sa correspondance avec Louis XIV, qu'il tentera de tirer de cette situation des bénéfices politiques et commerciaux : « Comme ils ont apporté cette maladie d'Orange, et de Manatha, ce sera une raison pour les detourner autant que je pouray, d'y continuer leur commerce, et les inviter à le faire encore plus grand avec nous[146] ».

Une autre lettre écrite en 1673 de Tionnotoguen par le père Bruyas fait part à Frontenac que les prix fort élevés des marchandises hollandaises pourraient très bien profiter aux Français. Le jésuite mentionne :

> Il n'y a point d'autres nouvelles en ces quartiers, sinon que nos voisins, je veux dire les Hollandois n'ont point encore vû de navire aborder à Manathe, ce qui les inquiete fort & rend les etoffes si cheres, que nos Iroquois sont resolus de s'en pourvoir à Montreal[147].

Une telle information permettait aux Français de prévoir la marchandise en conséquence afin d'en tirer des bénéfices économiques importants. De plus, des renseignements d'une telle nature pouvaient être également très profitables sur le plan politique. Même si cette information n'a pas eu les conséquences politico-économiques qu'auraient souhaitées les autorités françaises, ce témoignage illustre tout de même très bien quels types de renseignements étaient susceptibles d'être transmis par les jésuites. L'année suivante, Frontenac mentionnait à Colbert que c'est par l'entremise des correspondances qu'il entretenait avec les missionnaires jésuites en Iroquoisie qu'il fut mis au courant des efforts entrepris par les Hollandais afin d'obliger les Cinq-Nations à rompre leurs bonnes relations avec la Nouvelle-France. Le gouverneur général écrit :

> Tout ce que j'ay sceu par les lettres des Peres Jesuistes, qui sont dans les missions iroquoises, c'est que les Hollandois font tous leurs efforts pour obliger les Iroquois à rompre avec nous, mais inutilement jusques icy, par ce qu'ils leur ont tousjours répondu qu'ils ne vouloient non plus se mesler de leur guerre avec les

> Europeans, qu'ils se mesloient de celle qu'ils ont avec les Andastoguéz et autres nations sauvages, qu'ils avoient lieu de se loüer de moy, que j'estois leur pere, et qu'ils estoient mes enfants[148].

Dix ans plus tard, soit en 1684, Lamberville rapporta à La Barre le contenu d'une rencontre diplomatique anglo-iroquoise. Le missionnaire prit aussi le soin de préciser quand se tiendra la prochaine rencontre entre le gouverneur de la Nouvelle-York et les représentants des Agniers. Plusieurs autres événements tels que la vente d'armes à feu ou divers incidents sur lesquels les Français pourraient capitaliser, comme l'assassinat d'un Anglais et le pillage de leurs maisons par les Iroquois, sont également communiqués au gouverneur général[149]. Au cours de la même année, alors que les Français se préparaient à faire la guerre aux Iroquois, Jean de Lamberville indiqua à la Barre la présence d'un représentant du gouverneur de la Nouvelle-York auprès des Iroquois et les prix qu'il fixa pour la poudre[150].

Des renseignements concernant spécifiquement les Cinq-Nations font également l'objet d'une attention particulière des jésuites. À titre indicatif, en 1684, Jean de Lamberville informe La Barre sur le contenu et le déroulement d'un conseil ainsi que sur les tractations politiques entre les nations iroquoises[151].

La nature exacte des renseignements divulgués n'est pas toujours précisée par les historiens de l'époque et par les autorités françaises. Étant les seuls missionnaires présents en Iroquoisie après 1685, les frères Lamberville entretiennent, comme on peut le remarquer, une importante correspondance avec les gouverneurs La Barre et Denonville par laquelle ils leur font part des derniers développements politiques et diplomatiques au sein de la Ligue iroquoise. Charlevoix écrit, sans en préciser le contenu, qu'en 1685 « M. de la Barre reçut deux Lettres du P. de Lamberville, Missonnaire à Onnontagué, lesquelles lui donnerent beaucoup à penser[152] ». Denonville, qui vient à peine de succéder à La Barre, indique dans sa correspondance avec Louis XIV que le père de Lamberville lui a transmis une lettre pour l'informer de la situation politique de l'Iroquoisie. Il mentionne qu'un « memoire cy joint informera V. M. de ce que j'ay apris des Iroquois depuis mon arivée par une letre du pere de Lamberville Jes[uite] qui est en mission dans l'une de leurs abitations[153] ».

Les jésuites communiquent leurs informations essentiellement par des lettres. Toutefois, en quelques occasions, les missionnaires viennent eux-mêmes rencontrer les dirigeants de la colonie. On peut lire dans le *Journal des jésuites* que le père Jean Perron quitta les Agniers en février 1668 « pour informer de tout, les esprits de ces peuples dans leur disposition ordinaire[154] ». Un peu plus loin dans le *Journal*, on laisse également entendre que le missionnaire s'était rendu auprès des Anglais et des Hollandais afin de faire de l'espionnage :

> Le Pere Pierron, aprés avoir esté chez les Hollandoiz, ou plustost les Anglois qui se sont rendus Maistres de la nouvelle Hollande, entreprist le voyage de Quebec sur les glaces, pour informer Monsieur le Gouverneur & Monsieur l'Intendant de l'estat de ce païs[155].

C'est le cas aussi de Jean de Lamberville qui se rend à Québec, en 1686, afin, selon Charlevoix, « de faire rapport au gouverneur général de l'attitude des Iroquois[156] ».

À la lumière des sources consultées, les exemples témoignant que les jésuites ont effectué de l'espionnage pour le compte des Français auprès de leurs alliés de l'Ouest se font rarissimes. Ce constat ne nous permet pas pour autant d'affirmer que ces missionnaires n'ont pas mis en œuvre une telle stratégie à l'égard des nations des Pays d'en Haut. Certes, la présence d'officiers et de commandants français dans cette région faisait en sorte que les dirigeants de la Nouvelle-France pouvaient compter sur un personnel civil pour obtenir des renseignements secrets sur les nations des Grands Lacs. Cependant, ce petit groupe de Français ne rendait absolument pas superflu les informations que les autorités coloniales pouvaient obtenir des missionnaires. D'ailleurs, Frontenac, dans une lettre datée de 1690, laisse entendre clairement que les jésuites de cette région entretiennent une correspondance par laquelle ils lui transmettent des informations privilégiées :

> Je vous diray seulement Monseigneur que les suittes que j'avois prevues de l'abbandonnement qu'on a fait du fort Frontenac sont arrivées comme je vous les marquois puisque les lettres que les peres jesuittes missionnaires à Missilimakinac escrivoient au Gouverneur qui devoit relever Monsieur le Marquis de Denonville et dont ils ne sçavoient pas encore le nom, portent que les demarches basses et honteuses dont on s'est servy du costé des Iroquoia ont fait connoistre

aux nations d'en hault, notre foiblesse, l'apprehension que nous avons d'eux [...] vous verrez par la copie de celle du Pere Carheil où il y a plus de detail que dans les autres que ces nations [celles des Pays d'en Haut] quoy que sauvages ne laissent pas de bien connoistre leur interests[157].

Tout comme en Iroquoisie, la présence des jésuites au sein des nations de l'Ouest ne faisait pas l'unanimité. Certains autochtones auront tôt fait de les identifier à des espions. Dans une lettre datée du 2 mars 1706, Jean Mermet mentionne qu'un chef des Grands Lacs nommé Mantouchensa « harangua hautement qu'on n'a que faire d'un observateur tel que la robe noire[158] ».

Les ambassades iroquoises

Les ambassadeurs et les diplomates ont souvent été perçus comme des serviteurs de l'État dont la tâche consiste à défendre les intérêts d'une nation dans le cadre officiel des conférences diplomatiques et des négociations officielles. Dans son traité de diplomatie, François de Callières soutient qu'outre son mandat de négociateur le diplomate a aussi pour tâche de recueillir des renseignements secrets sur les puissances étrangères. Il écrit à cet effet que les liaisons entre les États européens

obligent les Souverains & ceux qui gouvernent, d'y entretenir sans cesse des Negociateurs pour découvrir tout ce qui s'y passe, & pour en être informez avec diligence & avec exactitude ; & l'on peut dire que cette connoissance est l'une des plus importantes & des plus necessaire pour bien gouverner un Etat[159].

Callières précise plus loin dans son ouvrage qu'on « appelle un Ambassadeur un honorable Espion ; parce que l'une de ses principales occupations est de découvrir les secrets des Cours où il se trouve[160] ».

En Nouvelle-France, ce ne sont pas les autorités françaises qui mirent surtout en pratique cette stratégie, mais plutôt la Confédération iroquoise. Au cours de la seconde moitié du XVIIe siècle, nombre d'ambassades iroquoises se présentèrent à Montréal ou à Québec en ayant bien davantage le souci de recueillir des renseignements privilégiés plutôt que d'entamer des négociations avec les Français.

À la fin d'octobre 1694, peu de temps après le retour du père Millet dans la colonie, des députés onneiouts étaient venus rencontrer Frontenac. Cette délégation, à laquelle participait Tareha, avait visiblement pour mission de soutirer des informations de toutes sortes. S'il faut en croire Charlevoix, « peu s'en fallut qu'on ne les traitât comme des Espions[161] ». Une année plus tard, Tiorhatarion et Ononsista étaient de retour de l'Iroquoisie accompagnés par un Agnier qui, sous prétexte de pourparlers diplomatiques, était venu espionner. La Potherie précise que Frontenac

> dit à l'Anié qui étoit venu avec eux que s'il en eût vallu la peine il lui auroit fait tâter de la grillade, pour apprendre à d'autres à ne pas venir espionner, sous prétexte de pourparler : qu'il feroit mettre à la chaudiere tous ceux qu'il pourroit attraper, ne les regardant d'orénavant que comme des Espions[162].

En 1697, les Agniers, désireux de connaître l'état des relations entre les Français et les Onneiouts, envoyèrent deux hommes rencontrer Frontenac à Québec. Afin de dissimuler leurs véritables intentions et de justifier leur démarche, ils utilisèrent le prétexte de remettre deux prisonnières. Charlevoix mentionne que

> les Agniers plus impatiens que les autres de sçavoir en quelle disposition étoient les choses par rapport aux Onneyouths, envoyerent deux des leurs à Quebec, sous prétexte d'y conduire deux Demoiselles, qui avoient été prises l'année précédente à Sorel[163].

Frontenac ne tarda pas à se rendre compte que ces deux Agniers avaient pour mission de recueillir des renseignements secrets sur l'alliance franco-amérindienne. Afin d'éviter une éventuelle fuite d'information, le gouverneur général «les retint même tout le reste de l'hyver, de peur qu'ils n'informassent les Cantons des endroits, où nos Alliés étoient en chasse[164]».

Une telle stratégie fut à nouveau employée par les Iroquois une année plus tard, soit en 1698. Frontenac ne cacha pas son mécontentement à l'endroit des députés. Une relation anonyme précise:

> Sy Monsieur le Comte de Frontenac n'avoit pas esté aussy accoutumé qu'il l'est aux belles promesses des Iroquois dont l'exécution est si peu fréquente, il auroit pu croire qu'effectivement ils estoient dans les sentiments de faire une paix solide et qu'ils parloient de bonne foy mais ce qu'il avoit souhaitté principalement d'eux ne se trouvant point effectué et aucuns prisonniers françois, ne paroissant avec ses envoyez apres

> d'aygres reprimandes et des menaces de les retenir tous et de les traitter comme des espions plutost que comme des negociateurs[165].

En mars 1699, les Iroquois envoyèrent une ambassade à Montréal afin, selon Charlevoix, de soutirer des renseignements sur l'état de la colonie:

> En effet les Iroquois n'eurent pas plutôt été informés qu'il n'étoit plus [Frontenac], qu'il crurent pouvoir rompre impunément l'espéce de Traité, qu'il avoient fait avec lui; mais ils voulurent prendre quelques mesures, avant que de se déclarer. Au mois de Mars suivant ils envoyerent des Députés à Montréal, & l'on s'aperçut aifément que leur unique dessein étoit de s'instruire de l'état, où se trouvoit la Colonie destituée de son Chef[166].

Les Cinq-Nations, et dans une moindre mesure les Anglais, envoyèrent également des ambassades auprès des Iroquois domiciliés dans l'intention d'obtenir des renseignements privilégiés sur la Nouvelle-France. En 1694, Callière écrit que deux Agniers «afidés aux Anglois arriverent chés les Sauvages du Sault» avec trois colliers pour leur annoncer que «Teganissorens et les autres deputés des nations ne pourroient venir comme ils l'avoient fait sçavoir par les deux Sauvages qu'ils avoient envoyés[167]». Le gouverneur de Montréal envoya ces deux députés à Québec afin qu'ils rencontrent Frontenac. Le gouverneur général, selon Callière, était d'avis que ces colliers étaient une ruse de la part des Cinq-Nations afin de «sonder» les Iroquois du Sault-Saint-Louis et de «tascher de branler leur fidélité». Frontenac ajouta qu'il considérait ces ambassadeurs «comme de veritables espions des Anglois pour voir ce que nous faisions[168] ».

La mise en œuvre de cette stratégie de la part de la Ligue iroquoise contribue à développer une certaine suspicion chez les autorités françaises quant à la sincérité des pourparlers entrepris par la voie de leurs ambassades. À l'occasion, les députés iroquois ressentent même le besoin de préciser aux Français qu'ils viennent uniquement à des fins de négociation et non pour chercher des renseignements. Une ambassade dirigée par Teganissorens, en 1694, crut nécessaire de mettre Frontenac en confiance. Selon une relation de Lamothe Cadillac, Teganissorens prononça, en déposant un sixième collier, les paroles suivantes : « Mes Freres du Saut et de la Montagne êcoutés bien ce que je vous dis, et vous aussi pere Onontio nous vous exposons seulement nos pensées sans voulloir penetrer dans les vôtres[169] ».

Dans une moindre mesure, les Français et les Anglais ont aussi mis en œuvre une telle stratégie. Les témoignages sont toutefois rarissimes. Peu avant les accords de paix de 1667, quelques Français accompagnèrent des ambassadeurs onneiouts en territoire iroquois. Les députés français avaient ordre non seulement de négocier mais également d'effectuer de l'espionnage. On peut lire dans les *Relations des jésuites* que

> ces Députés François avoient ordre de s'informer soigneusement sur les lieux de toutes chose, & de voir s'il y auroit quelque seureté à se fier encore une fois aux Sauvages, afin que les armes de sa Majesté ne fussent point retardées par une fausse esperance de la paix[170].

En 1705, en pleine guerre de Succession d'Espagne, un dénommé Vesche fut envoyé en Nouvelle-France par les autorités anglaises afin de négocier un échange de prisonniers. Selon Charlevoix, cet Anglais avait pour mission d'espionner la colonie. Ses observations furent suivies d'un rapport qui fut envoyé à la cour d'Angleterre. Le jésuite précise que :

> le dixiéme de May le Sieur de Verche, qui en 1705. avoit sondé tous les passages difficiles de Fleuve S. Laurent, sous prétexte de venir à Quebec traiter de l'échange des Prisonniers, arriva d'Angleterre à Baston, d'où il se rendit en poste à Manhatte, pour y preffer la levée des Troupes, qui devoient agir du côté de Montreal. On en fut bientôt instruit dans cette Ville, & on y apprit même que Vesche avoit présenté à la Reine de la Grande Bretagne un Mémoire fort ample, où il faisoit voir la facilité de conquerir le Canada, & l'utilité, que l'Angleterre pouvoit retirer de cette conquête[171].

Le sort réservé aux espions

Il n'existe pas de politique précise et rigide chez les Français quant aux peines imposées aux personnes reconnues espionnes ou soupçonnées d'avoir pratiqué de l'espionnage pour une nation étrangère. La peine encourue est sujette au contexte et à la discrétion des autorités en place. On a noté précédemment que Tiorhatarion avait été chassé de la réduction du Sault-Saint-Louis à la suite du dévoilement des informations secrètes qu'il transmettait aux Cinq-Nations. Les Iroquois domiciliés n'ayant pas un statut de chef semblent encourir une peine plus sévère. Dépendamment du contexte, ils peuvent être mis à mort par leurs compatriotes avec l'approbation des dirigeants français. Une lettre de Callière datée du 20 octobre 1696 stipule qu'un « Agnier qui fut pris par nos gens aux environs qui venoit voir ce qui s'y passoit, et comme il fut reconnu pour avoir deserté de la Montagne l'hiver dernier pour avertir ceux de sa nation de nos desseins, nos Sauvages le bruslerent[172] ». Selon d'autres circonstances, les Français préférèrent emprisonner les espions de la Ligue iroquoise. Sans donner d'explication quant aux motifs qui le poussèrent à agir ainsi, Denonville indique dans un mémoire de 1687 qu'il fit emprisonner des espions iroquois. On peut y lire que des « prisonniers ont esté envoyés aux prisons de Montreal y joindre quatre autres Iroquois qu'on avoit surpris aux environs et où ils estoient venu pour espionner[173] ».

Chez les collectivités autochtones, une personne reconnue espionne ou soupçonnée d'espionnage risque, plus souvent qu'autrement, la mort. Cette pratique paraît assez répandue pour avoir suscité l'attention de Lafiteau. Le jésuite écrit que les Amérindiens qui « entretiennent au-dehors quelque correspondance suspecte[174] » ne sont pas condamnés sur-le-champ. Lorsque les soupçons sont assez répandus dans la communauté, « on n'attend plus que l'occasion favorable d'éclater[175] ».

Le Conseil, toujours au dire de Lafiteau, prend la décision d'une telle condamnation. Toutefois, une dénonciation publique paraît nécessaire même s'il s'agit d'une formalité. Pour obtenir une telle dénonciation, on procède à l'interrogation de certaines personnes. Le jésuite précise qu'afin

> de dissimuler davantage le dessein qu'on a formé, on ne s'adresse pas immédiatement à celui, ou à celle, dont la perte est déterminée, mais le conseil envoie chercher en première instance quelques personnes qui aient la même réputation, dont il y a toujours un bon nombre au village. On exhorte d'abord celles-ci avec douceur à déclarer leurs crimes et leurs complices[176].

Cet interrogatoire ne se déroule pas sans violence ni menace. Tous les moyens semblent permis afin de faire parler les individus interrogés. Cet exercice se prolonge jusqu'au moment où l'un d'entre eux dénonce l'espion qui a déjà été condamné en secret par le Conseil. Lafiteau ajoute :

> Pour peu qu'elles se fassent prier, on fait mine de leur appliquer les fers rouges, qui sont une violente question. La crainte des tourments, ou l'espérance de s'en délivrer, leur fait nommer indifféremment innocents et coupables ; mais tout ce qu'elles disent est regardé comme autant de calomnies, jusqu'à ce que par hasard, ou autrement, elles aient nommé la personne qu'on veut perdre[177].

Une fois la dénonciation faite, la personne accusée d'espionnage est condamnée, comme certains prisonniers de guerre, au bûcher : « Il ne lui en faut pas tant pour avoir mérité la mort, qu'on lui fait souffrir en la brûlant comme un esclave, si par pitié on ne la poignarde ou on ne l'assomme[178] ».

Une telle condamnation, fondée ou non, est respectée par la communauté et la parenté du condamné, ce qui fait dire à Lafiteau « que ces peuples, sans avoir de lois écrites, ne laissent pas d'avoir une justice rigoureuse[179] ». Le père Julien Garnier, missionnaire auprès des Tsonnontouans, écrivait, en 1672, qu'il avait subi une telle condamnation : « Je sçay avec assurance qu'on a deliberé de ma mort en qualité d'espion[180] ». Les espions étrangers à la communauté subissent le même sort. La Potherie note que des espions iroquois furent mis à mort par des Algonquins. Il écrit « que les iroquois n'attendoient que le moment de faire des courses de toutes parts, juger qu'ils attaqueroient Chambli, où ils avoient déjà eu cinq de leurs espions tuez par nos Algonkins[181] ». La Potherie apporte également un autre témoignage selon lequel des Amérindiens alliés « brûlerent avant le départ de l'armée l'Espion qui avoit été pris l'Hiver, par un de nos partis[182] ».

On pourra voir dans les peines françaises et autochtones appliquées à l'égard des espions des traits culturels certes, mais ce n'est pas sans des préoccupations d'ordre stratégique que les Français se donnaient une telle marge de manœuvre, surtout envers les Cinq-Nations. Une politique trop rigide aurait pu susciter, par exemple, des réactions négatives de la part des Iroquois domiciliés.

CONCLUSION

La littérature historique concernant les relations diplomatiques franco-amérindiennes s'est jusqu'à maintenant attardée surtout à présenter les grands enjeux politiques et économiques de la seconde moitié du XVIIe siècle. Les historiens se sont aussi concentrés à analyser les moyens diplomatiques officiels et le protocole qui les régit afin de mieux comprendre les traits culturels autochtones qui en sont à l'origine. Ils se sont par contre peu intéressés à la mise en œuvre concrète sur le terrain des moyens cherchant à atteindre les objectifs politico-économiques et à assurer la sécurité des grands acteurs de l'époque. C'est l'analyse de ces moyens, qualifiés de souterrains, qui fut l'objet de cet ouvrage.

L'environnement géopolitique de la deuxième moitié du XVIIe siècle se caractérise par une forte instabilité dans les rapports diplomatiques. L'alliance franco-amérindienne apparaît comme une structure très fragile qui menace constamment d'éclater, surtout dans la région des Grands Lacs. Les relations franco-iroquoises alternent entre des périodes conflictuelles et une série de paix armées. Ce n'est qu'en 1701 que se normalisent les rapports entre la colonie française et les Cinq-Nations. Dans un tel contexte où règnent la méfiance et l'instabilité, les Français et les Amérindiens eurent recours à la mise en œuvre de plusieurs moyens stratégiques souterrains afin de défendre leurs intérêts et d'assurer leur sécurité.

La désinformation est le premier moyen stratégique souterrain qui a été analysé. En faisant circuler de l'information mensongère, les Français cherchaient notamment à empêcher un renversement des alliances dans les Pays d'en Haut, à éviter le déclenchement de conflits armés dans cette même région, à inciter les Iroquois à accepter leurs conditions de paix et à assurer la sécurité de la colonie ainsi que celle de leurs agents. Les Iroquois, en ayant recours à cette stratégie, tentèrent plus particulièrement d'empêcher l'envoi de raids franco-amérindiens sur leurs établissements et d'attirer dans la Chaîne d'alliance certaines nations des Grands Lacs. Ces dernières eurent recours à la désinformation, entre autres, afin de dissimuler leur suspicion à l'endroit des Français et de masquer leurs négociations secrètes avec l'Iroquoisie. Croyant que la formation d'alliances entre la colonie française et les nations autochtones voisines serait une menace à leurs intérêts, certaines collectivités de l'Ouest tentèrent aussi, en employant ce moyen stratégique souterrain, tant à l'égard des Français qu'à l'égard des Amérindiens, de faire échec à la conclusion de ces alliances. On note également que les autochtones des Pays d'en Haut ont fait circuler de fausses informations afin d'empêcher la conclusion d'une paix séparée franco-iroquoise et de protéger leurs intérêts commerciaux.

Des négociations secrètes avaient lieu en parallèle aux conférences diplomatiques, mais elles pouvaient aussi se faire par voie interposée. Cette stratégie fut spécialement mise en œuvre par les Iroquois et les nations des Grands Lacs afin d'entretenir entre elles, sans la participation des Français, des pourparlers secrets. La Ligue iroquoise cherchait alors plus particulièrement à détacher certaines nations de l'Ouest de l'alliance française. Par l'entremise de correspondances secrètes, les Iroquois ont aussi cherché à inciter leurs compatriotes des réductions à regagner l'Iroquoisie. Les collectivités des Pays d'en Haut, afin de former des coalitions militaires à l'insu des Français contre, par exemple, les Sioux, entretenaient des négociations secrètes entre elles.

Les autorités françaises ont privilégié particulièrement deux autres moyens stratégiques souterrains : la propagande et la corruption. Les Français mirent en place deux politiques de propagande bien distinctes par rapport aux nations des Grands Lacs et à celles de la Confédération iroquoise. Lorsque des Amérindiens de l'Ouest venaient à Montréal ou à Québec, les dirigeants coloniaux mettaient en place tout un cérémonial : bruits de canon, manœuvres maritimes et autres artifices afin de les impressionner et de leur donner une très haute impression de la puissance française. On espérait aussi qu'une fois de retour dans leurs collectivités respectives ces autochtones, impressionnés par ce qu'ils avaient vu, aillent faire la promotion de l'alliance franco-amérindienne et de la propagande à l'avantage des Français. Sous les offices des autorités coloniales, les Iroquois domiciliés participaient à des campagnes de propagande auprès de leurs confrères de l'Iroquoisie surtout afin de les attirer dans les réductions avoisinant Montréal, tout en les incitant à se convertir au christianisme. Il n'est cependant pas exclu que certains d'entre eux aient pu participer à une telle entreprise de leur propre initiative.

En mettant en place une politique de corruption à l'égard des chefs amérindiens, les dirigeants de la Nouvelle-France désiraient atteindre plusieurs objectifs, dont obtenir leur sympathie, des actions concrètes de leur part ou assurer la sécurité de la colonie. Idéalement, les Français cherchaient à gagner complètement à leur cause certains « considérables » autochtones, c'est-à-dire en faire des chefs francophiles. Les cas d'Ourehouare et d'Otreouti sont des exemples éloquents de réussite et d'échec d'une telle stratégie.

Le troisième chapitre fut consacré à l'analyse des formes d'espionnage mises en œuvre par les Français et les Amérindiens. Dans les Pays d'en Haut, certains chefs et autochtones francophiles transmettaient des renseignements privilégiés aux autorités françaises. Toutefois, les sujets de tension et de méfiance existant dans les relations franco-amérindiennes de l'Ouest, le commerce des armes à feu avec les Sioux par exemple, incitent certaines nations alliées à espionner les Français. Le témoignage de Nicolas Perrot est, à cet égard, fort éloquent. Les Cinq-Nations mirent également en place une stratégie d'espionnage dans la région des Grands Lacs afin d'obtenir des renseignements sur les Français et sur leurs alliés autochtones. Les espions iroquois poussèrent leur finesse jusqu'à emprunter la tenue vestimentaire et la langue des Illinois afin de passer les plus inaperçus possible.

Plusieurs éléments ont contribué à favoriser l'emploi de ce moyen stratégique souterrain dans les relations franco-iroquoises. On peut noter la proximité géographique des Cinq-Nations, les relations tendues et hostiles entre la colonie française et l'Iroquoisie ainsi que la présence de réductions iroquoises dans la région de Montréal. Trois types d'espionnage ont été mis en œuvre par les découvreurs. Premièrement, ils précèdent les partis qui vont en guérilla et les informent de l'état des forces de l'ennemi. À partir de leurs rapports, on décide alors de la stratégie à adopter. Deuxièmement, ils se déplacent en petits groupes en ayant pour mission de surveiller les établissements de leurs collectivités et de prévenir les autorités concernées de toutes présences subversives. L'appellation «éclaireurs» convient davantage pour mieux rendre compte de la tâche de ces découvreurs. Des partis d'éclaireurs franco-amérindiens furent particulièrement actifs dans la région de Montréal et dans la vallée du Richelieu. Les Iroquois tenaient en quasi-permanence des groupes d'éclaireurs sur leurs territoires. Lors des grandes invasions françaises, ils sonnèrent l'alarme auprès des Iroquois qui quittèrent leurs villages avant l'arrivée des troupes. Les découvreurs effectuent une troisième forme d'espionnage en allant directement en territoire ennemi afin de rapporter des renseignements privilégiés. Cette quête d'information est souvent accompagnée par la prise de quelques prisonniers qui seront interrogés. Les Iroquois domiciliés participèrent activement à ces stratégies d'espionnage pour le compte des Français.

On note toutefois que les relations qu'entretenaient les Iroquois domiciliés avec leurs confrères de l'Iroquoisie rendaient également possible le recrutement d'espions pour leur compte, comme en témoigne l'exemple de Tiorhatarion. En plus de recruter des espions au sein des réductions, les Iroquois tentèrent d'en introduire, parfois avec succès.

Les jésuites présents en Iroquoisie ont aussi retenu notre attention. Les autorités françaises et les missionnaires eux-mêmes ne limitaient pas leur rôle à la seule sphère religieuse. Or, les «robes noires» participaient activement à la vie politique et diplomatique de leur époque et cela paraît évident dans les informations privilégiées qu'elles transmettaient aux dirigeants de la colonie. Une fois bien intégrés à une collectivité iroquoise et après avoir tissé des liens d'amitié avec des personnes influentes, les jésuites, grâce à la correspondance qu'ils entretenaient avec les autorités coloniales françaises, étaient en mesure de leur communiquer divers renseignements stratégiques sur la Chaîne d'alliance. Cette fuite d'information se faisait au détriment des Iroquois anglophiles et des dirigeants de la Nouvelle-York qui tentèrent de faire expulser les missionnaires français à plusieurs reprises.

Les ambassadeurs étaient, à l'occasion, des espions déguisés. Cette forme d'espionnage, mise en œuvre par un moyen diplomatique officiel, a surtout été privilégiée par les Iroquois. Une personne reconnue espionne ou soupçonnée d'avoir pratiqué de l'espionnage encourait des peines différentes selon qu'elle était prise par des Français ou par des autochtones. En effet, les Français avaient une politique assez flexible qui pouvait s'adapter aux circonstances alors que la mort était le sort qui attendait, dans la très grande majorité des cas, les individus accusés d'espionnage chez les Amérindiens.

La Grande Paix de Montréal marque la fin d'une époque dans les relations franco-amérindiennes. Est-ce à dire que la normalisation des rapports franco-iroquois rend désuet l'emploi des moyens stratégiques souterrains analysés dans ce livre ? Certes, le contexte change, mais les Français et les Amérindiens ne cessèrent pas d'y avoir recours après les événements de 1701. Le demi-siècle précédant la Grande Paix de Montréal offre un terrain propice, mais non exclusif à une telle étude. L'analyse des moyens stratégiques souterrains dans la première partie du XVIIIe siècle, en regard plus particulièrement de la guerre des Renards ou encore de la guerre de Sept Ans, compléterait un tableau d'ensemble permettant d'évaluer, de comparer et enfin de préciser comment leur mise en œuvre évolua dans le temps. Cet ouvrage n'inclut pas certaines nations amérindiennes comme celles de l'Acadie. D'éventuelles recherches embrassant une autre sphère géographique permettraient aussi de dégager un portrait plus complet de l'emploi de ces stratégies.

NOTES

Remerciements

1. *Histoire de l'Amérique septentrionale* [...], divisée en quatre tomes, Paris, Jean-Luc Nion et François Didot, 1722, tome III, p. 216.

Introduction

1. François de Callières, *De la manière de négocier avec les souverains, de l'utilité des négociations, du choix des ambassadeurs et des envoyez, et des qualités nécessaires pour réüssir dans ces employs*, Paris, Brunet, 1716, p. 17. Contrairement à son frère, il écrit son nom avec un « s ».
2. *Ibid.*, p. 28, 29, 85, 90, 92, 112, 178, 181, 186, 207.
3. *Ibid.*, p. 29.
4. *Ibid.*, p. 86.
5. En anglais cette alliance est désignée sous l'appellation « Covenant Chain ».
6. Richard Haan soutient toutefois que cette politique n'a pas toujours été très convaincante après 1701 ; « The Problem of Iroquois Neutrality: Suggestions for Revision », *Ethnohistory*, vol. 27, n° 4, 1980, p. 317-330.
7. Denys Delâge, « Les chrétiens des "réductions", 1667-1770. II – Rapports avec la Ligue iroquoise, les Britanniques et les autres nations autochtones », *RAQ*, vol. XXI, n° 3, 1991, p. 43.

8. Bruce G. Trigger, « The Historians' Indian : Native Americans in Canadian Historical Writing from Charlevoix to the Present », *CHR*, vol. 68, n° 3, 1986, p. 324.
9. Ken Coates, « Writing First Nations into Canadian History : A Review of Recent Scholarly Works », *CHR*, vol. 81, n° 1, 2000, p. 100.
10. Charles Howard McIlwain, dir., *An Abridgement of the Indian Affairs : Contained in Four Folio Volumes, Transacted in the Colony of New York, from the Year 1678 to the Year 1751 by Peter Wraxall*, Harvard Historical Studies n° 21, Cambridge (Massachusetts), Havard University Press, 1915.
11. Harold A. Innis, *The Fur Trade in Canada. An Introduction to Canadian Economic History*, Toronto, University of Toronto Press, 1956 [1930], 463 pages.
12. Trigger, « The Historians' Indian... », p. 325.
13. George T. Hunt, *The Wars of the Iroquois : A Study in Intertribal Trade Relations*, Madison, University of Wisconsin Press, 1960 [1940], 209 pages.
14. Voir Gilles Havard, *Empire et métissage : la naissance du Pays d'en Haut, une région franco-amérindienne, 1660-1715*, thèse de Ph. D. (Histoire), Université de Paris VII-Denis Diderot, 2000, 2 volumes, p. 150-151.
15. Trigger, « The Historians' Indian... », p. 325.
16. Voir José Antonio Brandão, *Your Fyre Shall Burn No More : Iroquois Policy toward New France and its Native Allies to 1701*, Lincoln and London, University of Nebraska Press, 1997, p. 13.
17. Voir, entre autres, Robert A. Goldstein, *French-Iroquois Diplomacy and Military Relations 1609-1701*, La Hague/Paris, Mouton, 1969, 208 pages. Ouvrage témoignant de l'influence de Hunt, Goldstein analyse les relations franco-iroquoises à partir d'un point de vue économique en cherchant à démontrer que les Iroquois faisaient la guerre pour obtenir le contrôle de la traite et s'attribuer une position d'intermédiaires. Goldstein ne consulte pas les documents en langue française. Son étude demeure limitée aux sources anglaises et aux textes français traduits dans cette langue.
18. Léo-Paul Desrosiers, *L'Iroquoisie I. 1534-1646*, Montréal, Institut de l'histoire de l'Amérique française, 1947, 351 pages.
19. Même si Desrosiers fit paraître certains chapitres des trois autres tomes sous forme d'articles dans *Les Cahiers des Dix*, ce

n'est qu'à la toute fin de la décennie 1990 que l'ensemble de l'ouvrage fut publié : Léo-Paul Desrosiers, *Iroquoisie*, Sillery, Éditions du Septentrion, 1998-1999, 4 tomes.

20. On pourra consulter les données quantitatives recueillies par Jan Grabowski, « L'historiographie des Amérindiens au Canada : quelques données et commentaires portant sur les directions de la recherche et sur les travaux en cours », *RHAF*, vol. 53, n° 4, 2000, p. 552-560.

21. Catherine Desbarats, « Essai sur quelques éléments de l'écriture de l'histoire amérindienne », *ibid.*, p. 498.

22. L'expression « dé-structuré » est empruntée à Desbarats ; *ibid.*, p. 498.

23. Jean-Paul Bernard note que les autochtones, autrefois laissés pour compte par les historiens, sont devenus des acteurs importants dans la littérature historique ; « L'historiographie canadienne récente (1964-1994) et l'histoire des peuples au Canada », *CHR*, vol. 73, n° 3, 1995, p. 349.

24. Notons leurs principaux travaux : Bruce G. Trigger, *Les Enfants d'Aataentsic. L'Histoire du peuple huron*, Montréal, Libre Expression, 1991, 972 pages ; *Les Indiens, la fourrure et les Blancs. Français et Amérindiens en Amérique du Nord*, Montréal, Boréal Express, 1992 [1985], 542 pages ; Denys Delâge, *Le Pays renversé, Amérindiens et Européens en Amérique du Nord-Est, 1600-1660*, Montréal, Boréal Express, 1985, 416 pages ; Francis Jennings, *The Invasion of America : Indians, Colonialism, and the Cant of Conquest*, Chapel Hill, University of North Carolina Press, 1975 ; *The Ambiguous Iroquois Empire : The Covenant Chain Confederation of Indian Tribes with English Colonies from its Beginnings to the Lancaster Treaty of 1744*, New York, Norton, 1984, 438 pages ; *Empire of Fortune : Crowns, Colonies, and Tribes in the Seven Years War in America*, New York, Norton, 1988, 520 pages.

25. Titre du sixième chapitre de l'ouvrage *Les Indiens…*, p. 409.

26. Desbarats, « Essai… », p. 500.

27. Daniel K. Richter, *The Ordeal of the Long-House. The People of the Iroquois League in the Era of European Colonization*, Chapel Hill/London, University of North Carolina Press, 1992, 436 pages.

28. *Ibid.*, p. 2.

29. *Ibid.*, p. 4

30. Desbarats, «Essai...», p. 506. L'objectif de Richter de construire son ouvrage à partir de l'expérience telle qu'elle est vécue de «l'autre côté de la frontière» n'est pas tout à fait inédite dans l'historiographie. D'autres historiens ont publié précédemment des études, quoique beaucoup moins volumineuses, en ayant un but similaire. On peut noter l'article de Cornelius J. Jaenen «Amerindian Views of French Culture in the Seventeenth Century», *CHR*, vol. 55, n° 3, 1974, p. 261-291 et celui de John A. Dickinson sur les événements de Carillon; «Annaotaha et Dollard vus de l'autre côté de la palissade», *RHAF*, vol. 35, n° 2, 1981, p. 163-178.

31. Cette interprétation fut reprise et développée davantage par Roland Viau. Il soutient que le besoin de faire des captifs est l'élément fondamental et central de la guerre iroquoise, mais il n'en fait pas un état permanent contrairement à Gilles Havard. Viau ne rejette pas catégoriquement l'hypothèse que les Iroquois aient pu faire la guerre pour des raisons économiques. Il soutient, par exemple, que la guerre nationale chez les Iroquois est motivée par la traite des pelleteries. Ce n'est donc pas sans raison qu'il écrit en conclusion que «la guerre iroquoienne était généralement une guerre de capture»; *Enfants du néant et mangeurs d'âmes. Guerre, culture et société en Iroquoisie ancienne*, Montréal, Boréal, 1997, p. 86 et 203. Gilles Havard, en analysant la «structure» de la guerre chez les Amérindiens et en élargissant son cadre d'analyse aux Pays d'en Haut, se fait plus nuancé en soutenant que ces mobiles économiques «s'intègrent dans une logique structurelle qui les dépasse et les sublimes»; *Empire et métissages*, vol. 1, p. 152, 154, 160-161. Denys Delâge avait aussi avancé, dans un article paru en 1991, que les raids amérindiens étaient «tout autant, sinon davantage, des guerres du deuil qui visent à remplacer les morts»; «Les Iroquois chrétiens des "réductions", 1667-1770. I- Migration et rapports avec les Français», *RAQ*, vol. XXI, n°s 1-2, 1991, p. 60.

32. Richard White, *The Middle Ground, Indians, Empire, and Republics in the Great Lakes Region, 1650-1815*, Cambridge, Cambridge University Press, 1991, 544 pages.

33. Havard, *Empire et métissages...*, 829 pages.

34. White, *The Middle Ground...*, p. 14-15; Gilles Havard, *La Grande Paix de Montréal de 1701. Les voies de la diplomatie franco-*

amérindiennes, Montréal, Recherches amérindiennes au Québec, 1992, p. 36-37, 42 (coll. Signes des Amériques).

35. Havard, *La Grande Paix...*, p. 44; Denys Delâge « L'alliance franco-amérindienne 1660-1701 », *RAQ*, vol. XIX, n° 1, 1989, p. 14; Daniel K. Richter, « Iroquois Versus Iroquois: Jesuit Missions and Christianity in Village Politics, 1642-1686 », *Ethnohistory*, 32, n° 1, 1985, p. 1-16; *The Ordeal of the Long-House...*, p. 105-161; Jennings, *The Ambiguous Iroquois Empire...*, p. 176-177.

36. Havard, *La Grande Paix...*, p. 40-47.

37. William N. Fenton, « Northern Iroquoian Culture Patterns » dans Bruce G. Trigger, dir., *Northeast*, vol. 15: *HNAI*, Washington, Smithsonian Institution, 1978, p. 296-321; « Structure, Continuity, and Change in the Process of Iroquois Treaty Making » dans Francis Jennings, dir., *The History and Culture of Iroquois Diplomacy. An Interdisciplinary Guide to the Treaties of the Six Nations and Their League*, Syracuse, Syracuse University Press, 1985, p. 99-114; Francis Jennings, « Iroquois Alliance in American History » dans *ibid.*, p. 37-65; Daniel K. Richter, « Cultural Brokers and Intercultural Politics New York-Iroquois Relations, 1664-1701 » *JAH*, vol. LXXV, n° 1, 1988, p. 4-67; Guislaine Lemay, *Le Protocole diplomatique dans la signature de traités de paix entre Français et Iroquois aux* XVIIe *et* XVIIIe *siècles (1641-1701)*, mémoire de M. Sc. (Anthropologie), Université de Montréal, 1998, 128 pages.

38. André Vachon, « Colliers et ceintures de porcelaine chez les Indiens de la Nouvelle-France », *CD*, vol. 35, 1970, p. 251-278; « Colliers et ceintures de porcelaine dans la diplomatie indienne », *ibid.*, vol. 36, 1971, p. 179-192; Georges S. Snyderman, « The Functions of the Wampum », *PAPS*, vol. 98, n° 6, 1954, p. 469-494; Michael K. Foster, « Another Look at the Function of Wampum in Iroquois-White Councils » dans Francis Jennings, dir., *The History and Culture...*, p. 99-114. Notons que les sources françaises emploient le terme « porcelaine ».

39. Cornelius J. Jaenen, « The Role of Presents in French-Amerindian Trade », dans D. Cameron, *Explorations in Canadian Economic History. Essays in Honour of Irene M. Spry*, University of Ottawa, 1985, p. 231-250; « Glossary of Figures of Speech in Iroquois Political Rhetoric » dans Francis Jennings, dir., *The*

History and Culture..., p. 115-124; Havard, *La Grande Paix...*, p. 30-31 ; Delâge, « L'alliance... », p. 3-4.

40. Cette situation est particulièrement évidente dans la littérature francophone récente : Jean-Marie Therrien, *Parole et pouvoir. Figure du chef amérindien en Nouvelle-France*, Montréal, Éditions de l'Hexagone, 1986, p. 137-171 (coll. Positions anthropologiques) ; Havard, *La Grande Paix...*, p. 11-19 ; Rémi Savard, *L'Algonquin Tessouat et la fondation de Montréal. Diplomatie franco-amérindienne en Nouvelle-France*, Montréal, Éditions de l'Hexagone, 1996, p. 114-141 ; Jean-Pierre Sawaya, *La Fédération des Sept Feux de la vallée du Saint-Laurent, XVIIe-XIXe siècle*, Sillery, Éditions du Septentrion, 1998, p. 101-135 ; Daniel St-Arnaud, *Pierre Millet en Iroquoisie au XVIIe siècle. Le sachem portait la soutane*, Sillery, Éditions du Septentrion, 1998, p. 96-105.

41. Havard, *Empire et métissages...*, vol. 1, p. 411-418. Un article paru en 2001 en reprend l'essentiel ; Gilles Havard, « " Des esprits à soi " : les chefs dans les alliances franco-amérindiennes du Pays d'en Haut (1660-1715) », *RAQ*, vol. XXXI, n° 2, 2001, p. 67-77.

42. Havard, *La Grande Paix...*, p. 153.

43. Gregory Evans Dowd, « The French King Wakes Up in Detroit : " Pontiac's War " in Rumor and History », *Ethnohistory*, vol. 37, n° 3, 1990, p. 254-278.

44. Micheline Dumont-Johnson, *Apôtres ou agitateurs. La France missionnaire en Acadie*, Trois-Rivières, Boréal Express, 1970, p. 130 (collection 17-60).

45. Il en ressort essentiellement que les missionnaires, afin de pousser les Amérindiens à attaquer les Anglais « infidèles », assimilaient leurs entreprises guerrières à une croisade ; *ibid.*, p. 122 et 130.

46. Louise Tremblay, *La Politique missionnaire des sulpiciens au XVIIe et au début du XVIIIe siècle, 1668-1735*, mémoire de M. A. (Histoire), Université de Montréal, 1980, p. 70-71.

47. Denys Delâge, « Les Iroquois... » , p. 40-41, 43.

48. St-Arnaud, *Pierre Millet...*, p. 103.

49. White n'indique toutefois pas quand eut lieu exactement cet événement ; *The Middle Ground...*, p. 5.

50. Richter, *The Ordeal of the Long-House...*, p. 37.

51. Havard, *La Grande Paix...*, p. 18.

52 Savard, *L'Algonquin Tessouat...*, p. 147. Delâge ajoute que les officiers français pouvaient également remplir ce rôle; «L'alliance...», p. 13.
53. On peut aussi noter l'étude de D. Peter MacLeod sur l'espionnage anglais à Québec pendant les années 1759-1760. Toutefois, son article n'aborde pas les relations franco-amérindiennes et se situe bien au-delà de la période étudiée dans le présent ouvrage; «Treason at Quebec: British Espionage in Canada during the Winter of 1759-1760», *CMH*, vol. 2, n° 1, 1993, p. 49-62.

Chapitre I
Géopolitique du continent Nord-Est américain dans la deuxième moitié du XVIIe siècle

1. Trigger, *Les Enfants d'Aataentsic...*, p. 220-221.
2. *Ibid.*, p. 242. Voir aussi Cornelius J. Jaenen, *Les Relations franco-amérindiennes en Nouvelle-France et en Acadie*, Ottawa, Direction générale de la recherche, Affaires indiennes et du Nord, gouvernement du Canada, 1985, p. 130; Delâge, *Le Pays renversé...*, p. 106.
3. Trigger précise que «la visite d'Atironta à Québec en 1616, qui suivit immédiatement le voyage de Champlain en pays huron, semble avoir été inscrite dans la mémoire des Arendarhonons comme le témoignage d'une alliance formelle conclue entre leur peuple et les Français»; *Les Enfant d'Aataentsic...*, p. 242. Dans la culture amérindienne, les alliances sont d'abord temporaires et doivent être, par conséquent, renouvelées périodiquement. De telles ententes ne sont pas toujours des garanties solides quant au maintien de relations pacifiques. Les alliances et les accords de paix ne paraissent pas inviolables et peuvent être brisés facilement puisqu'ils cèdent, selon Havard, «souvent le pas devant la priorité ontologique de la guerre»; *Empire et métissages...*, vol. 1, p. 154.
4. Havard, *La Grande Paix...*, p. 32.
5. Au cours de cette même période, les Iroquois étaient impliqués dans des conflits avec plusieurs nations amérindiennes de

la côte est, notamment les Andastes. On comprendra que cette conjoncture était favorable à une expansion française ; Olive Patricia Dickason, *Les Premières Nations du Canada depuis les temps les plus lointains jusqu'à nos jours*, Sillery, Éditions du Septentrion, 1996, p. 146.

6. La puissance militaire combinée des nations de l'Ouest représente une force indispensable à la Nouvelle-France dans sa lutte d'épuisement contre la Confédération iroquoise : « Ils en sont le soûtien & le bouclier, ce sont eux qui tiennent les Iroquois en bride dans tous leurs partis de Chasse qu'ils sont obligez de faire hors de chez eux pour pouvoir subsister. Bien plus ils portent jusques dans le centre de leur païs le fer & le feu » ; Claude-Charles Le Roy dit Bacqueville de La Potherie, *Histoire de l'Amérique septentrionale* [...], divisée en quatre tomes, Paris, Jean-Luc Nion et François Didot, 1722, tome III, p. 262.

7. Reuben Gold Thwaites, dir., *The Jesuit Relation and Allied Documents : Travels and Explorations of the Jesuit Missionairies in New-France, 1610-1791. The Original French, Latin, and Italian Texts, with English Translations and notes ; illustrated by Portraits, Maps, and Facsimilies*, Cleveland, The Burrows Brothers, 1896-1901, tome LIV, p. 184.

8. La Potherie, *Histoire...*, tome II, p. 102.

9. *Ibid.*, tome III, p. 94.

10. François-Xavier de Charlevoix, *Histoire et description générale de la Nouvelle-France avec le journal historique d'un voyage fait par ordre du Roi dans l'Amérique septentrionale*, Ottawa, Éditions Élysée, 1976, tome I, p. 446.

11. La Potherie, *Histoire...*, tome II, p. 87 ; Thwaites, dir., *The Jesuit Relations...*, tome LIV, p. 224.

12. AC Série *C*[11]*A*, Anonyme, *Memoire sur les affaires du Canada 1696*, 1696, vol. 14, f. 307.

13. Joseph-François Lafiteau, *Mœurs des sauvages américains comparées aux mœurs des premiers temps*, Paris, François Maspero/La Découverte, 1983, tome I, p. 103.

14. White, *The Middle Ground...*, p. 15.

15. Louis-Armand de Lom d'Arce, baron de Lahontan, *Œuvres complètes*, éd. critique par Réal Ouellet et Alain Beaulieu, Montréal, Les Presses de l'Université de Montréal, 1990, tome I, p. 617 (coll. Bibliothèque du Nouveau Monde).

16. AC Série $C^{11}A$, Lamothe Cadillac, *Relation*, 1694, vol. 13, f. 151.

17. La culture martiale autochtone contribue à favoriser le maintien de rapports conflictuels entre nations. La guerre est une activité hautement valorisée et contribue grandement au prestige des hommes tout en leur permettant d'être reconnus socialement. On comprendra que cette réalité culturelle rend plus difficile l'établissement de rapports diplomatiques stables et normalisés à la fois entre Amérindiens et entre Français et autochtones. En se référant aux travaux de Clastes, Havard affirme que «l'instabilité des indiens [...] exprime tout simplement le fait que la guerre prime l'alliance»; *Empire et métissages...*, vol. 1, p. 154. Il devient dès lors très difficile, voire impossible, de pacifier l'ensemble d'une région, notamment l'espace géographique des Pays d'en Haut. Sur la culture guerrière des Amérindiens, voir Lafiteau, *Mœurs des sauvages...*, tome II, p. 6 et 15; Antoine-Denis Raudot, *Relation par lettres de l'Amérique septentrionale 1709-1710*, texte édité et présenté par Camille de Rochemonteix, Paris, Letourney et Ané, éditeurs, 1904, p. 155; La Potherie, *Histoire...*, tome II, p. 222; Havard, *Empire et métissages...*, vol. 1, p. 152-162.

18. AC Série $C^{11}A$, Frontenac à Colbert, Québec, 6 novembre 1679, vol. 5, f. 8 et 9; AC Série $C^{11}A$, Denonville à Seignelay, Québec, 3 septembre 1685, vol. 7, f. 66; AC Série $C^{11}A$, Denonvile, *Memoire concernant l'estat du Canada, et les mesures que l'ont peut prendre pour la seureté du pays*, 12 novembre 1685, vol. 7, f. 183; AC Série $C^{11}A$, Champigny, *Relation d'événements survenus en 1684 et 1695*, 1695, vol. 14, f. 88; AC Série $C^{11}A$, Anonyme, *relation de ce qui s'est passé de plus remarquable en Canada depuis le depart des vaisseaux 1696. jusqu'à ceux de l'autonne de l'année suivante 1697*, 1697, vol. 15, f. 6 et 7; La Potherie, *Histoire...*, tome II, p. 72, 154, 191, 290, tome III, p. 298, 336.

19. La Potherie, *Histoire...*, tome II, p. 118-119.

20. *Ibid.*, tome II, p. 103 et 281.

21. Jacques Rousseau et George W. Brown, «Glossaire des noms de tribus indiennes» dans George W. Brown *et al.*, dir., *DBC*, Sainte-Foy, Les Presses de l'Université Laval, 1967, vol. I, p. 16.

22. Havard ajoute que cette ligue n'avait rien de commun avec la Confédération iroquoise et qu'elle demeurait une structure fragile ; *Empire et métissages...*, vol. 1, p. 145-147.
23. La Potherie, *Histoire...*, tome II, p. 166. Cette alliance entre les Outaouais et les Sauteurs aurait permis aux Sioux d'avoir accès à la marchandise française ; *ibid.*, tome II, p. 62.
24. *Ibid.*, tome II, p. 220.
25. *Ibid.*, tome IV, p. 30.
26. AC Série $C^{11}A$, Callière à Phélypeaux, Québec, 15 octobre 1697, vol. 15, f. 151. Par conséquent, les quatre nations outaouaises voulurent se ranger du côté des Sauteurs pour leur venir en aide dans un conflit les opposant aux Miamis ; AC Série $C^{11}A$, Anonyme, *Relation de ce qui s'est passé de plus remarquable en Canada depuis le depart des vaisseaux 1696. jusqu'à ceux de l'autonne de l'année suivante 1697*, 1697, vol. 15, f. 13.
27. La Potherie, *Histoire...*, tome II, p. 303.
28. AC Série $C^{11}A$, Denonville, *Memoire de l'estat present des affaires de Canada et des necessitez de faire la guerre l'an prochain aux Iroquois*, Québec, 8 novembre 1686, vol. 8, f. 128. Le gouverneur général ne précise pas quelles sont les autres nations de la baie des Puants.
29. Charlevoix, *Histoire...*, tome I, p. 488. Par ailleurs, les décisions politiques des nations autochtones n'en restent pas moins fragiles, en raison de l'absence de pouvoir coercitif. En effet, le pouvoir est davantage horizontal que vertical dans les sociétés amérindiennes. Les chefs se font bien plus obéir par la persuasion que par une autorité hiérarchique. À l'opposé, la « jeunesse » obéit davantage parce qu'elle s'est faite prier plutôt parce qu'elle a été commandée. L'absence d'une structure de pouvoir hiérarchisée chez les autochtones ne contribue guère à favoriser l'établissement de relations diplomatiques stables entre acteurs. Voir les témoignages suivants ; La Potherie, *Histoire...*, tome II, p. 361 ; Raudot, *Relation par lettres...*, p. 83 et 189, François-Xavier de Charlevoix, *Journal d'un voyage fait par ordre du roi dans l'Amérique septentrionale*, éd. critique par Pierre Berthiaume, Montréal, Presses de l'Université de Montréal, 1994, tome I, p. 476 (coll. Bibliothèque du Nouveau Monde) ; Lafiteau, *Mœurs des sauvages...*, tome II, p. 10 et 83 ; Nicolas Perrot, *Mémoire sur les mœurs, coutumes et relligion des sauvages de*

l'Amérique septentrionale, J. Tailhan, dir., East Ardsley, New York, The Hague, S. R. Publischers Limited, Johnson Reprint Corporation, Mouton & Co. N. V., 1968, p. 78 (coll. Canadiana avant 1867) ; L'abbé de Gallinée, « Récit de ce qui s'est passé de plus remarquable dans le voyage de MM. Dollier et Gallinée (1669-1670) », dans Pierre Margry, *Découvertes et établissements des Français dans l'ouest et dans le sud de l'Amérique septentrionale 1614-1698.* Mémoires et documents inédits recueillis et publiés par Pierre Margry, vol. 1 : *Voyages des Français sur les Grands Lacs et découverte de l'Ohio et du Mississipi (1614-1684)*, Paris, Maisonneuve et Cie, Libraires-éditeurs, 1879-1888, p. 123-124. Voir aussi Havard, *Empire et métissages...*, vol. 1, p. 156-158 ; Delâge, « L'alliance... », p. 14.

30. La Potherie, *Histoire...*, tome II, p. 203.

31. Perrot, *Mémoire...*, p. 84-85.

32. Voir, entre autres, La Potherie, *Histoire...*, tome II, p. 137, 234-235, 312, tome III, p. 263 ; Charlevoix, *Histoire...*, tome I, p. 461 ; Thierry Beschefer, « Lettre au R. P. Provincial de la province de France. Quebec, 21 octobre 1683 » dans Thwaites, dir., *The Jesuit Relations...*, tome LXII, p. 210.

33. Pour connaître les nations faisant partie de cette confédération, voir Jacques Rousseau et George W. Brown, « Glossaire des noms... » dans G. Brown *et al.*, dir., *DBC*, vol. I, p. 13.

34. AC Série *C^11^A*, Callière à Phélypeaux, Montréal, 27 octobre 1695, vol. 13, f. 384. Cette alliance plus formelle faisait suite à une série d'ententes ou de traités qui étaient renouvelés périodiquement ; La Potherie, *Histoire...*, tome II, p. 219.

35. AC Série *C^11^A*, Marquis de Denonville, *Memoire de l'estat present des affaires de Canada sur la guerre des Iroquois*, 27 octobre 1687, vol. 9, f. 123.

36. AC Série *C^11^A*, Hazeur, La Chesnaye, Gobin, Marcard, Riverin, Pinaud, Martin de Lino, Dupont, Le Picard, Perthuis, Berry, Hubert, *Memoire sur l'etat présent de la ferme des castors*, 10 octobre 1698, vol. 16, f. 233. L'établissement de relations économiques était une condition *sine qua non* à la formation d'une alliance. Trigger précise à cet effet « qu'il est faut de croire que des partenaires commerciaux étaient toujours tenus de s'entraider militairement ». Cependant, Trigger appuie son argumentation à partir de la situation géopolitique qui régnait en Amérique

du Nord à l'époque de Champlain. Selon le contexte de lutte impériale que connaît la seconde moitié du XVIIe siècle, il est peu probable que les Français seraient demeurés à l'abri d'insultes militaires, voire d'une guerre ouverte, de la part des nations amérindiennes dans la perspective d'un renversement des alliances; *Les Indiens, la fourrure et les Blancs...*, p. 261.

37. AC Série $C^{11}A$, Anonyme, *Mémoire. Remarques sur ce qui paroist important au service du Roy pour la conservation de la Nouvelle France*, 1689, vol. 10, f. 331. Charlevoix affirme même que «si ces peuples [les nations alliées aux Français] s'étoient une fois joints aux Iroquois et aux Anglois, une seule campagne auroit suffi pour obliger tous les François à sortir du Canada»; *Histoire...*, tome II, p. 161.

38. *Ibid.*, tome II, p. 443.

39. Les instructions données à Perrot et à Louvigny, alors que ce dernier prend le commandement du poste de Michillimakinac, sont éloquentes à cet égard; La Potherie, *Histoire...*, tome III, p. 74. Évoquant l'éventuel abandon de Michillimakinac, une relation anonyme mentionne que «dès que nous cesserions d'avoir communication avec eux [les Amérindiens des Grands Lacs], quels chefs pourions nous gagnier? Quelles intrigues descouvririons nous et comment pouvoir de trois cent livres detourner l'execution de leurs mauvais desseins»; AC Série $C^{11}A$, Anonyme, *Relation de ce qui s'est passé de plus remarquable en Canada depuis le depart des vaisseaux de 1695. jusques au commencement de novembre 1696*, 1696, vol. 14, f. 44. La pertinence des postes de l'Ouest s'inscrit dans une perspective autant économique que politique.

40. AC Série $C^{11}A$, Frontenac et Champigny à Phélypeaux, Québec, 5 novembre 1694, vol. 13, f. 20.

41. AC Série *B*, Anonyme, *Instruction pour le sieur de Gaudais s'en allant de la part du Roy au Canada*, 1er mai 1663, Paris, vol. 1, f. 94.

42. AC Série $C^{11}A$, Anonyme, *Mémoire sur les Iroquois*, La Rochelle, 22 janvier 1663, vol. 2, f. 36; AC Série $C^{11}A$, Anonyme, *Pour repondre au memoire cy joinct*, 1664, vol. 2, f. 94 (voir: AC Série $C^{11}A$, Anonyme, *Memoire. Pour le secours qu'il plaist au Roy donner au Canada l'an 1664*, 1664, vol. 2, f. 97-99); AC Série $C^{11}A$, Anonyme, Québec, 12 juillet 1666, vol. 2, f. 234.

43. AC Série *B*, *Memoire du Roy pour servir d'instruction au sieur de Talon s'en allant intendant de la justice, police & finance dans la Nouvelle France*, 27 mars 1665, Paris, vol. 1, f. 78.

44. AC Série $C^{11}A$, Anonyme, *Estat des affaires du Canada en l'année 1665 qui sont à regler par la Compagnie*, vol. 2, f. 174.

45. AC Série $C^{11}A$, *Mémoire de Talon à Tracy et Courcelles*, Québec, 1er septembre 1666, vol. 2, f. 208 et 209. Voir aussi AC Série $C^{11}A$, *Colbert à Jean Talon*, Saint-Germain-en-Laye, 5 avril 1667, vol. 2, f. 291.

46. Lahontan, *Œuvres*…, tome I, p. 625. Voir aussi Havard, *La Grande Paix*…, p. 41.

47. AC Série $C^{11}A$, Callière à Phélypeaux, Montréal, 19 octobre 1694, vol. 13, f. 108.

48. Voir, entre autres, AC Série $C^{11}A$, La Barre à Louis XIV, Québec, 4 octobre 1682, vol. 6, f. 66 ; AC Série $C^{11}A$, de Meulles à Seignelay, Québec, 4 novembre 1683, vol. 6, f. 194 ; AC Série $C^{11}A$, La Barre à Seignelay, Québec, 5 juin 1684, vol. 6, f. 280 ; AC Série $C^{11}A$, Jacques Duchesneau, *Memoire concernant quelques eclaircissements demandez par M. les Interessez dans la ferme. Canada*, 3 août 1684, vol. 6, f. 491 ; AC Série $C^{11}A$, Denonville, *Memoire concernant l'estat present du Canada, et les mesures que l'on peut prendre pour la seureté du pays*, 12 novembre 1685, vol. 7, f. 182 ; AC Série $C^{11}A$, Anonyme, *Memoire sur les affaires du Canada 1696*, 1696, vol. 14, f. 307 ; AC Série $C^{11}A$, Champigny à Phélypeaux, Québec, 18 août 1696, vol. 14, f. 184 ; AC Série $C^{11}A$, Seignelay, *Mémoire, Projet pour la guerre à faire aux Iroquois*, 8 mai 1688, vol. 10, f. 44 ; AC Série *B*, Louis XIV à Frontenac et Champigny, *Mémoire au sujet des affaires générales du Canada*, Versailles, 26 mai 1696, vol. 19, f. 86.

49. Havard, *La Grande Paix*…, p. 41.

50. Charlevoix, *Histoire*…, tome I, p. 436.

51. AC Série $C^{11}A$, Duchesneau à Colbert, Québec, 1 octobre 1679, vol. 5, f. 26.

52. AC Série *B*, Louis XIV à La Barre, *Instruction que le Roy veut estre mise es mains du sieur de La Barre choisy par Sa Majesté pour gouverneur et son lieutenant en la Nouvelle France*, Versailles, 10 mai 1682, vol. 8, f. 102.

53. AC Série *B*, Louis XIV à Frontenac, *Instruction pour le sieur Comte de Frontenac gouverneur et lieutenant general pour le Roy*

dans les pays de la domination de Sa Majesté en l'Amerique septentrionalle, Versailles, 7 juin 1689, vol. 15, f. 79.

54. AC Série $C^{11}A$, le Roi à Duchesneau, Versailles, 30 avril 1681, vol. 5, f. 335. Cela est sans mentionner l'apport militaire important que représentent les Iroquois domiciliés.

55. AC Série $C^{11}A$, Duchesneau à Seignelay, *Memoire pour faire connoistre à Monseigneur les nations sauvages desquelles nous tirons nos pelleteries, leurs interests, les nostres et l'estat dans lequel se trouvent presentement ces nations, avec une petitte description du pays qu'habittent les Anglois et de l'Accadie, qui en est voisine*, Québec, 13 novembre 1681, vol. 5, f. 308. Le maintien de la bonne entente au sein des nations de l'Ouest ne pouvait, par ailleurs, que favoriser le commerce français.

56. Cette stratégie est particulièrement évidente chez Frontenac qui redoute les grandes expéditions en territoire iroquois et qui mise davantage sur le harcèlement des nations des Pays d'en Haut; AC Série $C^{11}A$, Frontenac à Phélypeaux, Québec, 4 novembre 1695, vol. 13, f. 287.

57. La paix de 1701 rendait dès lors possible l'établissement de liens commerciaux entre les Iroquois et les nations de l'Ouest. Cependant, les Français ne l'entendaient pas ainsi et c'est à partir de Détroit nouvellement fondé qu'ils chercheront à contrer une telle politique. Havard soutient qu'en réagissant aux Français, ces derniers les empêchant d'établir des liens commerciaux avec les autochtones des Grands Lacs, les Cinq-Nations auraient pu engendrer une guerre qui, cette fois-ci, leur aurait été fatale. La politique d'affaiblissement des Français porte fruit. En 1701, au lendemain de la Grande Paix de Montréal, des possibilités commerciales dans l'Ouest s'offrent aux Iroquois, mais ces derniers n'ont pas l'appui militaire nécessaire pour les saisir. Le fort Frontenac, Détroit et Montréal sont cependant ouverts à la traite avec les Iroquois puisqu'à ce moment la position des Français en tant qu'intermédiaires n'est pas remise en question; *La Grande Paix...*, p. 173.

58. AC Série $C^{11}A$, bureaux de la Marine, *Commerce du castor de Canada*, février 1695, vol. 13, f. 405.

59. AC Série $C^{11}A$, Anonyme, 3 septembre 1700, vol. 18, f. 84 et 85.

60. Jean Talon, « Deuxième extrait d'une lettre de Jean Talon au Roy » dans Margry, *Découvertes et établissements...*, vol 1 : *Voyages*

des Français..., p. 100. Voir aussi Thwaites, dir., *The Jesuit Relations...*, tome LII, p. 196.

61. AC Série $C^{11}A$, Anonyme, *Voyage de Monsieur le Comte de Frontenac au lac Ontario en 1673*, 1673, vol. 4, f. 19.

62. À titre d'exemples, les Mascoutins demandent à Nicolas Perrot d'être médiateur dans la paix qu'ils veulent faire avec les Sioux; La Potherie, *Histoire...*, tome II, p. 186; ou, encore, un chef outagamis demande également à un commandant français de négocier la paix avec les Sioux; *ibid.*, tome II, p. 219.

63. Les Français sont les médiateurs d'un conflit qui oppose les Outagamis aux Sauteurs; *ibid.*, tome II, p. 151.

64. Anonyme, «Autre conseil entre les mêmes nations dans le fort du Détroit», dans Margry, *Découvertes et établissements...*, vol. 5: *Première formation d'une Chaîne de postes entre le fleuve Saint-Laurent et le golfe du Mexique (1683-1724)*, p. 280; Havard, *La Grande Paix...*, p. 167.

65. Thwaites, dir., *The Jesuit Relations...*, tome LIII, p. 48; Anonyme, «Paroles de Alleouoyé, Huron envoyé par les Outaouas à M. de Lamothe», dans Margry, *Découvertes et établissements...*, vol. 5: *Première formation...*, p. 269.

66. AC Série $C^{11}A$, La Potherie à Ponchartrain, Québec, 16 octobre 1700, vol. 18, f. 157. Peu de temps après avoir succédé à Frontenac, Callière prétend, en s'adressant à des ambassadeurs iroquois, que Montréal a toujours rempli ce rôle: «le feu des affaires est allumé de tout temps à Montréal, & que c'est où les Députés de chaque Nation doivent s'assembler [s'ils veulent obtenir une paix générale avec l'alliance franco-amérindienne]». La Grande Paix de 1701 permettrait alors, du moins dans l'esprit des Français, de confirmer ce statut à Montréal; La Potherie, *Histoire...*, tome IV, p. 120.

67. Marcel Trudel, *Histoire de la Nouvelle-France*, tome IV: *La seigneurie de la Compagnie des Indes occidentales, 1663-1674*, Montréal, Fides, 1997, p. 201-202. Trudel ajoute que le territoire concerné demeurait vague et que cette prise de possession fut notariée afin de servir de preuve dans d'éventuelles négociations internationales.

68. William. J. Eccles, *The Canadian Frontier, 1534-1760*, New York, Holt, Rinehart and Winston Inc., 1969, p. 106.

69. Richard White précise à ce sujet: «What si clear is that, socially and politically, this was a village world [...]. Nothing

resembling a state existed in the pays d'en haut. The entities that the French called nations, and which were later called tribes, thus had only the most circumscribed political standing»; *The Middle Ground...*, p. 16; Voir également Havard, *Empire et métissage...*, vol. 1, p. 144.

70. La Potherie, *Histoire...*, tome III, p. 244. Voir également *ibid.*, p. 263; tome IV, p. 36; tome IV, p. 96; AC Série *C*[11]*A*, Frontenac à Phélypeaux, 12 novembre 1690, vol. 11, f. 88.

71. AC Série *C*[11]*A*, Denonville à Seignelay, *Memoire concernant le Canada*, janvier 1690, vol. 11, f. 192. Voir aussi; AC Série *C*[11]*A*, Denonville, *Projet de Monsieur de Denonville pour l'entreprise de la Nouvelle York*, 1689, vol. 10, f. 201.

72. Aubert de La Chesnaye, «Extrait d'un mémoire d'Aubert de La Chesnaye, 1697», dans Margry, *Découvertes et établissements...*, vol. 6: *Exploration des affluents du Mississipi et découverte des montagnes rocheuses (1679-1754)*, p. 3. Les Outagamis auront eux aussi la préoccupation d'empêcher les Français d'aller au-delà de leurs territoires pour commercer. S'il faut en croire les propos de La Potherie, ces derniers «s'étoient vantez de nous [les Français] en fermer le passage»; *Histoire...*, tome II, p. 211.

73. Sur la volonté des Outaouais d'être les intermédiaires dans le commerce, voir AC Série *C*[11]*A*, Frontenac à Colbert, 9 octobre 1679, vol. 5, f. 5; AC Série *C*[11]*A*, Duchesneau au ministre, Québec, 10 novembre 1679, vol. 5, f. 33 et 54; AC Série *F*[3], *Proces verbal de Monsieur Du Chesneau*, août 1680, vol. 2, f. 65; AC Série *C*[11]*A*, Duchesneau à Seignelay, *Memoire pour faire connoistre à Monseigneur les nations sauvages desquelles nous tirons nos pelleteries, leurs interests, les nostres et l'estat dans lequel se trouvent presentement ces nations, avec une petitte description du pays qu'habittent les Anglois et de l'Accadie, qui en est voisine*, 13 novembre 1681, vol. 5, f. 307; Richard White soutient que la volonté de certaines nations amérindiennes de jouer un rôle intermédiaire dans le commerce n'est pas vraiment fondée; *The Middle Ground...*, p. 110-111. Toutefois, son argumentation est en contradiction avec la correspondance officielle qui mentionne, à plusieurs reprises dans la seconde moitié du XVIIe siècle, que les nations de l'Ouest, surtout les Outaouais, défendent jalousement leur position d'intermédiaires et que certaines d'entre elles viennent annuellement en traite à Montréal. L'inter-

prétation de White s'inscrit, par ailleurs, en opposition avec l'historiographie. Voir, entre autres, Havard, *La Grande Paix...*, p. 43 ; Delâge, « L'alliance... », p. 13-14 ; Tremblay, *La Politique missionnaire...*, p. 6. Louise Dechêne précise que les Amérindiens descendent plus irrégulièrement après 1680, mais la foire annuelle de Montréal se maintient jusqu'au début du XVIIIe siècle ; *Habitants et marchands de Montréal au XVIIe siècle*, Boréal, Montréal, 1988, p. 31.

74. La Potherie, *Histoire...*, tome II, p. 216. Voir aussi *ibid.*, tome II, p. 62.

75. Si les sources nous rapportent l'existence de ces conflits, elles sont néanmoins peu loquaces quant aux motivations qui animent les Sioux dans leurs entreprises guerrières. Notons leurs conflits avec les Outagamis ; *ibid.*, tome II, p. 257 ; tome III, p. 303 ; AC Série *C11A*, Champigny, *Relation d'événements survenus en 1694 et 1695*, 1695, vol. 13, f. 229 ; avec les Outagamis et les Sakis ; La Potherie, *Histoire...*, tome II, p. 323 ; avec les Outagamis et les Mascoutins ; AC Série *C11A*, Champigny, *Relation d'événements survenus en 1694 et 1695*, 1695, vol. 13, f. 232 ; avec les Miamis ; La Potherie, *Histoire...*, tome II, p. 179 et 351 ; tome III, p. 304 ; tome IV, p. 53 ; avec les Illinois ; *ibid.*, tome II, p. 191 ; situation tendue avec les Hurons qui s'apprêtent à aller en guerre contre eux ; *ibid.*, tome IV, p. 50.

76. Champigny accuse Le Sueur d'avoir été porté des armes et des munitions chez les Sioux avec pour résultat qu'ils sont rentrés en guerre contre des nations avec lesquelles ils avaient entretenu des rapports pacifiques ; AC Série *C11A*, Champigny à Phélypeaux, Québec, 14 octobre 1698, vol. 16, f. 112.

77. La Potherie, *Histoire...*, tome II, p. 180 et 194 ; tome III, p. 187 et 308.

78. *Ibid.*, tome II, p. 259 ; AC Série *C11A*, Anonyme, *Relation de ce qui s'est passé en Canada depuis le mois de septembre 1692 jusques au depart des vaisseaux en 1693*, 1693, vol. 12, f. 203 et 204 ; AC Série *C11A*, Champigny à Phélypeaux, Québec, 13 octobre 1697, vol. 15, f. 129.

79. La Potherie, *Histoire...*, tome II, p. 245. On évoque même la possibilité de massacrer les Français en route vers le pays des Sioux. Les Outagamis et les Mascoutins firent cette promesse aux Outaouais afin de s'attirer leur amitié ; *ibid.*, tome II, p. 244.

80. AC Série $C^{11}A$, Bureaux de la Marine, *Commerce du Castor de Canada*, février 1695, vol. 13, f. 405. Voir aussi AC Série *B*, Louis XIV à Frontenac et Champigny, *Mémoire au sujet des affaires générales du Canada*, Versailles, 26 mai 1696, vol. 19, f. 85.
81. AC Série $C^{11}A$, Callière à Phélypeaux, Montréal, 27 octobre 1695, vol. 13, f. 384 et 385.
82. En 1697, Frontenac promet à certains chefs de la région des Grands Lacs que les Français ne porteront plus de poudre et de fer chez les Sioux. Cependant, cette promesse arrive bien tard et nous sommes en droit de nous demander si les Français avaient les moyens et les ressources nécessaires pour enrayer ce problème ; AC Série $C^{11}A$, Anonyme, *Relation de ce qui s'est passé de plus remarquable en Canada depuis le depart des vaisseaux 1696. jusqu'à ceux de l'autonne de l'année suivante 1697*, 1697, vol. 15, f. 18.
83. La Potherie, *Histoire…*, tome II, p. 201, 231, 295 ; tome III, p. 260 ; Charlevoix, *Histoire…*, tome I, p. 535.
84. AC Série $C^{11}A$, Anonyme, *Extrait des lettres de Canada*, 1693, vol. 12, f. 348. Comportement similaire, selon La Potherie, de la part des nations de la baie des Puants qui étaient empressées de s'unir aux Iroquois ; *Histoire…*, tome II, p. 318 ; Les Miamis avaient même l'intention d'attirer les Anglais chez eux ; AC Série $C^{11}A$, Anonyme, *Extrait des lettres de Canada*, 1693, vol. 12, f. 342.
85. AC Série $C^{11}A$, Denonville à Seignelay, Québec, 10 novembre 1686, vol. 8, f. 135.
86. AC Série $C^{11}A$, Denonville à Seignelay, *Memoire instructif de l'estat des affaires de la Nouvelle France et de la conduitte de Denonville depuis la campagne derniere 1687*, 10 août 1688, vol. 10, f. 67.
87. AC Série $C^{11}A$, Louvigny à Champigny, *Requête*, 12 septembre 1700, vol. 18, f. 259.
88. Peu avant l'établissement du fort qui portera son nom, Frontenac avait été mis au courant du traité que négociaient les Outaouais avec les Iroquois ; AC Série $C^{11}A$, Anonyme, *Voyage de Monsieur le Comte de Frontenac au lac Ontario en 1673*, 1673, vol. 4, f. 12. Quelques années avant la Grande Paix de Montréal, les Hurons et les Outaouais entretenaient toujours des négocia-

tions avec les Cinq-Nations ; AC Série $C^{11}A$, Callière à Phélypeaux, Québec, 15 octobre 1697, vol. 15, f. 151 ; AC Série $C^{11}A$, Frontenac à Champigny, Québec, 19 octobre 1697, vol. 15, f. 39.

89. La Potherie ne précise pas exactement à quel moment les Outaouais tentèrent d'exécuter ce projet. Il ne mentionne pas non plus quelles sont les autres nations du Sud ; *Histoire...*, tome II, p. 243 et 271.

90. *Ibid.*, tome III, p. 60.

91. C'est seulement lorsque Le Baron quitte Michillimakinac pour s'établir près d'Albany que les francophiles prennent dans l'Ouest une certaine ascendance sur la faction pro-iroquoise. Toutefois, cet événement ne survient qu'en 1697 ; Charlevoix, *Histoire...*, tome II, p. 213.

92. À titre d'exemples, en 1697, lorsque Le Baron s'attacha à convaincre les Hurons d'aller s'établir dans la Nouvelle-York, Kondiaronk s'opposa à sa politique et réussit à défaire ce projet. Au cours de la même année, Le Baron tenta de créer un rapprochement diplomatique avec les Iroquois, Kondiaronk s'opposa à nouveau au projet du chef pro-iroquois ; Charlevoix, *Histoire...*, tome II, p. 214 ; La Potherie, *Histoire...*, tome III, p. 299 ; AC Série $C^{11}A$, Anonyme, *Relation de ce qui s'est passé de plus remarquable en Canada depuis le depart des vaisseaux 1696. jusqu'à ceux de l'autonne de l'année suivante 1697*, 1697, vol. 15, f. 14.

93. La Potherie, *Histoire...*, tome II, p. 353. Voir aussi *ibid.*, tome III, p. 288.

94. On ne mentionne pas où les deux collectivités outaouaises avaient l'intention de s'établir, mais considérant que les Français s'opposaient à ce projet on peut en déduire qu'elles allaient logiquement s'établir beaucoup plus près des Cinq-Nations ; AC Série $C^{11}A$, Callière à Phélypeaux, Québec, 15 octobre 1698, vol. 16, f. 166 et 168.

95. Cornelius J. Jaenen fixe approximativement à 1570 la date de fondation de la Ligue iroquoise ; *Les relations franco-amérindiennes...*, p. 130.

96. Voir Alain Beaulieu, « Introduction, l'Iroquoise de Léo-Paul Desrosiers. Quelques repères dans une histoire complexe », dans Desrosiers, *Iroquoisie...*, tome I, p. XVI.

97. Les Tuscarocas furent admis au sein de la Ligue iroquoise au début du XVIIIe siècle.
98. *Ibid.*, tome I, p. XV.
99. Francis Jennings attribue la fondation de Fort Nassau à la Van Tweenhuysen Compagny; *The Ambiguous Iroquois Empire...*, p. 48. Simon Hart est du même avis; *The Prehistory of the New Netherland Compagny: Amsterdam Notarial Records of the First Ductch Voyages to the Hudson*, Amsterdam, City of Amsterdam Press, 1959, p. 27. Voir aussi Thomas J. Condon, *New York Beginnings: The Commercial Origins of New Netherland*, New York, New York University Press, 1968, p. 28 et note 82. D'autres croient plutôt qu'il s'agit de la New Netherland Compagny; Allen W. Trelease, *Indian Affaires in Colonial New York: The Seventeenth Century*, Irthaca, New York, Cornell University Press, 1960, p. 32; Van Cleaf Bachman l'attribue à la même compagnie, mais reporte sa fondation à l'année 1615; *Peltries or Plantations: the Economic Policies of the Dutch West India Compagny in New Netherland, 1623-1639*, Baltimore, Johns Hopkins Press, 1969 (Johns Hopkins University Studies in Historical and Political Science, 87 th ser.), p. 11 et note 31.
100. Jennings, *The Ambiguous Iroquois Empire...*, p. 48. Un navire hollandais relié à un arbre par les Mohicans grâce à une corde symbolisait ce traité; Havard, *La Grande Paix...*, p. 38.
101. Voir Jennings, *The Ambiguous Iroquois Empire...*, p. 48. La fondation d'Orange, en 1624, faisait suite à l'abandon de Fort Nassau, en 1617, à cause des inondations provoquées par la rivière Hudson.
102. Bruce G. Trigger, «The Mohawk-Mahican War (1624-28): The Establishment of a Pattern», *CHR*, vol. 52, n° 3, 1971, p. 276-279. Jennings précise: «The Mohawks did not intend their defeat of the Mahicans to be simply a means of opening free trade. The destroyed Mahican controls in order to sustitute their own – much to the detriment of Dutch trade»; *The Ambiguous Iroquois Empire...*, p. 49.
103. Propositions, Sept. 24, 1659; A. J. F. Van Laer (transl. and ed.), *Minutes of the Court of Fort Orange and Beverwyck, 1652-1660*, Albany, University of the State of New York, 1922-23, tome 2, p. 215. Un traité d'amitié aurait eu lieu en 1613 entre quelques Iroquois et des Hollandais. L'authenticité du document

fut d'abord questionnée; Jennings, dir., *The History and Culture...*, p. 158. On a par la suite conclu que le traité en question n'avait aucune assise historique réelle; Richter, *The Ordeal of the Long-House...*, p. 323; Charles T. Gehring *et al.* «The Tawagonshi Treaty of 1613: The Final Chapter», *NYH*, vol. LXVIII, 1987, p. 373-393. Le traité en question a été publié, voir L. G. Van Loon, «Tawagonshi, Beginning of the Treaty Era», *IH*, vol. I, n° 3, 1968, p. 23-26.

104. Jennings, *The Ambiguous Iroquois Empire...*, p. 55.

105. *Ibid.*, p. 57.

106. *Ibid.*, p. 57.

107. Jennings, dir., *The History and Culture of...*, p. 116 et 159. Les sources anglaises désignent ces autres nations iroquoises sous le terme «Senecas», c'est-à-dire les Onneiouts, les Onontagués, les Goyogouins et les Tsonnontouans; *ibid.* p. 116.

108. *Ibid.*, p. 116.

109. À la rigueur, elle allait le devenir graduellement; Daniel K. Richter et James H. Merrell, *Beyond the Covenant Chain. The Iroquois and their Neighbours in Indian North America, 1600-1800*, Syracuse, Syracuse University Press, 1987, p. 41-57.

110. Richter, *The Ordeal of the Long-House...*, p. 136.

111. Jennings, «Iroquois Alliances in...», dans Jennings, dir., *The History and culture...*, p. 37-38.

112. La Potherie, *Histoire...*, tome III, p. 56. Voir aussi *ibid.*, tome II, p. 206; Havard, *La Grande Paix...*, p. 45.

113. AC Série *C*¹¹*A*, Anonyme, Mémoire pour Seignelay, *Memoire [...]. Sur le danger où se trouve le Canada, sur les moyens d'y remedier et d'establir solidement la religion, le commerce et la puissance du Roy dans l'Amerique septentrionale*, janvier 1687, vol. 9, f. 249.

114. AC Série *C*¹¹*A*, Champigny à Seignelay, Québec, 16 juillet 1687, vol. 9, f. 36.

115. Avant même ces expéditions de plus grande envergure, Charlevoix rapporte que les Anglais avaient déjà été présents à Michillimakinac afin d'attirer les Amérindiens de ce poste dans leur réseau; *Histoire...*, tome I, p. 498.

116. Denonville mentionne que les Anglais furent bien reçus grâce au bon prix de leur marchandise; AC Série *C*¹¹*A*, Denonville, *Memoire de l'estat present des affaires de Canada et des*

necessitez de faire la guerre l'an prochain aux Iroquois, Québec, 8 novembre 1686, vol. 8, f. 117 et 118. Le jésuite Thierry Bechefer précise que les bons prix de la marchandise n'empêchèrent pas les Flamands et les Anglais de faire un profit considérable; «Deux Lettres à Mr Cabart de Villermont. Quebec, 19 Septembre et 22 Octobre 1687» dans Thwaites, dir., *The Jesuit Relations…*, tome LXIII, p. 280.

117. AC Série $C^{11}A$, Denonville à Seignelay, Québec, 16 novembre 1686, vol. 8, f. 168 et 171; Charlevoix, *Histoire…*, tome I, p. 502; l'expédition de 1686 ne fut pas interceptée par les Français comme le laisse entendre Havard en citant Jennings. C'est plutôt l'expédition de 1687, comme nous allons le voir, qui fut interceptée; *La Grande Paix…*, p. 45.

118. Champigny et Denonville mentionnent que cette expédition était composée de 60 Anglais; AC Série $C^{11}A$, Champigny à Seignelay, Québec, 16 juillet 1687, vol. 9, f. 36; AC Série $C^{11}A$, Denonville, *Memoire du voyage pour l'entreprise de M. le Marquis de Denonville contre les Sonontouans ennemis de la colonie, selon les ordres du Roy*, octobre 1687, vol. 9, f. 111 et 112. Callière soutient pour sa part qu'elle en regroupait 70; AC Série $C^{11}A$, Callière à Seignelay, *Projet […] sur l'estat present des affaires de ce pays*, janvier 1689, vol. 10, f. 260. Ces documents s'entendent néanmoins sur le fait que l'expédition était scindée en deux groupes et qu'elle fut interceptée par les Français et des Amérindiens alliés.

119. AC Série $C^{11}A$, Jacques Duchesneau, *Memoire contenant quelques eclarcissements demandez par M. les Interessez dans la ferme. Canada*, 3 août 1684, vol. 6, f. 492.

120. AC Série $C^{11}A$, Lamberville à La Barre, Onontagué, 17 août 1684, vol. 6, f. 538; AC Série $C^{11}A$, La Barre à Seignelay, Québec, 1 octobre 1684, vol. 6, f. 316.

121. C'est pour cette raison que Frontenac refuse de rendre les prisonniers iroquois aux Anglais à la suite du traité de Ryswick en 1697; AC Série $C^{11}A$, Frontenac à Bellomont, 8 juin 1698, vol. 16, f. 66. Une telle reconnaissance pourrait entraîner des conséquences très néfastes aux intérêts de la Nouvelle-France; AC Série $C^{11}A$, Callière à Phélypeaux, Québec, 15 octobre 1698, vol. 16, f. 167.

122. AC Série $C^{11}A$, Anonyme, *Relation de ce qui c'est passé de plus remarquable en Canada depuis le depart des vaisseaux de 1697.*

jusques au vingtieme octobre 1698, 20 octobre 1698, vol. 15, f. 33. Notons que Bellomont ne formule pas cette interdiction à l'endroit des autochtones des Pays d'en Haut. Il ne reconnaît donc nullement les prétentions françaises quant à leur souveraineté sur ce territoire et considère les nations qui l'occupent comme indépendantes de la Couronne française. Dans un autre document, on apprend par l'entremise d'une députation iroquoise présente à Montréal que le gouverneur de la Nouvelle-Angleterre a défendu aux Cinq-Nations de s'en prendre aux Français et aux Amérindiens alliés; AC Série C11A, *Les députés iroquois à Callière*, Montréal, 18 juillet 1700, vol. 18, f. 81. Il faut comprendre ici que le terme allié se réfère aux Amérindiens des réductions. Il est fort peu probable que Bellomont ait voulu désigner l'ensemble des nations alliées aux Français puisque par ce geste il reconnaissait, de façon implicite, la souveraineté française sur les collectivités des Grands Lacs alors que justement les Anglais cherchent à s'approprier ces territoires et à inclure les nations qui s'y trouvent dans leur réseau d'alliances. Dongan affirmait, quant à lui, que le roi d'Angleterre avait plus de droits sur les nations de l'Ouest que le roi de France; Desrosiers, *Iroquoisie...*, tome 3, p. 284-285.

123. AC Série $C^{11}A$, Frontenac à Phélypeaux, Québec, 10 octobre 1698, vol. 16, f. 50.

124. Denonville soutient que les Anglais ont pour projet de faire retirer les missionnaires jésuites de l'Iroquoisie; AC Série $C^{11}A$, Denonville, *Memoire de l'estat present des affaires de Canada et des necessitez de faire la guerre l'an prochain aux Iroquois*, Québec, 8 novembre 1686, vol. 8, f. 117. Voir aussi AC Série $C^{11}A$, Anonyme, Mémoire adressé à Seignelay, *Memoire [...]. Sur le danger où se trouve le Canada, sur les moyens d'y remedier et d'establir solidement la religion, le commerce et la puissance du Roy dans l'Amerique septentrionale*, janvier 1687, vol. 9, f. 249. Les Hollandais ont eux aussi tenté de faire expulser les jésuites, notamment de chez les Agniers; Charlevoix, *Histoire...*, tome I, p. 452.

125. *Ibid.*, tome II, p. 287.

126. AC Série $C^{11}A$, Denonville à Dongan, 22 août 1687, vol. 9, f. 59.

127. AC Série $C^{11}A$, Denonville, *Memoire de l'estat present des affaires de Canada et des necessitez de faire la guerre l'an prochain aux Iroquois*, Québec, 8 novembre 1686, vol. 8, f. 117; AC Série

$C^{11}A$, Mémoire adressé à Seignelay, *Memoire [...]. Sur le danger où se trouve le Canada, sur les moyens d'y remedier et d'establir solidement la religion, le commerce et la puissance du Roy dans l'Amerique septentrionale*, janvier 1687, vol. 9, f. 249.

128. La Barre «Lettre de M. de La Barre au Ministre», dans Margry, *Découvertes et établissements...*, vol. 2: *Lettres de Cavelier de La Salle et correspondance relative à ses entreprises (1678-1685)*, p. 330-331. Voir également, La Barre «Extrait d'une lettre écrite au Roi par Lefèvre de La Barre», dans *ibid.*, vol. 5: *Première formation...*, p. 7; Charlevoix, *Histoire...*, tome I, p. 471 et 539; AC Série *B*, Louis XIV à Frontenac et Champigny, *Mémoire au sujet des affaires générales du Canada*, Versailles, 26 mai 1696, vol. 19, f. 85; AC Série $C^{11}A$, Anonyme, *Memoire sur les affaires de Canada extrait des lettres de Messieurs de Frontenac et de Champigny de l'année 1696*, avril 1697, vol. 15, f. 62; Jennings, *The Ambiguous Iroquois Empire...*, p. 189.

129. AC Série $C^{11}A$, La Barre à Colbert, Québec, 4 novembre 1683, vol. 6, f. 153. Ils ont le même sentiment lorsque les nations alliées entérinent des accords de paix avec la Confédération iroquoise; La Potherie, *Histoire...*, tome II, p. 145 et 147. Selon Richter, le contact avec les Européens favorisa l'intensification de l'activité guerrière des Iroquois dans la seconde moitié du XVIIe siècle. Les épidémies incitèrent les Iroquois à intensifier la guerre de captures pour remplacer les morts. Cette activité augmenta la demande en armes à feu. Pour les obtenir, les Cinq-Nations provoquèrent des guerres avec leurs voisins afin de mettre la main sur des pelleteries. À nouveau, le déclenchement de ces conflits entraîna des pertes humaines, plongeant ainsi la Ligue iroquoise dans une dangereuse spirale; «War and Culture: The Iroquois Experience», *WMQ*, vol. 40, n° 4, 1983, p. 540.

130. En 1672, en pleine période de paix avec les Cinq-Nations, Patoulet, secrétaire de Talon, rédige un mémoire à l'attention de Colbert dans lequel on peut lire qu'on «auroit à craindre les iroquois tousjours nos ennemis et que la seule crainte de nos forces retient en paix»; AC Série $C^{11}A$, Patoulet, *Memoire du sieur Patoulet demandé par Monseigneur*, Paris, 25 janvier 1672, vol. 3, f. 275. Voir aussi AC Série F^3, Frontenac à Colbert, *Memoire des motifs qui ont obligé Monsieur le Comte de Frontenac, de faire arrester*

Monsieur Perrot gouverneur de Montréal, Québec, 10 février 1674, vol. 4, f. 131. Cinq ans plus tard, alors qu'il n'y a toujours pas d'hostilité entre les Français et les Iroquois, les autorités françaises craignent à nouveau le déclenchement d'une guerre contre les Cinq-Nations, ce qui entraîne des dépenses supplémentaires ; AC Série *B*, Colbert à Duchesneau, Paris, 28 avril 1677, vol. 7, f. 76.

131. AC Série $C^{11}A$, Denonville, *Memoire concernant l'estat present du Canada, et les mesures que l'on peut prendre pour la seureté du pays*, 12 novembre 1685, vol. 7, f. 181. Voir également AC Série $C^{11}A$, Anonyme, *Memoire où il est montré qu'il est avantageux à la colonie de Canada que les ordres du Roy soient entierement gardés, par lesquels, il est defendu d'accorder des congés pour aller commercer dans les bois avec les Sauvages*, 1697, vol. 15, f. 263 ; William J. Eccles, *Frontenac, the Courtier Governor*, Toronto, McCelland and Steward, 1959, p. 99.

132. AC Série $C^{11}A$, Denonville, *Memoire de l'estat present des affaires de Canada et des necessitez de faire la guerre l'an prochain aux Iroquois*, Québec, 8 novembre 1686, vol. 8, f. 119.

133. AC Série $C^{11}A$, Anonyme, *Memoire sur les affaires du Canada 1696*, 1696, vol. 14, f. 305. Voir aussi ; AC Série *B*, Phélypeaux à Frontenac, Versailles, 21 mai 1698, vol. 20, f. 86.

134. AC Série $C^{11}A$, Anonyme, *Memoire sur les affaires de Canada extrait des lettres de Messieurs de Frontenac et de Champigny de l'année 1696*, avril 1697, vol. 15, f. 62 et 63 ; AC Série *B*, Louis XIV à Frontenac et Champigny, *Mémoire au sujet des affaires générales du Canada*, Versailles, 26 mai 1696, vol. 19, f. 90.

135. AC Série $C^{11}A$, La Potherie à Pontchartrain, Québec, 11 août 1700, vol. 18, f. 148.

136. AC Série $C^{11}A$, Anonyme, *Procès-verbal. Declaration des Iroquois devant M. de Denonville*, Montréal, 15 juin 1688, vol. 10, f. 50. Voir aussi AC Série $C^{11}A$, Champigny à Pontchartrain, Québec, 20 octobre 1699, vol. 17, f. 66 où l'intendant mentionne que « ces Sauvages [Iroquois] fairont leur possible pour demander l'independance du François comme de l'Anglois ». Les Français misaient sur ces prétentions pour créer des dissensions dans les relations anglo-iroquoises.

137. AC Série $C^{11}A$, La Barre, *Mémoire*, Québec, 1 octobre 1684, vol. 6, f. 311.

138. AC Série $C^{11}A$, Anonyme, *Relation de ce qui c'est passé de plus remarquable en Canada depuis le depart des vaisseaux de 1697. jusques au vingtieme octobre 1698*, 20 octobre 1698, vol. 15, f. 32 et 33.

139. « Glossary of Figures of Speech in Iroquois Political Rhetoric », dans Jennings, dir., *The History and Culture…*, p. 115.

140. Delâge, « L'alliance… », p. 14; Havard, *La Grande Paix…*, p. 31.

141. Francis Jennings, « The Constitutional Evolution of the Covenant Chain », *PAPS*, vol. 115, n° 2, 1971, p. 90.

142. AC Série F^3, Lamberville à Dongan, Onontagué, 29 août 1684, vol. 2, f. 170. Les paroles de Teganissorens sont aussi fort éloquentes à cet égard; AC Série $C^{11}A$, Anonyme, 3 septembre 1700, vol. 18, f. 85 et 86.

143. Claude Chauchetière, « Narration annuelle de La Mission du Sault depuis La fondation iusques a 1 an 1686 » dans Thwaites, dir., *The Jesuit Relations…*, tome LXIII, p. 178.

144. AC Série $C^{11}A$, Anonyme, *Procès-verbal des pourparlers entre La Barre et les chefs iroquois*, anse à la Famine, 5 septembre 1684, vol. 6, f. 300.

145. La Potherie, *Histoire…*, tome III, p. 133.

146. *Ibid.*, tome III, p. 169.

147. Au début de la décennie 1680-1690, les dissensions sont évidentes entre les nations iroquoises quant à la conquête du poste de Michillimakinac et l'établissement d'un autre poste qu'ils partageraient avec les Anglais. Voir AC Série $C^{11}A$, La Barre à Seignelay, Québec, 4 novembre 1683, vol. 6, f. 134 et 135. De même, lors de la conférence de juin 1700 à Albany, la division entre les Cinq-Nations est évidente à un point tel que Havard soutient qu'on pourrait y déceler l'existence de schismes à moins que les députés onontagués et tsonnontouans de la députation iroquoise présente à Albany aient joué un double jeu; *La Grande Paix…*, p. 46 et 110. Par ailleurs, la localisation géographique des collectivités iroquoises peut avoir une influence sur l'orientation de leur politique extérieure. Les Tsonnontouans, nation iroquoise la plus à l'ouest, se retirèrent chez les Onontagués en 1691 puisqu'ils étaient las de servir de bouclier aux autres collectivités iroquoises face aux attaques des Amérindiens des Grands Lacs; AC Série $C^{11}A$, Frontenac à Phélypeaux,

Québec, 20 octobre 1691, vol. 11, f. 235. Les Agniers, nation la plus proche des Anglais, est aussi la plus réticente à entériner la Grande Paix de Montréal et sera absente lors des négociations diplomatiques de l'été 1701.

148. Thwaites, dir., *The Jesuit Relations...*, tome LI, p. 236. Voir également *ibid.*, tome LVIII, p. 184.

149. Richter, *The Ordeal of the Long-House...*, p. 133-134.

150. AC Série $C^{11}A$, Frontenac au roi, 2 novembre 1681, vol. 5, f. 386 et 387.

151. C'est en ce sens qu'un Iroquois de la nation onnéioute est venu faire des bonnes propositions à Frontenac mais «son party n'estoit pas considerable»; AC Série $C^{11}A$, Champigny, *Relation de ce qui s'est passé en Canada au sujet de la guerre contre les Anglois et Iroquois depuis le mois de novembre 1692*, Québec, 17 août 1693, vol. 12, f. 259.

Chapitre II
Les moyens stratégiques souterrains

1. Charles Debbasch *et al.*, *Lexique de politique*, Paris, Dalloz, 1992, p. 147.

2. Anonyme, «Récit de ce qui s'est passé au voyage que M. de Courcelles, gouverneur de la Nouvelle France, a fait au lac Ontario» dans Margry, *Découvertes et établissements...*, vol. 1 : *Voyages des Français...*, p. 190.

3. *Ibid.*, p. 191.

4. *Ibid.*, p. 191-192.

5. La Potherie, *Histoire...*, tome II, p. 156.

6. Norman Clermont précise que les songes étaient des messages fort importants pour les Amérindiens à un point tel que «les individus avaient à la fois le droit d'exiger des autres la réalisation des exigences formulées au cours des rêves et le devoir d'acquiescer aux demandes alors exprimées par les autres»; «Une figure iroquoise, Garakontié», *RAQ*, vol. 7, n°s 3-4, p. 106.

7. La Potherie, *Histoire...*, tome II, p. 256-257.

8. AC Série $C^{11}A$, Bellomont à Frontenac, New York, 22 août 1698, vol. 16, f. 72-73. Voir aussi AC Série $C^{11}A$, Anonyme,

Relation de ce qui c'est passé de plus remarquable en Canada depuis le depart des vaisseaux de 1697 jusques au vingtieme octobre 1698, 20 octobre 1698, vol. 15, f. 34.
9. AC Série $C^{11}A$, Denonville, *Memoire du voyage pour l'entreprise de M. le Marquis de Denonville contre les Sonontouans ennemis de la colonie, selon les ordres du Roy*, octobre 1687, vol. 9, f. 110.
10. Jean Leclerc, *Le Marquis de Denonville, gouverneur général de la Nouvelle-France 1685-1689*, Montréal, Fides, 1976, p. 142 (coll. Fleur de Lys).
11. *Ibid.*, p. 179.
12. AC Série $C^{11}A$, Callière à Phélypeaux, Québec, 15 octobre 1697, vol. 15, f. 148.
13. *Ibid.*, f. 150.
14. *Ibid.*
15. *Ibid.*
16. *Ibid.*, f. 152.
17. *Ibid.*
18. AC Série $C^{11}A$, Callière à Phélypeaux, Montréal, 27 octobre 1695, vol. 13, f. 377. Les Iroquois utilisèrent à nouveau ce prétexte pour faire de la désinformation auprès de Courtemanche dans l'espoir d'éviter une intervention française dans un conflit les opposant aux Miamis ; AC Série $C^{11}A$, Callière à Phélypeaux, Montréal, 27 octobre 1695, vol. 13, f. 383 ; AC Série $C^{11}A$, Champigny, *Relation d'événements survenus en 1694 et 1695*, 1695, vol. 14, f. 80.
19. La Potherie, *Histoire*..., tome II, p. 321.
20. AC Série $C^{11}A$, Callière à Phélypeaux, Québec, 20 octobre 1696, vol. 14, f. 222.
21. AC Série $C^{11}A$, Champigny, *Relation d'événements survenus en 1694 et 1695*, 1695, vol. 13, f. 224-225.
22. *Ibid.*, f. 225-226.
23. *Ibid.*, f. 226.
24. *Ibid.*, f. 225.
25. Henri Joutel, « Relation de Henri Joutel » dans Margry, *Découvertes et établissements*..., vol. 3 : *Recherche des bouches du Mississipi et voyage à travers le continent depuis les côtes du Texas jusqu'à Québec (1669-1698)*, p. 391.
26. Anonyme, « Relation des descouvertes et des voyages du sieur de La Salle, seigneur et gouverneur du fort de Frontenac, au

delà des grands lacs de la Nouvelle-France, faits par l'ordre de Monseigneur Colbert.-1679-80-81», dans Margry, *Découverte et établissements...*, vol. I: *Voyages des Français...*, p. 459.

27. Cavelier de La Salle, «Lettre du Découvreur à un de ses associés. 1679. – 29 Septembre 1680» dans Margry, *Découvertes et établissements...*, vol. II: *Lettres de Cavelier de La Salle et correspondance relative à ses entreprises (1678-1685)*, p. 42.

28. *Ibid.*, p. 43.

29. *Ibid.*, p. 43.

30. La Salle a lui-même recours à son tour à la désinformation pour masquer la désertion de ses hommes afin de ne pas paraître en position de faible autorité; *ibid.*, p. 46.

31. Nicolas de La Salle, «Relation de la descouverte que M. de La Salle a faite de la rivière de Mississipi en 1682, et de son retour jusqu'à Québec» dans Margry, *Découvertes et établissements...*, vol. I: *Voyages des Français...*, p. 556-557.

32. Jacques Marquette, «Le premier Voÿages qu'a fait Le P. Marquette vers le nouveau Mexique & Comment s'en est formé le dessein. Baye des Puants, 1674» dans Thwaites, dir., *The Jesuit Relations...*, tome LIX, p. 94. Voir aussi Georges-Émile Giguère, dir., *Relations inédites de la Nouvelle-France, 1672-1678*, Montréal, Éditions Élysée, 1974, tome II, p. 247.

33. *Ibid.*, tome II, p. 263.

34. La Salle, «Lettre du Découvreur...» dans Margry, *Découvertes et établissements...*, vol. 2: *Lettres de Cavelier de La Salle...*, p. 45.

35. La Potherie, *Histoire...*, tome II, p. 110.

36. Giguère, dir., *Relations inédites...*, tome I, p. 128.

37. *Ibid.*, tome I, p. 129.

38. *Ibid.*, tome I, p. 129.

39. *Ibid.*, tome I, p. 129.

40. La Potherie, *Histoire...*, tome II, p. 87.

41. Trudel; *Histoire de la Nouvelle-France...*, tome VI: *La Compagnie...*, p. 568.

42. La Potherie n'en précise pas cependant les raisons; *Histoire...*, tome II, p. 118.

43. *Ibid.*, tome II, p. 118-119.

44. *Ibid.*, tome II, p. 120.

45. *Ibid.*, tome II, p. 119.

46. Charlevoix, *Histoire…*, tome I, p. 537; voir aussi Lahontan, *Œuvres…*, tome I, p. 441-442.
47. Charlevoix, *Histoire…*, tome I, p. 537; Lahontan, *Œuvres…*, tome I, p. 441.
48. William N. Fenton, «Kondiaronk», dans David M. Hayne et André Vachon, dir., *DBC*, Sainte-Foy, Les Presses de l'Université Laval, 1969, vol. II, p. 334.
49. Leclerc, *Le Marquis de Denonville…*, p. 250.
50. Charlevoix, *Histoire…*, tome I, p. 537.
51. AC Série $C^{11}A$, Callière à Phélypeaux, Montréal, 19 octobre 1694, vol. 13, f. 105.
52. Le terme «debaucher» est employé pour indiquer la volonté des Iroquois d'attirer ces nations dans leur réseau d'alliances; AC Série $C^{11}A$, Frontenac et Champigny, *Sous extrait general des depesches et memoire et autres actes envoyés de Canada en 1694 pour les ordres à donner en 1695*, 1694, vol. 13, f. 44.
53. AC Série $C^{11}A$, Frontenac et Champigny, *Mémoire sur les affaires du Canada*, 21 avril 1695, vol. 13, f. 456.
54. AC Série $C^{11}A$, Callière à Phélypeaux, Montréal, 19 octobre 1694, vol. 13, f. 105.
55. Obtenir un répit militaire semble être également cette fois-ci une autre motivation qui poussa les Iroquois à employer la désinformation afin d'assurer leur sécurité; AC Série $C^{11}A$, Frontenac et Champigny à Phélypeaux, Québec, 10 novembre 1695, vol. 13, f. 296; AC Série $C^{11}A$, Callière à Phélypeaux, Montréal, 27 octobre 1695, vol. 13, f. 383.
56. AC Série $C^{11}A$, Frontenac et Champigny, *Résumé des dépêches de l'année 1695*, 1696, vol. 14, f. 310; Voir aussi AC Série $C^{11}A$, Callière à Phélypeaux, Québec, 20 octobre 1696, vol. 14, f. 216.
57. AC Série $C^{11}A$, Callière à Phélypeaux, Montréal, 27 octobre 1695, vol. 13, f. 383.
58. *Ibid.*
59. Thwaites, dir., *The Jesuit Relations…*, tome LX, p. 210.
60. AC Série $C^{11}A$, Champigny, *Relation d'événements survenus en 1694 et 1695*, 1695, vol. 13, f. 220-222.
61. AC Série $C^{11}A$, Anonyme, *Relation de ce qui s'est passé de plus considerable en Canada depuis le depart de la fregate la Fleure de May le 27 novembre 1690 jusqu'au départ de 91*, 27 novembre 1691, vol. 11, f. 76.

62. La Potherie, *Histoire...*, tome II, p. 314-315.
63. *Ibid.*, tome IV, p. 56.
64. AC Série *C*[11]*A*, Anonyme, *Relation de ce qui c'est passé de plus remarquable en Canada depuis le depart des vaisseaux de 1697 jusques au vingtieme octobre 1698*, 20 octobre 1698, vol. 15, f. 28.
65. La Potherie, *Histoire...*, tome IV, p. 212.
66. AC Série *C*[11]*A*, Frontenac à Phélypeaux, 30 avril 1690, vol. 11, f. 84. Voir aussi AC Série *C*[11]*A*, Frontenac à Phélypeaux, Québec, 10 octobre 1698, vol. 16, f. 55.
67. Lafiteau, *Mœurs des sauvages...*, tome I, p. 106. Pour André Vachon ils sont des «pièces d'archives»; «Colliers et ceintures de porcelaine dans la diplomatie indienne», *CD*, vol. 36, 1971, p. 185.
68. La Potherie, *Histoire...*, tome III, p. 217.
69. *Ibid.*, tome III, p. 219.
70. «Le reste des Outaouas-Sinagos, qui sont encore à Missilimakinak, m'ont envoyé un collier en secret pour me dire qu'ils viendrons joindre leurs frères du Détroit»; Lamothe Cadillac, «Lettre de Lamothe Cadillac à Jérôme de Pontchartrain. Fort Pontchartrain, 31 aoust 1703» dans Margry, *Découvertes et établissements...*, vol. 5: *Première formation...*, p. 304.
71. Lafiteau, *Mœurs des sauvages...*, tome I, p. 86. Voir aussi Jean de Brébeuf, *Écrits en Huronie*, Montréal, Leméac Éditeurs, 1996, p. 165 (coll. Bibliothèque québécoise).
72. Giguère, dir., *Relations inédites...*, tome II, p. 286.
73. AC Série *C*[11]*A*, Champigny, *Relation d'événements survenus en 1694 et 1695*, 1695, vol. 13, f. 86.
74. Une relation anonyme affirme qu'il n'est «pas mal à propos de marquer les intrigues secretes que les ennemis [les Cinq-Nations] tâchoient d'entretenir avec nos Sauvages pour les retirer avec eux ou du moins les detourner de leur faire la guerre»; AC Série *C*[11]*A*, *Relation de ce qui s'est passé de plus considérable en Canada depuis le depart de la fregate la Fleur de May le 27 novembre 1690 jusqu'au départ de 91*, 27 novembre 1691, vol. 11, f. 55.
75. Charles Le Moyne servit d'interprète pour le compte des Français auprès des Iroquois. Les Onontagués avaient d'ailleurs adopté sa famille; Charlevoix, *Histoire...*, tome II, p. 99.
76. AC Série *C*[11]*A*, Anonyme, *Relation de ce qui s'est passé de plus considérable en Canada depuis le depart de la fregate la Fleur de May*

le 27 novembre 1690 jusqu'au départ de 91, 27 novembre 1691, vol. 11, f. 55-56. Voir aussi Charlevoix qui ajoute que ces deux Amérindiennes étaient accompagnées d'un Onontagué et que les colliers secrets provenaient de cette même nation ; *Histoire...*, tome II, p. 99 ; voir aussi La Potherie, *Histoire...*, tome III, p. 135.

77. AC Série $C^{11}A$, Anonyme, *Relation de ce qui s'est passé en Canada depuis le mois de septembre 1692 jusques au depart des vaisseaux en 1693*, 1693, vol. 12, f. 185.

78. Charlevoix, *Histoire...*, tome II, p. 150-151. Il ne faut pas toutefois assimiler à la poursuite de cet objectif géopolitique l'ensemble des négociations secrètes que les Cinq-Nations entretinrent avec les Iroquois domiciliés. À titre d'exemple, La Potherie mentionne que « Theganissorens qui prévoyoit toûjours les choses de loin avoit présenté en secret un Collier aux deux Capitaines du Saut pour les exhorter d'apuyer la Paix : il les pria en même temps de leur donner avis des dispositions où seroit leur Pere [le gouverneur général français] en cas de changement » ; *Histoire...*, tome III, p. 224.

79. Les négociations aboutirent à un échec ; AC Série $C^{11}A$, Frontenac et Champigny à Phélypeaux, Québec, 10 novembre 1695, vol. 13, f. 296.

80. La Potherie, *Histoire...*, tome III, p. 108-109.

81. *Ibid.*, tome II, p. 293-294.

82. AC Série $C^{11}A$, Champigny, *Relation d'événements survenus en 1694 et 1695*, 1695, vol. 13, f. 223.

83. La Potherie, *Histoire...*, tome III, p. 239. Louis Ateriata, en présence de Frontenac, reprocha aux Outaouais d'avoir négocié secrètement avec les Iroquois ; *ibid.*, tome III, p. 99.

84. *Ibid.*, tome III, p. 240-241.

85. Lors d'un conseil tenu au fort Détroit, Cadillac exhorta les Iroquois « à ne tenir aucun conseil dans les bois, mais que ce soit devant le feu de nostre père ». Nul besoin de préciser que les négociations secrètes entre nations amérindiennes étaient perçues d'un mauvais œil de la part des Français ; Anonyme, « Autre conseil entre les mêmes nations [Iroquois, Outaouais, Hurons, Népissingues et Mississagués] dans le fort du Détroit. 4 Mai 1702 » dans Margry, *Découvertes et établissements...*, vol. 5 : *Première formation...*, p. 279.

86. La Potherie, *Histoire…*, tome II, p. 240.
87. Charlevoix, *Histoire…*, tome I, p. 521.
88. La Potherie, *Histoire…*, tome II, p. 321.
89. AC Série $C^{11}A$, Callière à Phélypeaux, Montréal, 27 octobre 1695, vol. 13, f. 385.
90. AC Série $C^{11}A$, Anonyme, *Relation de ce qui s'est passé de plus remarquable en Canada depuis le depart des vaisseaux de 1695 jusques au commencement de novembre 1696*, 1696, vol. 14, f. 43.
91. La Potherie, *Histoire…*, tome II, p. 259.
92. *Ibid.*, tome II, p. 311.
93. Giguère, dir., *Relations inédites…*, tome I, p. 173.
94. Debbasch *et al.*, *Lexique…*, p. 353.
95. AC Série $C^{11}A$, Denonville, *Memoire de l'estat present des affaires de Canada sur la guerre des Iroquois*, 27 octobre 1687, vol. 9, f. 129.
96. Thwaites, dir., *The Jesuit Relations…*, tome LII, p. 162 ; *ibid.*, tome LIII, p. 256.
97. La Potherie, *Histoire…*, tome I, p. 355.
98. Charlevoix, *Histoire…*, tome II, p. 199.
99. Giguère, dir., *Relations inédites…*, tome I, p. 281.
100. La Potherie, *Histoire…*, tome I, p. 319.
101. AC Série $C^{11}A$, Dongan à Denonville, Québec, 11 juin 1687, vol. 9, f. 60.
102. AC Série $C^{11}A$, Anonyme, *Procès-verbal des pourparlers entre La Barre et les chefs iroquois*, 5 septembre 1684, vol. 6, f. 300.
103. AC Série $C^{11}A$, La Barre, *Mémoire*, Québec, 1 octobre 1684, vol. 6, f. 308.
104. Charlevoix, *Histoire…*, tome II, p. 136.
105. Pour le nom Otaouheté, nous empruntons l'orthographe employée dans la relation ; AC Série $C^{11}A$, Anonyme, *Relation de ce qui c'est passé de plus remarquable en Canada depuis le depart des vaisseaux de 1697 jusques au vingtieme octobre 1698*, 20 octobre 1698, vol. 15, f. 22.
106. AC Série $C^{11}A$, Anonyme, *Relation de ce qui s'est passé de plus considerable en Canada depuis le depart de la fregate la Fleur de May le 27. novembre 1690 jusqu'au départ de 91*, 27 novembre 1691, vol. 11, f. 60.
107. *Ibid.*
108. *Ibid.*

109. La Potherie, *Histoire...*, tome II, p. 320.
110. *Ibid.*, tome II, p. 322-323.
111. Perrot, *Mémoire...*, p. 78.
112. Gabriel Marest, «Lettre au Père Germon, Cascaskias, 9 novembre 1712» dans Thwaites, dir., *The Jesuit Relations...*, tome LXVI, p. 220.
113. Raudot, *Relation par lettres...*, p. 82.
114. Havard, *Empires et métissages...*, vol. 1, p. 413-414. Il précise aussi que la culture politique des Amérindiens les prédisposait à être réceptifs aux présents français; *ibid.*, p. 416.
115. Lafiteau, *Mœurs des sauvages...*, tome I, p. 88.
116. Perrot, *Mémoire...*, p. 77.
117. Giguère, dir., *Relations inédites...*, tome I, p. 74-75.
118. Perrot, *Mémoire...*, p. 102.
119. Brébeuf, *Écrits...*, p. 166.
120. AC Série $C^{11}A$, *Memoire pour faire connoistre à Monseigneur les nations sauvages desquelles nous tirons nos pelleteries, leurs interests, les nostres et l'estat dans lesquel se trouvent presentement ces nations, avec une petitte description du pays qu'habittent les Anglois et de l'Accadie, qui en est voisine*, Duchesneau à Seignelay, Québec, vol. 5, f. 313.
121. AC Série $C^{11}A$, *Voyage de Monsieur le Comte de Frontenac au lac Ontario en 1673*, 1673, vol. 4, f. 18.
122. *Ibid.*, f. 17.
123. *Ibid.*, f. 23.
124. AC Série F^3, *Copie de la lettre escrite d'Onniout par le Pere Millet Jesuiste le 10 aoust 1673 addressante à Monseigneur le Gouverneur*, Onneyout, 10, 18 août 1673, vol. 2, f. 30.
125. AC Série $C^{11}A$, *Copie de la lettre escrite de Techiroguen par le Pere de Lamberville Jesuiste à Monseigneur le Gouverneur le 9 septembre 1673*, Techiroguen, 9 septembre 1673, vol. 4, f. 10.
126. AC Série $C^{11}A$, *Copie d'un billet inclus dans la lettre du Pere Lamberville dattée d'Onnontague*, Onontagué, 29 octobre 1673, vol. 4, f. 48. Malheureusement, la correspondance officielle française ne mentionne pas, plus souvent qu'autrement, qui, de Jean ou de Jacques, est l'auteur des lettres. Lorsque cette information est précisée, nous l'indiquons en référence.
127. AC Série $C^{11}A$, La Salle à Frontenac, Techiroguen, 10 août 1673, vol. 4, f. 9.

128. AC Série $C^{11}A$, Frontenac à Colbert, 14 novembre 1674, vol. 4, f. 67.
129. *Ibid.*, f. 69.
130. AC Série $C^{11}A$, La Barre à Seignelay, Québec, 4 novembre 1683, vol. 6, f. 135. Le gouverneur général ajoute que les chefs iroquois des réductions accompagnant Le Moyne ont également eu droit à ce traitement.
131. AC Série $C^{11}A$, Denonville à Seignelay, Montréal, 12 juin 1686, vol. 8, f. 62.
132. AC Série $C^{11}A$, La Martinière, 11 octobre 1700, Québec, vol. 18, f. 273.
133. La Salle, «Lettre du Découvreur...» dans Margry, *Découvertes et établissements...*, vol. 2 : *Lettres de Cavelier de La Salle...*, p. 41.
134. AC Série $C^{11}A$, Lamberville à La Barre, Onontagué, 28 août 1684, vol. 6, f. 541.
135. AC Série $C^{11}A$, Lamberville à La Barre, Onontagué, 9 octobre 1684, vol. 6, f. 544.
136. AC Série $C^{11}A$, La Barre à Seignelay, Québec, 5 juin 1684, vol. 6, f. 276-277.
137. AC Série $C^{11}A$, Frontenac à Phélypeaux, 12 novembre 1690, vol. 11, f. 88.
138. On mentionne dans un mémoire que ce groupe d'Amérindiens alliés était accompagné de quatre des principaux chefs outaouais et hurons ; AC Série $C^{11}A$, Charles de Monseignat, *Relation de ce qui s'est passé de plus remarquable en Canada depuis le depart des vaisseaux au mois de novembre 1689 jusqu'au mois de novembre 1690*, 14 novembre 1690, vol. 11, f. 23. La présence du Baron, chef autochtone pro-iroquois notoire, dans cette délégation, ne peut qu'inciter les Français à porter une plus grande attention aux stratégies de corruption ; *ibid.*, f. 24.
139. *Ibid.*, f. 27 ; AC Série $C^{11}A$, Frontenac à Phélypeaux, 12 novembre 1690, vol. 11, f. 89.
140. Charlevoix, *Histoire...*, tome II, p. 513.
141. La Potherie, *Histoire...*, tome II, p. 322.
142. *Ibid.*, tome II, p. 322.
143. AC Série $C^{11}A$, Frontenac à Phélypeaux, Québec, 25 octobre 1696, vol. 14, f. 158.

144. AC Série $C^{11}A$, Denonville, *Memoire de l'estat present des affaires de Canada et des necessitez de faire la guerre l'an prochain aux Iroquois*, Québec, 8 novembre 1686, vol. 8, f. 118.
145. *Ibid.*, f. 119.
146. AC Série $C^{11}A$, Callière à Seignelay, *Memoire [...] sur l'estat des affaires du Canada.* [...], 1689, vol. 10, f. 281.
147. *Ibid.*
148. *Ibid.*
149. AC Série F^3, Denonville à Seignelay, *Memoire succint de ce qui s'est passé de plus considerable sur le fait de la guerre depuis le mois de novembre 1687*, 10 août 1688, vol. 2, f. 239.
150. *Ibid.*, f. 238.
151. *Ibid.*, f. 239.
152. *Ibid.*
153. Ces deux versions ne s'excluent pas nécessairement. Il se peut que les dirigeants de la colonie aient employé les deux stratégies décrites par Callière et Denonville, d'autant plus si on avance que les Onontagués se contentèrent de retourner dans leur nation sans rapporter le discours que leur avaient confié les Français.
154. AC Série $C^{11}A$, Anonyme, *Relation*, Québec, 30 octobre 1688, vol. 10, f. 88.
155. AC Série F^3, Denonville à Seignelay, *Memoire succint de ce qui s'est passé de plus considerable sur le fait de la guerre depuis le mois de novembre 1687*, 10 août 1688, vol. 2, f. 239. Otreouti se fera un devoir de l'indiquer à Denonville ; AC Série $C^{11}A$, Anonyme, *Relation*, Québec, 30 octobre 1688, vol. 10, f. 88.
156. AC Série $C^{11}A$, Callière à Seignelay, *Memoire sur l'estat des affaires du Canada*, 1689, vol. 10, f. 281.
157. *Ibid.*
158. AC Série F^3, Denonville à Seignelay, *Memoire succint de ce qui s'est passé de plus considerable sur le fait de la guerre depuis le mois de novembre 1687*, 10 août 1688, vol. 2, f. 239.
159. AC Série $C^{11}A$, Champigny à Seignelay, Montréal, 8 août 1688, vol. 10, f. 123 ; Leclerc, *Le Marquis de Denonville...*, p. 243.
160. AC Série $C^{11}A$, Charles de Montseignat, *Relation de ce qui s'est passé de plus remarquable en Canada depuis le depart des vaisseaux au mois de novembre 1689 jusqu'au mois de novembre 1690*, 14 novembre 1690, vol. 11, f. 7. H. C. Burleigh écrit que

« durant la longue traversée, Frontenac s'efforça par tous les moyens possibles de gagner la confiance et l'amitié d'Ourehouare, l'invitant à dîner seul avec lui et le comblant de cadeaux » ; « Ourehouare », dans Brown *et al.*, dir., *DBC,* vol. I, p. 540.

161. La Potherie, *Histoire...*, tome III, p. 62.

162. Charlevoix, *Histoire...*, tome I, p. 563.

163. AC Série $C^{11}A$, Lamothe Cadillac, *Relation*, 1694, vol. 13, f. 148.

164. La Potherie, *Histoire...*, tome III, p. 103 ; AC Série $C^{11}A$, Frontenac à Phélypeaux, 12 novembre 1690, vol. 11, f. 86-87.

165. Charlevoix, *Histoire...*, tome II, p. 95.

166. AC Série $C^{11}A$, Champigny, *Addition au mémoire précédent ; Memoire instructif sur le Canada*, 10 mai 1691, vol. 11, f. 268.

167. Est-il démis de ses fonctions ou les abandonne-t-il ? Le mémoire de Champigny ne le précise pas.

168. Avant son retour des galères de France, Ourehouare ne paraissait pas très sympathique à l'endroit des Français. Denonville écrit dans un mémoire que le chef iroquois « a beaucoup persecuté et maltraité le R. P. de Carheil lorsqu'il estoit missionnaire » ; AC Série $C^{11}A$, Denonville, *Memoire du voyage pour l'entreprise de M. le Marquis de Denonville contre les Sonontouans ennemis de la colonie selon les ordres du Roy.* [...], octobre 1687, vol. 9, f. 108.

169. AC Série $C^{11}A$, Anonyme, *Relation de ce qui s'est passé de plus considerable en Canada depuis le depart de la fregate la Fleur de May le 27 novembre 1690 jusqu'au départ de 91*, 27 novembre 1691, vol. 11, f. 53. Voir aussi Charlevoix, *Histoire...*, tome II, p. 95.

170. *Ibid.*, f. 63-68.

171. La Potherie, *Histoire...*, tome III, p. 143. Voir aussi AC Série $C^{11}A$, Anonyme, *Relation de ce qui s'est passé de plus considerable en Canada depuis le depart de la fregate la Fleur de May le 27 novembre 1690 jusqu'au départ de 91*, 27 novembre 1691, vol. 11, f. 71-72.

172. *Ibid.*, f. 72-73 ; La Potherie, *Histoire...*, tome III, p. 144.

173. AC Série $C^{11}A$, Anonyme, *Relation de ce qui s'est passé de plus considerable en Canada depuis le depart de la fregate la Fleur de May le 27 novembre 1690 jusqu'au départ de 91*, 27 novembre 1691, vol. 11, f. 74. Voir aussi Charlevoix, *Histoire...*, tome II, p. 109.

174. Voir AC Série $C^{11}A$, Callière à Phélypeaux, Montréal, 19 octobre 1694, vol. 13, f. 106 ; Charlevoix, *Histoire…*, tome II, p. 141.
175. AC Série $C^{11}A$, Anonyme, *Relation de ce qui c'est passé de plus remarquable en Canada depuis le depart des vaisseaux de 1697 jusqu'au vingtieme octobre 1698*, 20 octobre 1698, vol. 15, f. 26.
176. AC Série $C^{11}A$, Lamberville à La Barre, Onontagué, 10 février 1684, vol. 6, f. 516-517.
177. AC Série $C^{11}A$, Lamberville à La Barre, Onontagué, 28 août 1684, vol. 6, f. 541.
178. AC Série $C^{11}A$, Lamberville à La Barre, Onontagué, 17 août 1684, vol. 6, f. 538. Évidemment, toute cette entreprise de corruption se fait en retrait de l'activité diplomatique officielle et les deux partis ont intérêt à ce que ces pourparlers demeurent à l'abri des oreilles indiscrètes, d'où l'expression « collier sous terre ». Par ailleurs, c'est par l'entremise d'un « exprez » que La Barre communique avec Otreouti et cette rencontre se fait à plusieurs lieues d'Onontagué ; AC Série $C^{11}A$, Lamberville à La Barre, Onontagué, 9 octobre 1684, vol. 6, f. 544.
179. AC Série $C^{11}A$, Lamberville à La Barre, Onontagué, 21 septembre 1684, vol. 6, f. 543.
180. AC Série $C^{11}A$, de Meulles à Seignelay, Montréal 10 octobre 1684, vol. 6, f. 390.
181. AC Série $C^{11}A$, Anonyme, *Relation*, Québec, 30 octobre 1688, vol. 10, f. 88.
182. *Ibid.*
183. Thomas Grassmann, « Otreouti, dans Brown *et al.*, dir., vol. I, p. 537.
184. AC Série $C^{11}A$, Lamberville à La Barre, Onontagué, 21 septembre 1684, vol. 6, f. 542.

Chapitre III
L'espionnage

1. Pierre Richelet, *Dictionnaire françois, contenant les mots et les choses, plusieurs nouvelles remarques sur la langue françoise : Ses Expressions Propres, Figurées & Burlesques, la Prononciation des*

Mots les plus difficiles, le Genre des Noms, le Regime des Verbes : Avec Les Termes les plus connus des Arts & des Sciences, Le tout tire de l'usage et des bons auteurs de la langue françoise, Genève, Jean Herman Widerhold, 1680, p. 302.

2. Antoine Furetière, *Dictionnaire universel, Contenant generalement tous les mots françois tant vieux que moderne, & les Termes de toutes les sciences et des arts* [...], La Haye et Rotterdam, Arnout & Reinier Leers, 1690, tome II.

3. *Le Dictionnaire de l'Académie françoise, dedié au Roy*, Paris, Jean Baptiste Coignard, 1694, tome I, p. 397.

4. La Potherie apporte pour témoignage un « Chef des Puans [qui] étoit extrémement ami des François, ausquels il offroit tous ses services » ; *Histoire...*, tome II, p. 273.

5. Lahontan, *Œuvres...*, tome I, p. 435.

6. AC Série $C^{11}A$, Champigny, *Relations d'événements survenus en 1694 et 1695*, 1695, vol. 14, f. 88.

7. Onnonguissé semble porter aussi le nom de « Renard » ; *ibid.*, f. 89.

8. *Ibid.*, f. 89. Orthographié Onanghissé dans cette partie de la relation.

9. *Ibid.*, f. 85.

10. AC Série $C^{11}A$, Anonyme, *Relations de ce qui s'est passé de plus remarquable en Canada depuis le depart des vaisseaux de 1695 jusques au commencement de novembre 1696*, 1696, vol. 14, f. 40. Événement également rapporté par Charlevoix ; *Histoire...*, tome II, p. 162.

11. La Potherie, *Histoire...*, tome II, p. 240-241.

12. *Ibid.*, tome II, p. 243.

13. *Ibid.*, tome II, p. 244.

14. Perrot, *Memoire...*, p. 139.

15. *Ibid.*, p. 139. Voir aussi La Potherie, *Histoire...*, tome II, p. 195.

16. Perrot, *Mémoire...*, p. 140.

17. *Ibid.*, p. 140.

18. AC Série $C^{11}A$, René Legardeur de Beauvais, Eustache Provost, Jean Desrosiers dit Dutremble, François Lucas, *Rapport de quelques particuliers françois habitans de Quebec contenant que estant partis de Missilimachina le 10e. aoust dernier pour aller en traite du costé des Ilinois avec les congez de M. de la Barre, ils estoient*

arrivez le 4e. decembre dans la riviere Teakiky, où ayant esté retenus par les glaces ils auroient esté contraints d'hiverner, Québec, 28 mai 1684, vol. 6, f. 255.
19. *Ibid.*
20. *Ibid.*, f. 256.
21. *Ibid.*
22. Raudot, *Relation par lettres…*, p. 84.
23. AC Série $C^{11}A$, Jacques Duchesneau, *Memoire contenant quelques eclaircissements demandez par M. les Interessez dans la Ferme. Canada*, 2 août 1684, vol. 6, f. 494.
24. AC Série $C^{11}A$, Anonyme, *Remarque sur ce qui parroist important au service du Roy, pour la conservation de la Nouvelle-France*, 1691, vol. 11, f. 275.
25. AC Série $C^{11}A$, Frontenac à Phélypeaux, 30 avril 1690, vol. 11, f. 84.
26. AC Série $C^{11}A$, Champigny, *Relation d'événements survenus en 1694 et 1695*, 1695, vol. 14, f. 90. Lorsqu'un groupe d'Outaouais quittèrent Québec en 1698, Frontenac leur mentionna : « Mesfiez vous toujours de l'Iroquois il vous trompera s'il peut, faitte bonne découverte dans votre route, regardez bien devant et derriere vous » ; AC Série $C^{11}A$, Anonyme, *Relation de ce qui c'est passé de plus remarquable en Canada depuis le depart des vaisseaux de 1697. jusques au vingtieme octobre 1698*, 20 octobre 1698, vol. 15, f. 29. Les autochtones prennent aussi le soin d'envoyer des guerriers à la découverte en compagnie de leurs partis de chasse afin d'éviter une éventuelle embuscade par l'ennemi ; Perrot, *Mémoire…*, p. 63.
27. Thwaites, dir., *The Jesuit Relations…*, tome LIII, p. 140. Voir aussi La Potherie, *Histoire…*, tome I, p. 304 ; Raudot, *Relation par lettres…*, p. 85.
28. AC Série $C^{11}A$, Champigny, *Relation de ce qui s'est passé en Canada au sujet de la guerre contre les Anglois et les Iroquois depuis le mois de novembre 1692*, Québec, 17 août 1693, vol. 12, f. 256. Voir aussi : AC Série $C^{11}A$, Anonyme, *Relation de ce qui s'est passé en Canada depuis le mois de septembre 1692 jusques au depart des vaisseau en 1693*, 1693, vol. 12, f. 188.
29. AC Série $C^{11}A$, Denonville, *Memoire du voyage pour l'entreprise du M. le Marquis de Denonville contre les Sonontouans ennemis de la colonie, selon les ordres du Roy.* […], octobre 1687, vol. 9, f. 109.

30. AC Série $C^{11}A$, Anonyme, *Relation de ce qui s'est passé de plus remarquable en Canada depuis le depart des vaisseaux de 1695. jusques au commencement de novembre 1696*, 1696, vol. 14, f. 57.
31. «A network of scouts warned of invading war parties before they could harm Iroquois villagers»; Richter, *The Ordeal of the Long-House...*, p. 38.
32. Les Anglais ont également recours aux éclaireurs afin d'assurer leur sécurité. Par exemple, lors des campagnes françaises contre les établissements anglais de Terre-Neuve dans les années 1696 et 1697, La Potherie rapporte que «la terreur s'étant répanduë parmi les Anglois les obligea d'abandonner plusieurs endroits, & refugier à Carbonniere. Leurs espions alloient & venoient pour aprendre la catastrophe de Saint Jean»; *Histoire...*, tome I, p. 37.
33. AC Série $C^{11}A$, Lamberville à La Barre, Onontagué, 21 septembre 1684, vol. 6, f. 542.
34. AC Série $C^{11}A$, Denonville, *Memoire du voyage pour l'entreprise de M. le Marquis de Denonville contre les Sonnontouans ennemis de la colonie, selon les ordres du Roy*, octobre 1687, vol. 9, f. 119.
35. AC Série $C^{11}A$, Anonyme, *Relation de ce qui s'est passé de plus remarquable en Canada depuis le depart des vaisseaux de 1695 jusques au commencement de novembre 1696*, 1696, vol. 14, f. 56.
36. Même si la mission première des éclaireurs est d'assurer la sécurité des collectivités en espionnant l'ennemi, ils peuvent aussi, lorsqu'une occasion favorable se présente, faire des prisonniers. Lors de l'expédition de Denonville, trois découvreurs iroquois firent prisonnier un Amérindien allié qui s'était trop écarté dans les bois; AC Série $C^{11}A$, Denonville, *Memoire du voyage pour l'entreprise de M. le Marquis de Denonville contre les Sonnontouans ennemis de la colonie, selon les ordres du Roy*, octobre 1687, vol. 9, f. 113.
37. Perrot, *Mémoire...*, p. 81.
38. AC Série $C^{11}A$, René Legardeur de Beauvais, Eustache Pronovost, Jean Desrosiers dit Dutremble, François Lucas, *Rapport de quelques particuliers françois habitans de Quebec contenant que estant partis de Missilimachina le 10e. aoust dernier pour aller en traite du costé des Ilinois avec les congez de M. de la Barre, ils estoient arrivez le 4e. decembre dans la riviere Teakiky, où*

ayant esté retenus par les glaces ils auroient esté contraints d'hiverner, Québec, 28 mai 1684, vol. 6, f. 257.
39. AC Série $C^{11}A$, Charles de Montseignat, *Relation de ce qui s'est passé de plus remarquable en Canada depuis le depart des vaisseaux au mois de novembre 1689 jusqu'au mois de novembre 1690*, vol. 11, f. 23.
40. *Ibid.*, f. 25.
41. AC Série $C^{11}A$, Champigny à Phélypeaux, Québec, 12 août 1693, vol. 12, f. 251.
42. Joseph Germain, «Lettre touchant la Mission canadienne, en l'année 1711. Québec, 5 novembre 1711» dans Thwaites, dir., *The Jesuit Relations*..., tome LXVI, p. 190.
43. AC Série $C^{11}A$, Champigny à Seignelay, Québec, 16 novembre 1689, vol. 10, f. 246. Les Amérindiens domiciliés de la mission de la Montagne participent aussi à des expéditions d'espionnage; Tremblay, *La Politique missionnaire*..., p. 70.
44. AC Série $C^{11}A$, Anonyme, *Mémoire en faveur des Iroquois du Sault-Saint-Louis*, février 1692, vol. 12, f. 148.
45. Voir, entre autres, AC Série $C^{11}A$, Charles de Montseignat, *Relations de ce qui s'est passé de plus remarquable en Canada depuis le depart des vaisseaux au mois de novembre 1689 jusqu'au mois de novembre 1690*, 14 novembre 1690, vol. 11, f. 26.
46. Charlevoix, *Histoire*..., tome I, p. 518-519.
47. AC Série $C^{11}A$, Charles de Montseignat, *Relation de ce qui s'est passé de plus remarquable en Canada depuis le depart des vaisseaux au mois de novembre 1689 jusqu'au mois de novembre 1690*, 14 novembre 1690, vol. 11, f. 24. Charlevoix confirme ce témoignage en écrivant que le chef domicilié «avoit été envoyé à la découverte du côté d'Orange»; *Histoire*..., tome II, p. 59.
48. Marquis de Vaudreuil, «Lettre du marquis de Vaudreuil au ministre» dans Margry, *Découvertes et établissements*..., vol. 5: *Chaîne de postes*..., p. 353. Un témoignage rapporté par La Potherie laisse entendre qu'un autre Iroquois domicilié aurait agi comme un espion. On ne précise pas cependant quelles furent ses véritables motivations: «L'on amena une Iroquoise qui avoit été prise proche de Colard, & il revint en même temps un guerrier du Sault qui s'étoit separé de son parti pour savoir ce qui se passoit chez les Aniez; il leur fit acroire qu'il avoit quitté nos interêts pour venir chez eux: il ne voulut jamais aller à Orange quelques instances que les Flamands lui fissent. Après

qu'il eut apris assez de particularitez, il trouva le moyen de revenir à Montréal»; *Histoire...*, tome III, p. 293.

49. AC Série $C^{11}A$, Callière à Pontchartrain, Québec, 16 octobre 1700, vol. 18, f. 66.

50. *Ibid.*, f. 66-67.

51. AC Série $C^{11}A$, Champigny à Phélypeaux, Québec, 10 mai 1691, vol. 11, f. 259.

52. AC Série $C^{11}A$, Anonyme, *Relation de ce qui s'est passé en Canada depuis le mois de septembre 1692 jusques au depart des vaisseaux en 1693*, vol. 12, f. 205.

53. *Ibid.*, f. 258. Voir aussi *ibid.*, f. 193 où l'on peut lire qu'il «se forme plusieurs partis de Sauvages du Sault et de la Montagne que Monsieur de Calliere depeschoit expres pour tascher de faire quelques prisonniers et sçavoir des nouvelles».

54. AC Série $C^{11}A$, Frontenac et Champigny, *Sous estrait general des depesches et memoires et autres actes envoyés de Canada en 1694. pour les ordres à donner en 1695*, 1694, vol. 13, f. 45. Une autre lettre témoigne que les Iroquois des réductions de la région de Montréal participèrent à des entreprises d'espionnage en territoire ennemi afin de rapporter des informations et des prisonniers; AC Série $C^{11}A$, Champigny à Phélypeaux, Montréal, 11 août 1695, vol. 13, f. 340.

55. AC Série $C^{11}A$, Champigny, *Relation d'événements survenus en 1694 et 1695*, 1695, vol. 14, f. 74.

56. AC Série $C^{11}A$, Callière à Phélypeaux, Québec, 15 octobre 1697, vol. 15, f. 149. Il va de soi que les partis qui vont en guérilla en territoire ennemi peuvent aussi rapporter, lorsque l'occasion se présente, des informations et des prisonniers qui seront interrogés, même si leur but premier est de faire la guerre. À titre d'exemple, Callière écrit qu'aussitôt «que la navigation fut ouverte j'envoyay plusieurs partys de Sauvages du Sault et de la Montagne avec quelques François du costé des Iroquois et des Anglois pour leur faire la guerre et prendre quelques prisonniers afin de savoir leurs mouvements»; AC Série $C^{11}A$, Callière à Phélypeaux, Montréal, 30 septembre 1693, vol. 12, f. 319. Voir aussi; AC Série $C^{11}A$, Callière à Phélypeaux, Québec, 20 octobre 1696, vol. 14, f. 217; AC Série $C^{11}A$, Anonyme, *Relation de ce qui s'est passé en Canada depuis le mois de septembre 1692 jusques au depart des vaisseaux en 1693*, vol. 12, f. 193 et 194.

57. AC Série $C^{11}A$, Frontenac, Québec, 27 octobre 1693, vol. 12, f. 239.
58. AC Série $C^{11}A$, Anonyme, *Relation de ce qui s'est passé de plus remarquable en Canada depuis le depart des vaisseaux 1696. jusqu'à ceux de l'automne de l'année suivante 1697*, 1697, vol. 15, f. 9.
59. AC Série $C^{11}A$, Anonyme, *Procès-verbal des pourparlers entre La Barre et les chefs iroquois*, anse à la Famine, 5 septembre 1685, vol. 6, f. 299. Voir aussi Eccles, *Frontenac...*, p. 169-170.
60. Lahontan, *Œuvres...*, tome I, p. 302.
61. Robert La Roque de Roquebrune, «Joseph-Antoine Le Febvre de La Barre», dans George W. Brown *et al.*, dir., *DBC*, tome I, p. 456-457.
62. AC Série $C^{11}A$, Denonville, *Memoire du voyage pour l'entreprise de M. le Marquis de Denonville contre les Sonontouans ennemis de la colonie, selon les ordres du Roy*, octobre 1687, vol. 9, f. 109. Voir aussi Leclerc, *Le Marquis de Denonville...*, p. 178. Charles de Montseignat fait erreur en soutenant qu'Ourehouare fut capturé avec le groupe d'Iroquois qui fut attiré dans le fort Frontenac sous un prétexte de festin; AC Série $C^{11}A$, *Relation de ce qui s'est passé de plus remarquable en Canada depuis le depart des vaisseaux au mois de novembre 1689 jusqu'au mois de novembre 1690*, 14 novembre 1690, vol. 11, f. 7.
63. AC Série $C^{11}A$, Callière à Phélypeaux, Montréal, 27 octobre 1695, vol. 13, f. 378.
64. Charlevoix, *Histoire...*, tome I, p. 520.
65. Thwaites, dir., *The Jesuit Relations...*, tome LVIII, p. 80.
66. La Potherie, *Histoire...*, tome II, p. 363.
67. *Ibid.*, tome II, p. 363.
68. AC Série $C^{11}A$, Frontenac à Phélypeaux, Québec, 20 octobre 1691, vol. 11, f. 233.
69. *Ibid.*, f. 236.
70. AC Série $C^{11}A$, Anonyme, *Relation de ce qui s'est passé de plus considerable en Canada depuis le depart de la fregate la Fleur de May le 27. novembre 1690 jusqu'au départ de 91*, 27 novembre 1691, vol. 11, f. 51.
71. Voir AC Série $C^{11}A$, Champigny, *Relation de ce qui s'est passé en Canada au sujet de la guerre contre les Anglois et Iroquois depuis le mois de novembre 1692*, Québec, 17 août 1693, vol. 12, f. 256; AC Série $C^{11}A$, Callière à Phélypeaux, Montréal, 30 septembre 1693, vol. 12, f. 318.

72. AC Série $C^{11}A$, Anonyme, *Relation de ce qui c'est passé de plus remarquable en Canada depuis le depart des vaisseaux de 1697. jusques au vingtieme octobre 1698*, 20 octobre 1698, vol. 15, f. 92.
73. Thierry Beschefer « Lettre au... » dans Thwaites, dir., *The Jesuit Relations...*, tome LXII, p. 246. Voir aussi AC Série $C^{11}A$, Anonyme, *Relation de ce qui s'est passé de plus considerable en Canada depuis le depart de la fregate la Fleur de May le 27. novembre 1690 jusqu'au départ de 91*, 27 novembre 1691, vol. 11, f. 46.
74. Thwaites, dir., *The Jesuit Relations...*, tome LVIII, p. 80.
75. AC Série $C^{11}A$, Callière à Phélypeaux, Québec, 15 octobre 1698, vol. 16, f. 168.
76. Charlevoix, *Histoire...*, tome II, p. 227.
77. « Dans le nombre des prisonniers il y en a quelques uns que je dois point vous envoyer estant proches parens de nos Sauvages chrestiens » ; AC Série $C^{11}A$, Denonville à Seignelay, Montréal, 25 août 1687, vol. 9, f. 70.
78. Marc Jetten, *Enclaves amérindiennes : les « réductions » du Canada 1637-1701*, Sillery, Éditions du Septentrion, 1994, p. 138.
79. Louise Tremblay soutient à cet effet que « la décision de participer à la guerre ne dépendait pas seulement des missionnaires. Dans ce processus, les Indiens ne jouaient pas un rôle passif. En effet, en s'établissant dans les missions sédentaires, les Amérindiens n'abandonnaient pas leur appareil politique. Ils disposaient de leurs propres informateurs et décidaient en conseil de l'opportunité de participer aux événements » ; *La Politique missionnaire...*, p. 71.
80. AC Série $C^{11}A$, Champigny à Phélypeaux, Québec, 12 novembre 1691, vol. 11, f. 291.
81. Jetten, *Enclaves amérindiennes...*, p. 140.
82. Giguère, dir., *Relations inédites...*, tome I, p. 281.
83. St-Arnaud, *Pierre Millet...*, p. 103.
84. AC Série $C^{11}A$, Anonyme, *Relation de ce qui s'est passé de plus considerable en Canada depuis le depart de la fregate la Fleur de May le 27. novembre 1690 jusqu'au départ de 91*, 27 novembre 1691, vol. 11, f. 74-75.
85. AC Série $C^{11}A$, Callière à Phélypeaux, Montréal, 27 octobre 1695, vol. 13, f. 380. Événement également rapporté par Champigny qui écrit que ce parti avait été « assés malheureux non

seulement de ne rien faire mais encore d'avoir perdu deux de leur gens qui leur avoient esté enlevés par la trahison d'un feau frere »; AC Série $C^{11}A$, Champigny, *Relation d'événements survenus en 1694 et 1695*, 1695, vol. 14, f. 92.

86. AC Série $C^{11}A$, Callière à Phélypeaux, Québec, 20 octobre 1696, vol. 14, f. 219.

87. AC Série $C^{11}A$, Anonyme, *Relation de ce qui s'est passé de plus remarquable en Canada depuis le depart des vaisseaux de 1695. jusques au commencement de novembre 1696*, 1696, vol. 14, f. 35. Callière précise que cette esclave résidait à la réduction de la Montagne ; « [un] Agnier esclave à la Montagne les [Iroquois] avoit esté avertir de nostre marche contr'eux » ; AC Série $C^{11}A$, Callière à Phélypeaux, Québec, 20 octobre 1696, vol. 14, f. 217.

88. Au dire de Champigny, les Iroquois domiciliés firent la promesse « qu'à l'avenir ils ameneroient tous les prisonniers pour en disposer à sa volonté [celle de Frontenac] » ; AC Série $C^{11}A$, Champigny, *Relation d'événements survenus en 1694 et 1695*, 1695, vol. 14, f. 95.

89. AC Série $C^{11}A$, Frontenac à Phélypeaux, Québec, 20 octobre 1691, vol. 11, f. 233-234. Charlevoix, sentant l'autorité des jésuites remise en cause, prend leur défense et soutient que les suspicions du gouverneur général n'ont aucun fondement légitime ; *Histoire*..., tome II, p. 97. En 1692, Frontenac est à nouveau convaincu qu'il existe des liaisons secrètes entre les Iroquois du Sault-Saint-Louis et les Agniers. Charlevoix minimise à nouveau le fondement de ces allégations ; *ibid.*, tome II, p. 126. Toutefois, le jésuite laisse entendre lui-même que les Iroquois domiciliés ont entretenu des liaisons secrètes avec leurs confrères de l'Iroquoisie : « Si ces Chrétiens en quelques occasions n'ont pas fait tout ce qu'on attendoit d'eux : si quelques Particuliers ont agi par d'autres vûës, que celles, qu'on vouloit leur inspirer, Personne avant & après M. de Frontenac ne s'est avisé d'en rendre responsable toute la Bourgade, encore moins ceux, qui la gouvernoient » ; *ibid.*, tome II, p. 98.

90. Chauchetière, « Narration annuelle... » dans Thwaites, dir., *The Jesuit Relations*..., tome LXIII, p. 206-208.

91. AC Série $C^{11}A$, Callière à Phélypeaux, Montréal, 27 octobre 1695, vol. 13, f. 376-377.

92. Jetten, *Enclaves amérindiennes*..., p. 139. Notons que Jetten passe sous silence la participation d'Ononsista à ces événements.

93. La Potherie, *Histoire*..., tome IV, p. 8. Événements également rapportés par Champigny. Voir : AC Série $C^{11}A$, Champigny, *Relation d'événements survenus en 1694 et 1695*, 1695, vol. 14, f. 71.
94. La Potherie, *Histoire*..., tome IV, p. 9. Voir aussi AC Série $C^{11}A$, Champigny, *Relation d'événements survenus en 1694 et 1695*, vol. 14, f. 72.
95. La Potherie, *Histoire*..., tome IV, p. 9-10. Voir aussi AC Série $C^{11}A$, Champigny, *Relation d'événements survenus en 1694 et 1695*, vol. 14, f. 73.
96. AC Série $C^{11}A$, Champigny, *Relations d'événements survenus en 1694 et 1695*, 1695, vol. 14, f. 95. Voir aussi La Potherie, *Histoire*..., tome IV, p. 10.
97. *Ibid.*, tome IV, p. 10.
98. AC Série $C^{11}A$, Callière à Phélypeaux, Montréal, 27 octobre 1695, vol. 13, f. 377.
99. AC Série $C^{11}A$, Champigny, *Relation d'événements survenus en 1694 et 1695*, 1695, vol. 14, f. 73.
100. AC Série $C^{11}A$, Callière à Phélypeaux, Montréal, 27 octobre 1695, vol. 13, f. 377. Voir aussi AC Série $C^{11}A$, Champigny, *Relation d'événements survenus en 1694 et 1695*, 1695, vol. 13, f. 233. Charlevoix indique aussi que Tiorhatarion fut chassé du Sault-Saint-Louis ; *Histoire*..., tome II, p. 151.
101. La Potherie, *Histoire*..., tome III, p. 131.
102. *Ibid.*, tome III, p. 129-130. Le sous-titre de la troisième lettre de La Potherie dans laquelle on peut puiser ces informations indique clairement que l'auteur considère ces Iroquois comme des espions : « Quarante Espions Iroquois s'établissent au Saut pour savoir les mouvemens des François » ; *ibid.*, tome III, p. 124.
103. AC Série $C^{11}A$, Anonyme, *Voyage de Monsieur le Comte de Frontenac au lac Ontario en 1673*, 1673, vol. 4, f. 18.
104. St-Arnaud, *Pierre Millet*..., p. 122.
105. Voir AC Série $C^{11}A$, Denonville à Dongan, 24 avril 1688, vol. 10, f. 34.
106. « Ils font châque année une assemblée generale dans Onnontaé [...]. C'est ce qui fait que toutes les Missions Iroquoises, celle sur qui nous iettons les yeux avec plus de complaisance, est celle-cy ; par ce que outre ce que nous en venons

de dire, elle receu toute la premiere les lumieres de l'Evangile»; Thwaites, dir., *The Jesuit Relations*..., tome LI, p. 236.

107. AC Série $C^{11}A$, Anonyme, *Voyage de Monsieur le Comte de Frontenac au lac Ontario en 1673*, 1673, vol. 4, f. 21; AC Série F^3, Pierre Millet à Frontenac, *Copie de la lettre escrite d'Onniout par le Pere Millet Jesuite le 10 aoust 1673 addressante à Monseigneur le Gouverneur*, Onneiout, 10 août 1673, vol. 2, f. 30; Jean de Lamberville «Lettre à M^r^. de Frontenac. Onnontagué, 20 septembre 1682» dans Thwaites, dir., *The Jesuit Relations*..., tome LXII, p. 150.

108. AC Série $C^{11}A$, Denonville, *Memoire concernant l'estat present du Canada, et les mesures que l'on peut prendre pour la seureté du pays* [...], 12 novembre 1685, vol. 7, f. 183; AC Série $C^{11}A$, Denonville à Seignelay, Québec, 3 septembre 1685, vol. 7, f. 66.

109 AC Série $C^{11}A$, Denonville et Champigny, *Résumé de lettre «touchant les affaires des aclesiastiques et du commerce»*, 1690, vol. 11, f. 159; AC Série $C^{11}A$, Champigny à Phélypeaux, Québec, 13 octobre 1697, vol. 15, f. 129-130; AC Série *B*, Phélypeaux à Champigny, Versailles, 21 mai 1698, vol. 20, f. 91. Denonville mentionne en 1687 que les mesures politiques des jésuites ont détourné les Hurons et les Outaouais de quitter l'alliance; AC Série $C^{11}A$, Denonville à Seignelay, Montréal, 8 juin 1687, vol. 9, f. 21-22.

110. AC Série $C^{11}A$, La Barre, *Mémoire*, Québec, 1 octobre 1684, vol. 6, f. 308.

111. Thwaites, dir., *The Jesuit Relations*..., tome LIV, p. 112.

112. AC Série $C^{11}A$, Nouvel à Frontenac, *Extrait de la lettre du Pere Nouvel Jesuite escrite de Sainte Marie du Sault à Monseigneur le gouverneur le 29 may 1673*, Sault-Sainte-Marie, 29 mai 1673, vol. 4, f. 5.

113. AC Série $C^{11}A$, Garnier à Frontenac, *Copie de la lettre escrite de Tsonnontouan par le Pere Garnier Jesuiste à Monseigneur le Gouverneur le dix juillet 1673*, Tsonnontouan, 10 juillet 1673, vol. 4, f. 8.

114. Jacques Bruyas, «Copie de la lettre du Père Bruyas, Jésuiste, escrite à M. le Gouverneur, le Ier septembre 1673, des Anniez» dans Margry, *Découvertes et établissements*..., vol. I: *Voyages des Français*..., p. 242.

115. AC Série $C^{11}A$, Lamberville à La Barre, Onontagué, 21 septembre 1684, vol. 6, f. 542.

116. AC Série $C^{11}A$, Denonville à Seignelay, *Memoire concernant le Canada* [...], janvier 1690, vol. 11, f. 185.
117. Pierre Millet, « Lettre a Quelques Missionnaires du Canada. Onnei8t, 6 juillet 1691 », dans Thwaites, dir., *The Jesuit Relations...*, tome LXIV, p. 68.
118. *Ibid.*, p. 96.
119. *Ibid.*, p. 100.
120. *Ibid.*, p. 100.
121. *Ibid.*, p. 102.
122. AC Série $C^{11}A$, Denonville, Champigny, de Villeneuve, Lauzon, & c., *Extraits commentés des lettres du Canada*, 1686, vol. 8, f. 177.
123. AC Série $C^{11}A$, Dongan à Denonville, Québec, 11 juin 1687, vol. 9, f. 60.
124. Tiré de Desrosiers, *Iroquoisie*, tome III, p. 264.
125. Les jésuites furent rappelés de l'Iroquoisie en 1685. La présence des deux frères de Lamberville en territoire iroquois de 1685 à 1687 est cependant une exception. Voir AC Série $C^{11}A$, Anonyme, *Extrait de diverses relations de Canada qui peut servir à etablir le droit de la France sur le pays des Iroquois*, 1687, vol. 9, f. 258; Cornelius J. Jaenen, « Jacques de Lamberville », dans Hayne et Vachon, dir., *DBC*, vol. II, p. 355; « Jean de Lamberville » dans *ibid.*, vol. II, p. 358. La présence de Pierre Millet, capturé puis adopté par les Onneiouts, en Iroquoisie de 1689 à 1694 est un cas particulier. Ce n'est qu'après la Grande Paix de Montréal, en 1701, que les jésuites furent de retour chez les Cinq-Nations.
126. Tout comme les nations de l'Ouest, des motifs de sécurité ne sont pas totalement étrangers à cette volonté d'accueillir des missionnaires. Les Goyogouins, nation iroquoise la plus exposée aux raids des Amérindiens des Grands Lacs avec les Tsonnontouans, demandèrent en 1668, selon Louise Tremblay, des missionnaires sulpiciens pour Kinté afin de « se protéger des guerres indiennes et françaises, ils voyaient dans la venue des prêtres un moyen d'assurer leur tranquillité »; *La Politique missionnaire...*, p. 17.
127. AC Série $C^{11}A$, Anonyme, *Memoire sur la domination des François en Canada jusqu'en 1687*, 1687, vol. 9, f. 268. Voir aussi AC Série $C^{11}A$, Anonyme, Québec, 12 juillet 1666, vol. 2, f. 235. AC Série F^{3}, Anonyme, *Memoires generaux. Explication des onze*

presents faits par les embassadeurs iroquois le premier decembre 1665, 1er décembre 1665, vol. 2, f. 18. Situation similaire à celle que l'on remarque dans les Pays d'en Haut, les Iroquois désirent plus particulièrement que des armuriers et des forgerons s'établissent dans leurs bourgades ; *ibid.*, f. 18 ; AC Série $C^{11}A$, Garnier à Frontenac, *Copie de la lettre escrite de Tsonnontouan par le Pere Garnier Jesuite à Monseigneur le Gouverneur le dix juillet 1673*, Tsonnontouan, 10 juillet 1673, vol. 4, f. 8.
128. Voir AC Série $C^{11}A$, Anonyme, *Extrait de diverses relations de Canada qui peut servir à etablir le droit de la France sur le pays des Iroquois*, 1687, vol. 9, f. 258.
129. St-Arnaud, *Pierre Millet*..., p. 103.
130. Thwaites, dir., *The Jesuit Relations*..., tome LVII, p. 58.
131. *Ibid.*, tome LVIII, p. 190.
132. AC Série $C^{11}A$, Denonville à Seignelay, *Memoire de l'estat present des affaires de ce pays depuis le dixiéme aoust 1688 jusqu'au dernier octobre de la mesme année*, 31 octobre 1688, vol. 10, f. 104. Ces relations privilégiées qu'entretiennent les jésuites avec certains Iroquois ne servent pas uniquement à faire de l'espionnage. Elles peuvent également très bien servir à des fins politiques. Denonville soutient, en 1686, que « le Pere de Lamberville Jesuite missionnaire des Onnontaguez l'un des cinq villages, estant averti des meschans desseins des Anglois fit agir tous ses amis pour destourner cet orage, et se chargeant de leurs rendre compte de toutes choses, obtient d'eux qu'ils ne bourgeroient point qu'il ne m'ait veu » ; AC Série $C^{11}A$, Denonville, *Memoire de l'estat present des affaires de Canada et des necessitez de faire la guerre l'an prochain aux Iroquois*, Québec, 8 novembre 1686, vol. 8, f. 117. Voir aussi ; AC Série F^3, Denonville à Seignelay, *Memoire succint de ce qui s'est passé de plus considerable sur le fait de la guerre depuis le premier novembre 1687*, 10 août 1688, vol. 2, f. 239.
133. Lahontan, *Œuvres*..., tome I, p. 673.
134. Charlevoix, *Histoire*..., tome I, p. 501.
135. *Ibid.*, tome I, p. 501.
136. Millet « Lettre a Quelques... » dans Thwaites, dir., *The Jesuit Relations*..., tome LXIV, p. 90.
137. Certains chefs et anciens, une fois convertis, prêchaient publiquement et incitaient leurs confrères à faire de même. Voir

Giguère, dir., *Relations inédites…*, tome I, p. 36, 238, 253; La Potherie, *Histoire…*, tome II, p. 349. De telles situations ne sont pas sans créer des tensions au sein des nations iroquoises; Giguère, dir. *Relations inédites…*, tome II, p. 36.

138. Thwaites, dir., *The Jesuit Relations…*, tome LVIII, p. 200.

139. AC Série $C^{11}A$, Anonyme, *Voyage de Monsieur le Comte de Frontenac au lac Ontario en 1673*, 1673, vol. 4, f. 12.

140. AC Série $C^{11}A$, Anonyme, *Memoire pour eclaircir les dispositions dans lesquelles Monsieur le Comte de Frontenac a laissé le Canada à l'égard des Sauvages et principalement des iroquois*, 1682, vol. 6, f. 21.

141. Charlevoix, *Histoire…*, tome I, p. 485.

142. *Ibid.*, tome I, p. 490.

143. *Ibid.*, tome I, p. 490.

144. AC Série $C^{11}A$, Frontenac à Colbert, 9 octobre 1679, vol. 5, f. 5.

145. «Cependant par les dernieres lettres que je viens de recevoir, j'appr[ends] que cette assamblée ne s'est point faite»; AC Série $C^{11}A$, Frontenac au roi, Québec, 6 novembre 1679, vol. 5, f. 12.

146. *Ibid.*, f. 12-13.

147. AC Série $C^{11}A$, Bruyas à Frontenac, Tionnotoguen, 12 juin 1673, vol. 4, f. 7.

148. AC Série $C^{11}A$, Frontenac à Colbert, Québec, 16 février 1674, vol. 4, f. 49-50.

149. AC Série $C^{11}A$, Lamberville à La Barre, Onontagué, 10 février 1684, vol. 6, f. 518.

150. AC Série $C^{11}A$, Jean de Lamberville à La Barre, Onontagué, 10, 11 et 18 juillet 1684 (11 juillet 1684), vol. 6, f. 536.

151. *Ibid.* (18 juillet 1684), f. 537.

152. Charlevoix, *Histoire…*, tome I, p. 495.

153. AC Série $C^{11}A$, Denonville à Louis XIV, Québec, 20 août 1685, vol. 7, f. 44. Le gouverneur général mentionne également la réception de plusieurs lettres des frères de Lamberville dans une lettre à Seignelay; AC Série $C^{11}A$, Denonville à Seignelay, 20 août 1685, vol. 7, f. 60.

154. François le Mercier «Journal des PP. Jésuites. Janvier – Juin 1668» dans Thwaites, dir., *The Jesuit Relations…*, tome LI, p. 144.

155. Thwaites, dir., *The Jesuit Relations…*, tome LI, p. 218.

156. Charlevoix, *Histoire...*, tome I, p. 502.
157. AC Série $C^{11}A$, Frontenac à Phélypeaux, 30 avril 1690, vol. 11, f. 83.
158. Jean Mermet, «Lettre aux Jésuites du Canada. Aux Cascaskias, 2 mars 1706» dans Thwaites, dir., *The Jesuit Relations...*, tome LXVI, p. 52.
159. Callières, *De la manière de négocier...*, p. 9.
160. *Ibid.*, p. 30.
161. Charlevoix, *Histoire...*, tome II, p. 143. Le cas de Tareha est ambigu selon les témoignages. Alors qu'il fournit des renseignements secrets aux Français, La Potherie le présente comme un espion travaillant pour le compte de la Chaîne d'alliance; AC Série $C^{11}A$, Callière à Phélypeaux, Montréal, 30 septembre 1693, vol. 12, f. 319; Charlevoix, *Histoire...*, tome II, p. 130; La Potherie, *Histoire...*, tome III, p. 179-180.
162. La Potherie, *Histoire...*, tome IV, p. 8. Voir aussi AC Série $C^{11}A$, Callière à Phélypeaux, Montréal, 27 octobre 1695, vol. 13, f. 377.
163. Charlevoix, *Histoire...*, tome II, p. 200.
164. *Ibid.*, tome II, p. 201.
165. AC Série $C^{11}A$, Anonyme, *Relation de ce qui c'est passé de plus remarquable en Canada depuis le depart des vaisseaux de 1697. jusques au vingtieme octobre 1698*, 20 octobre 1698, vol. 15, f. 23.
166. Charlevoix, *Histoire...*, tome II, p. 237. La Potherie écrit à ce sujet que cette députation était «un trait de leur politique, pour tâcher de penetrer nos sentiments»; *Histoire...*, tome IV, p. 118.
167. AC Série $C^{11}A$, Callière à Phélypeaux, Montréal, 19 octobre 1694, vol. 13, f. 104.
168. *Ibid.*, f. 104-105.
169. AC Série $C^{11}A$, Lamothe Cadillac, *Relation*, 1694, vol. 13, f. 144. Événements également rapportés par La Potherie, *Histoire...*, tome III, p. 208-209. Les ambassades iroquoises servent aussi de subterfuge pour dissimuler d'autres stratégies. La Potherie indique qu'une ambassade fut envoyée par les Iroquois «sous prétexte de négociation leur dessein étoit d'attirer le plus de Sauvages qu'ils pourroient, & de leur casser la tête»; *ibid.*, tome III, p. 167.
170. Thwaites, dir., *The Jesuit Relations...*, tome L, p. 136-138.

171. Charlevoix, *Histoire...*, tome II, p. 335.
172. AC Série $C^{11}A$, Callière à Phélypeaux, Québec, 20 octobre 1696, vol. 14, f. 221. Cette exécution semble avoir eu lieu après un certain temps ; AC Série $C^{11}A$, Anonyme, *Relation de ce qui s'est passé de plus remarquable en Canada depuis le depart des vaisseaux de 1695. jusques au commencement de novembre 1696*, 1696, vol. 14, f. 58.
173. AC Série $C^{11}A$, Denonville, *Memoire du voyage pour l'entreprise de M. le Marquis de Denonville contre les Sonontouans ennemis de la colonie selon les ordres du Roy.* [...], octobre 1687, vol. 9, f. 108.
174. Lafiteau, *Mœurs des sauvages...*, tome I, p. 101.
175. *Ibid.*, tome I, p. 101-102.
176. *Ibid.*, tome I, p. 102.
177. *Ibid.*, tome I, p. 102.
178. *Ibid.*, tome I, p. 102.
179. *Ibid.*, tome I, p. 102.
180. Thwaites, dir., *The Jesuit Relations...*, tome LVI, p. 60.
181. La Potherie, *Histoire...*, tome II, p. 328.
182. *Ibid.*, tome III, p. 281.

BIBLIOGRAPHIE

Sources manuscrites

ARCHIVES NATIONALES DU CANADA, *MG 1: ARCHIVES DES COLONIES*

Archives françaises: archives des colonies

Série $C^{11}A$: correspondance générale, Canada. Les volumes de cette série sont constitués de lettres et de mémoires envoyés du Canada à Versailles par les gouverneurs, les intendants et les personnes influentes de la colonie.

Série *B*: lettres envoyées. Cette série renferme les lettres du roi et de son ministre à leurs subordonnés: administrateurs coloniaux, officiers des ports ou de la marine.

Série F^3: cette série est aussi connue sous le nom de la Collection Moreau de Saint-Méry. Il s'agit de copies de documents faisant partie des séries $C^{11}A$ et *B* et qui comporte d'autres pièces qui ont disparu.

Sources imprimées

BACQUEVILLE DE LA POTHERIE, Claude-Charles Le Roy dit, *Histoire de l'Amérique septentrionale* [...], divisée en quatre tomes, Paris, Jean-Luc Nion et François Didot, 1722, 4 tomes.

BAUGY, Henri de, *Journal d'une expédition contre les Iroquois en 1687*, éd. par Ernest Serrigny, Paris, Leroux, 1883, 210 pages.

BRÉBEUF, Jean de, *Écrits en Huronie*, Montréal, Leméac Éditeurs, 1996, 357 pages (coll. Bibliothèque québécoise).

CALLIÈRES, François de, *De la manière de négocier avec les souverains, de l'utilité des négociations, du choix des ambassadeurs et des envoyez, et des qualités nécessaires pour réüssir dans ces employs*, Paris, Brunet, 1716, 252 pages.

CHARLEVOIX, P. François-Xavier de, *Histoire et description générale de la Nouvelle-France, avec le journal historique d'un voyage fait par ordre du Roi dans l'Amérique septentrionale*, Ottawa, Éditions Élysée, 1976, 3 tomes.

CHARLEVOIX, P. François-Xavier de, *Journal d'un voyage fait par ordre du roi dans l'Amérique septentrionale*, éd. critique par Pierre Berthiaume, Montréal, Les Presses de l'Université de Montréal, 1994, 2 tomes (coll. Bibliothèque du Nouveau Monde).

COLDEN, Cadwallader, *The History of the Five Indian Nations of Canada Which Are Dependent on the Province of New York, and Are the Barrier Between the English and French in that Part of the World*, Londres, T. Osborne, 1747, 2 volumes.

DENYS, Nicolas, *Description geographique et historique des costes de l'Amerique Septentionale. Avec l'Histoire naturelle du Païs*, Paris, Louis Billaine, 1672, 2 volumes.

DIÉREVILLE, *Relation du Voyage du Port Royal de l'Acadie suivie de Poésies diverses*, éd. critique par Normand Doiron, Montréal, Les Presses de l'Université de Montréal, 1997, 600 pages (coll. Bibliothèque du Nouveau Monde).

DOLLIER DE CASSON, François, *Histoire du Montréal 1640-1672*, éd. critique par Marcel Trudel et Marie Baboyant, Montréal, Éditions Hurbubise/HMH, 1992, 342 pages (coll. Cahier du Québec, collection documents d'histoire, 99).

DUBÉ, Pauline, dir., *La Nouvelle-France sous Joseph-Antoine Le Febvre de La Barre 1682-1685. Lettres, mémoires, instructions et ordonnances*, Sillery, Éditions du Septentrion, 1993, 309 pages.

GIGUÈRE, Georges-Émile, dir., *Relations inédites de la Nouvelle-France, 1672-1678*, Montréal, Éditions Élysée, 1974, 2 tomes.

JUCHEREAU DE SAINT-IGNACE, Jeanne-Françoise et Marie Andrée DUPLESSIS DE SAINT-HÉLÈNE, *Les Annales de l'Hôtel-Dieu de Québec 1636-1716, Composées par les Révérendes Mères Jeanne-Françoise Juchereau de Saint-Ignace et Marie Andrée Duplessis de Saint-Hélène, anciennes religieuses de ce monastère*, éd. par Dom Albert Jamet, Québec, Hôtel-Dieu, 1939.

LAFITEAU, Joseph-François, *Mœurs des sauvages américains comparées aux mœurs des premiers temps*, Paris, François Maspero/La Découverte, 1983, 2 volumes.

LAHONTAN, Louis-Armand de Lom d'Arce, baron de, *Œuvres complètes*, éd. critique par Réal Ouellet et Alain Beaulieu, Montréal, Les Presses de l'Université de Montréal, 1990, 2 tomes (coll. Bibliothèque du Nouveau Monde).

LECLERCQ, Chrestien, *Nouvelle Relation de la Gaspesie*, éd. critique par Réal Ouellet, Montréal, Les Presses de l'Université de Montréal, 1999, 786 pages (coll. Bibliothèque du Nouveau Monde).

LECLERCQ, Chrestien, *Premier Etablissement de la Foy dans la Nouvelle France* [...], Paris, Amable Auroy, 1691, 2 volumes.

MCILWAIN, Charles Howard, dir., *An Abridgement of the Indian Affairs: Contained in Four Folio Volumes, Transacted in the Colony of New York, from the Year 1678 to the Year 1751 by Peter Wraxall*, Havard Historical Studies n° 21, Cambridge (Massachusetts) Harvard University Press, 1915.

MARGRY, Pierre, dir., *Découvertes et établissements des Français dans l'ouest et dans le sud de l'Amérique septentrionale 1614-1754*. Mémoire et documents inédits recueillis et publiés par Pierre Margry, Paris, Maisonneuve et Cie, librairies-éditeurs, 1879-1888, 6 volumes.

MEULLES, Jacques de, «Relation du voyage de l'intendant Jacques de Meulles fait en Acadie», éd. par Lucien Brault, *RHAF*, vol. 2, 1948, p. 432-440.

O'CALLAGHAN, Edmund B., dir., *DRCHSNY*, Albany, A. Weed, Parson and Co., 1856-1877, 15 volumes.

PERROT, Nicolas, *Mémoire sur les mœurs, coutumes et religions des sauvages de l'Amérique septentrionale*, East Ardsley, New York, The Hague, S. R. Publishers Limited, Johnson Reprint Corporation, Mouton & Co. N. V., 1968, 341 pages (coll. Canadiana avant 1867).

[RAUDOT, Antoine-Denis], *Relation par lettres de l'Amérique septentrionale, 1709-1710*, texte édité et présenté par Camille de Rochemontreix, Paris, Letourney et Ané, éditeurs, 1904, 221 pages.

THWAITES, Reuben Gold, dir., *The Jesuit Relations and Allied Documents: Travels and Explorations of the Jesuit Missionaries in New-France, 1610-1791. The Original French, Latin, and Italian Texts, with English Translations and notes; illustrated by Portraits, Maps, and facsimilies*, Cleveland, The Burrows Brothers, 1896-1901, 73 volumes.

TROYES, Pierre de, *Journal du Voyage du Nort par un détachement de cent hommes, 1686*, éd. par Ivanhoe Caron, Beauceville, L'Éclaireur, 1918.

VAN LAER, A. J. F. (transl. and ed.), *Minutes of the Court of Fort Orange and Beverwyck (1652-1660)*, Albany, University of the State of New York, 1922-1923, 2 volumes.

Dictionnaires du XVIIe siècle

Le dictionnaire de l'Académie françoise, dédié au Roy, Paris, Jean Baptiste Coignard, 1694, 2 tomes.

FURETIÈRE, Antoine, *Dictionnaire universel, Contenant generalement tous les mots françois tant vieux que modernes, & les Termes de toutes les sciences et des arts* [...], La Haye et Rotterdam, Arnout & Reinier Leers, 1690, 3 tomes.

RICHELET, Pierre, *Dictionnaire françois contenant les mots et les choses, plusieurs remarques sur la langue françoise : Ses Expressions Propres, Figurées & Burlesques, la Prononciation des Mots les plus difficiles, le Genre des Noms, le Regime des Verbes*, Genève, Jean Herman Widerhold, 1680.

Études

AQUILA, Richard, *The Iroquois Restoration : Iroquois Diplomacy on the Colonial Frontier, 1701-1754*, Détroit, Wayne State University Press, 1983.

AXTELL, James, *The European and the Indian : Essays in the Ethnohistory of Colonial North America*, New York, Oxford University Press, 1981, 256 pages.

BACHMAN, Van Cleaf, *Peltries or Plantations : The Economic Policies of the Duch West India Compagny in New Netherland, 1623-1639*, Baltimore, Johns Hopkins Press, 1969 (John Hopkins University Studies in Historical and Political Science, 87 th ser.).

BAILEY, Alfred Goldsworthy, *The Conflict of European and Eastern Algonkian Cultures, 1504-1700 : A Study in Canadian Civilization*, Toronto, University of Toronto Press, 1969, 218 pages.

BEAULIEU, Alain, *Convertir les fils de Caïn. Jésuites et Amérindiens nomades en Nouvelle-France, 1632-1642*, Québec, Nuit blanche, 1990, 177 pages.

BÉCHU, Claire, « Les ambassadeurs français au XVIIIE siècle » dans Bély, Lucien, dir., *L'Invention de la diplomatie. Moyen Âge-Temps modernes*, Paris, Presses universitaire de France, 1998, p. 332-333.

BÉLY, Lucien, *Espions et ambassadeurs au temps de Louis XIV*, Paris, Fayard, 1990, 905 pages.

BÉLY, Lucien, « "Le roi mon maitre" : le service du Roi à l'étranger vu à travers l'œuvre de François de Callières », dans *Sociétés et idéologies des Temps modernes, Hommages à Arlette Jouanna*, Université de Montpellier III, 1996, p. 481-501.

BÉLY, Lucien, dir., *Dictionnaire de l'Ancien Régime : royaume de France, XVIe-XVIIIe siècle*, Paris, Presses universitaire de France, 1996, 1384 pages.

BÉLY, Lucien, dir., *L'Invention de la diplomatie. Moyen Âge-Temps modernes*, Paris, Presses universitaires de France, 1998, 376 pages.

BÉRANGER, Jean, « Ambassadeur », dans Bély, Lucien, dir. *Dictionnaire de l'Ancien Régime*, Paris, Presses universitaires de France, 1996, p. 54-55.

BÉRANGER, Jean, « Guerre », dans Bély, Lucien, dir., *Dictionnaire de l'Ancien Régime*, Paris, Presses universitaires de France, 1996, p. 621-623.

BERNARD, Jean-Paul, « L'historiographie canadienne récente (1964-1994) et l'histoire des peuples au Canada », *CHR*, vol. 73, n° 3, 1995, p. 349.

BISHOP, Charles A., *The Northern Ojibwa and the Fur Trade. An Historical and Ecological Study*, Toronto, Holt, Rinehart and Winston of Canada, 1974.

BRANDÃO, José Antonio, *Your Fyre Shall Burn No More : Iroquois Policy toward New France and its Native Allies to 1701*, Lincoln and London, University of Nebraska Press, 1997, 375 pages.

BRANDÃO, José Antonio, et William A. STARNA, « The Treaties of 1701 : A Triumph of Iroquois Diplomacy », *Ethnohistory*, vol. 43, n° 2, 1996, p. 209-244.

BRIGGS, Winstanley, « Le Pays des Illinois », *WMQ*, vol. 47, n° 1, 1990, p. 30-56.

BROWN, George W., *et al.*, dir., *DBC*, Sainte-Foy, Les Presses de l'Université Laval, 1967, vol. I, 773 pages.

BURLEIGH, H. C. « Ourehouare », dans Brown, George W. *et al.*, dir., *DBC*, Sainte-Foy, Les Presses de l'Université Laval, 1967, vol. I, p. 539-540.

CALLENDER, Charles, *Social Organisation of the Central Algonquain Indians*, Milwaukee, Milwaukee Public Museum, 1962 (coll. Publication in Anthropologie, 7).

CLERMONT, Norman, « Une figure iroquoise, Garakontié », *RAQ*, vol. 7, n°s 3-4, 1978, p. 101-107.

CLIFTON, James A., *The Prairie People : Continuity and Change in the Potawatomi Culture, 1665-1965*, Lawrence, Regents Press of Kansas, 1977.

COATES, Ken, « Writing First Nations into Canadian History : A Review of Recent Scholarly Works », *CHR*, vol. 81, n° 1, 2000, p. 99-114.

CONDON, Thomas J., *New York Beginnings : The Commercial Origins of New Netherland*, New York, New York University Press, 1968.

CONSTANT, Monique, « Traités » dans Bély, Lucien, dir., *Dictionnaire de l'Ancien Régime*, Paris, Presses universitaires de France, 1996, p. 1221-1223.

COOK, Peter L., *Les voyes de douceur et d'insinuation : French-Amerindian Diplomacy on New France's Western Frontier, 1703-1725*, Mémoire de M. A., Université d'Ottawa, 1994.

DEBBASCH, Charles *et al.*, *Lexique de politique*, Paris, Dalloz, 1992, 465 pages.

DECHÊNE, Louise, *Habitants et marchands de Montréal au XVIIe siècle*, Montréal, Boréal Express, 1985, 416 pages.

DELÂGE, Denys, *Le Pays renversé. Amérindiens et Européens en Amérique du Nord-Est*, Montréal, Boréal Express, 1985, 416 pages.

DELÂGE, Denys, « L'alliance franco-amérindienne, 1660-1701 », *RAQ*, vol. XIX, n° 1, 1989, p. 3-15.

DELÂGE, Denys, « Les Iroquois chrétiens des réductions, 1667-1701, I : Migration et rapports avec les Français », *RAQ*, vol. XXI, nos 1-2, 1991, p. 59-70.

DELÂGE, Denys, « Les Iroquois chrétiens des réductions, 1667-1701, II : Rapports avec la Ligue iroquoise, les Britanniques et les autres nations autochtones », *RAQ*, vol. XXI, n° 3, 1991, p. 39-50.

DELÂGE, Denys, « La religion dans l'alliance franco-amérindienne », *AS*, vol. 15, n° 1, 1991, p. 55-87.

DELÂGE, Denys, « War and the French-Indian Alliance », *ERNAS*, vol. 5, n° 1, 1991, p. 15-20.

DELÂGE, Denys, « L'influence des Amérindiens sur les Canadiens et les Français au temps de la Nouvelle-France », *Lekton*, vol. 2, n° 2, 1992, p. 103-191.

DELANGLEZ, Jean, *Frontenac and the Jésuits*, Chicago, Institute of Jesuit History, 1939, 296 pages.

DESBARATS, Catherine, « Essai sur quelques éléments de l'écriture de l'histoire amérindienne », *RHAF*, vol. 53, n° 4, 2000, p. 491-520.

DESROSIERS, Léo-Paul, *Iroquoisie I. 1534-1646*, Montréal, Institut de l'histoire de l'Amérique française, 1947, 351 pages.

DESROSIERS, Léo-Paul, *Iroquoisie*, Sillery, Éditions du Septentrion, 1998-1999, 4 volumes.

DICKASON, Patricia Olive, *Les Premières Nations du Canada depuis les temps les plus lointains jusqu'à nos jours*, Sillery, Éditions du Septentrion, 1996, 511 pages.

DICKINSON, John A., « Annaotaha et Dollard vus de l'autre côté de la palissade », *RHAF*, vol. 35, n° 2, 1981, p. 163-178.

DICKINSON, John A., « Les héritiers d'Atahocan. La conception du territoire chez les autochtones (XVIIe-XVIIIe siècle) » dans Courville, S. et N. Séguin, dir., *Espace et culture – Space and Culture*, Sainte-Foy, Les Presses de l'Université Laval, 1995, p. 117-125.

DOWD, Gregory Evans, « The French King Wakes Up in Detroit : " Pontiac's War " in Rumor and History », *Ethnohistory*, vol. 37, n° 3, 1990, p. 254-278.

DRUKE, Mary A., « Unanswered question », dans Jennings, Francis, dir., *The History and Culture of Iroquois Diplomacy. An Interdisciplinary Guide to the Treaty of the Six Nations and their League*, Syracuse, Syracuse University Press, 1985, p. 133-136.

DUMONT-JOHNSON, Micheline, *Apôtres ou agitateurs. La France missionnaire en Acadie*, Trois-Rivières, Boréal Express, 1970, 150 pages (collection 17-60).

ECCLES, William J., *Frontenac, the Courtier Governor*, Toronto, McClelland and Steward, 1959, 406 pages.

ECCLES, William J., *Canada under Louis XIV, 1663-1701*, Toronto, McCelland and Steward, 1964, 275 pages (coll. The Canadian Centenary Series, 3).

ECCLES, William J., *The Canadian Frontier, 1534-1760*, New York, Holt, Rinehart and Winston Inc., 1969, 234 pages.

ECCLES, William J., *France in America*, New York, Harper & Row, 1972, 295 pages.

ECCLES, William J., « The Fur Trade and Eighteenth-Century Imperialism », *WMQ*, vol. 40, n° 3, 1983, p. 341-362.

ECCLES, William J., *Essays on New-France*, Toronto, Oxford University Press, 1987, 220 pages.

EDMUNDS, David R., *The Potawatomis, Keepers of the Fire*, Norman, University of Oklahoma Press, 1978.

FENTON, William N., «Factionalism in American Indian Society», *Actes du 4e congrès international des sciences anthropologiques et ethnologiques*, Vienne, 1955, vol. 2, p. 330-340.

FENTON, William N., «Kondiaronk» dans Hayne, David M. et André Vachon, dir., *DBC*, Sainte-Foy, Les Presses de l'Université Laval, 1969, vol. II, p. 334- 337.

FENTON, William N., «Northern Iroquoian Culture Patterns» dans Trigger, Bruce G., dir., *Northeast*, vol. 15: *HNAI*, Washington, Smithsonian Institution, 1978, p. 296-321.

FENTON, William N., «Structure, Continuity, and Change in the Process of Iroquois Treaty Making», dans Jennings, Francis, dir., *The History and Culture of Iroquois Diplomacy. An Interdisciplinary Guide to the Treaty of the Six Nations and their League*, Syracuse, Syracuse University Press, 1985, p. 99-114.

FENTON, William N., *The Great Law and the Longhouse. A Political History of the Iroquois Confederacy*, Norman, University of Oklahoma Press, 1998.

FORTIN, Sylvain, *Stratèges, diplomates et espions. La mise en œuvre de la politique étrangère franco-amérindienne, 1667-1701*, Mémoire de M. A. (Histoire), Université du Québec à Montréal, 2001, 192 pages.

FRANKE, Judith A., *French Peoria and the Illinois Country, 1673-1846*, Springfield, Illinois State Museum Society, 1995.

GEHRING, Charles T. *et al.*, «The Tawagonshi Treaty of 1613: The Final Chapter», *NYH*, vol. LXVIII, 1987, p. 373-393.

GOLDSTEIN, Robert A., *French-Iroquois Diplomacy and Military Relations 1609-1701*, La Hague/Paris, Mouton, 1969, 208 pages.

GRABOWSKI, Jan, *The Common Ground. Settled Natives and French in Montreal, 1667-1760*, thèse de Ph. D. (Histoire), Université de Montréal, 1993, 445 pages.

GRABOWSKI, Jan, «L'historiographie des Amérindiens au Canada: quelques données et commentaires portant sur les directions de la recherche et sur les travaux en cours», *RHAF*, vol. 53, n° 4, 2000, p. 552-560.

GRANT, John Webster, *Moon of Wintertime. Missionaries and the Indians of Canada in Encounters since 1534*, Toronto, University of Toronto Press, 1984, 315 pages.

GRASSMANN, Thomas, «Otreouti» dans Brown, George W. *et al.*, dir., *DBC*, Sainte-Foy, Les Presses de l'Université Laval, 1967, vol. I, p. 536-538.

HAAN, Richard L., *The Covenant Chain: Iroquois Diplomacy on the Niagara Frontier, 1697-1730*, thèse de Ph. D., University of California, Santa Barbara, 1976.

HAAN, Richard L., «The Problem of Iroquois Neutrality: Suggestion for Revision», *Ethnohistory*, vol. 27, n° 4, 1980, p. 317-330.

HART, Simon, *The Prehistory of the New Netherland Compagny: Amsterdam Notarial Records of the First Ductch Voyages to the Hudson*, Amsterdam, City of Amsterdam Press, 1959.

HAVARD, Gilles, *La Grande Paix de Montréal de 1701. Les voies de la diplomatie franco-amérindiennes*, Montréal, Recherches amérindiennes au Québec, 1992, 222 pages (coll. Signes des Amériques).

HAVARD, Gilles, «Paix et interculturalité au temps de Louis XIV», *RAQ*, vol. 27, n° 2, 1997, p. 3-18.

HAVARD, Gilles, *Empire et métissage: la naissance du Pays d'en Haut, une région franco-amérindienne, 1660-1715*, thèse de Ph. D. (Histoire), Université de Paris VII – Denis Diderot, 2000, 2 volumes, 829 pages.

HAVARD, Gilles, « Postes français et villages indiens. Un aspect de l'organisation de l'espace colonial français dans les Pays d'en Haut (1660-1715) », *RAQ*, vol. XXX, nº 2, 2000, p. 11-22.

HAVARD, Gilles « "Des esprits à soi" : les chefs dans l'alliance franco-amérindienne du Pays d'en Haut », *RAQ*, vol. XXXI, nº 2, 2001, p. 67-77.

HAYNE, David M. et André VACHON, dir., *DBC*, Sainte-Foy, Les Presses de l'Université Laval, 1969, vol. II, 791 pages.

HESSEL, Peter, *The Algonkin Tribe. The Algonkins of the Ottawa Vally : An Historical Outline*, Arnprior (Ontario), Kichesipi Book, 1987.

HODGINS, Peter, *Disciplining Empire : Space, Communications and Governance in New France, 1524-1700*, Mémoire de M. A., Carleton University, 1997.

HUNT, George T., *The Wars of the Iroquois : A Study in Intertribal Trade Relations*, Madison, University of Wisconsin Press, 1960 [1940], 209 pages.

INNIS, Harold A., *The Fur Trade in Canada. An Introduction to Canadian Economic History*, Toronto, University of Toronto Press, 1956 [1930], 463 pages.

JAENEN, Cornelius J., « Jacques de Lamberville » dans Hayne, David M. et André Vachon, dir., *DBC*, Sainte-Foy, Les Presses de l'Université Laval, 1969, vol. II, p. 355-356.

JAENEN, Cornelius J., « Jean de Lamberville » dans Hayne, David M. et André Vachon, André, dir., *DBC*, Sainte-Foy, Les Presses de l'Université Laval, 1969, vol. II, p. 356-359.

JAENEN, Cornelius J., « Amerindian Views of French Culture in the Seventeenth Century », *CHR*, vol. 55, nº 3, 1974, p. 261-291.

JAENEN, Cornelius J., *Friend and Foe : Aspects of French-Amerindian Cultural Contact in the Sixteenth and*

Seventeenth centuries, New York, Columbia University Press, 1976, 207 pages.

JAENEN, Cornelius J., *Les Relations franco-amérindiennes en Nouvelle-France et en Acadie*, Ottawa, Direction générale de la recherche, Affaires indiennes et du Nord, gouvernement du Canada, 1985, 175 pages.

JAENEN, Cornelius J., « The Role of Presents in French-Amerindian Trade », dans Cameron, D., *Explorations in canadian Economic History. Essays in Honour of Irene M. Spry*, University of Ottawa, 1985, p. 231-250.

JAENEN, Cornelius J., « French Sovereignty and Native Nationhood during the French Regime », dans Miller, J. R., dir., *Sweet Promises. A Reader on Indian-White Relations in Canada*, University of Toronto Press, Toronto, 1991, p. 19-42.

JENNINGS, Francis, « The Constitutional Evolution of the Covenant Chain », *PAPS*, vol. 115, n° 2, 1971, p. 88-96.

JENNINGS, Francis, *The Invasion of America : Indians, Colonialism and the Cant of Conquest*, Chapel Hill, University of North Carolina Press, 1975.

JENNINGS, Francis, *The Ambiguous Iroquois Empire : The Covenant Chain Confederation of Indian Tribes with English Colonies from its Beginnings to the Lancaster treaty of 1774*, New York, Norton, 1984, 438 pages.

JENNINGS, Francis, dir., *The History and Culture of Iroquois Diplomacy. An Interdisciplinary Guide to the Treaties of the Six Nations and their League*, Syracuse, Syracuse University Press, 1985, 278 pages.

JENNINGS, Francis, « Iroquois Alliances in American History », dans Jennings, Francis, dir., *The History and Culture of Iroquois Diplomacy. An Interdisciplinary Guide to the Treaties of the Six Nations and their League*, Syracuse, Syracuse University Press, 1985, p. 37-65.

JENNINGS, Francis, *Empire of Fortune: Crowns, Colonies & Tribes in the Seven Years War in America*, New York, Norton, 1988, 520 pages.

JENNINGS, Francis, *The Founders of America. From the Earliest Migrations to the Present*, New York & London, Norton, 1993, 457 pages.

JETTEN, Marc, *Enclaves amérindiennes: Les «réductions» du Canada 1637-1701*, Sillery, Éditions du Septentrion, 1994, 158 pages.

LANCTOT, Gustave, *Histoire du Canada*, tome 2: *Du Régime royal au traité d'Utrecht 1663-1713*, Montréal, Beauchemin, 1963, 370 pages.

LA ROQUE DE ROQUEBRUNE, Robert, «Joseph-Antoine Le Febvre de La Barre», dans Brown, George W. *et al.*, dir., *DBC*, Sainte-Foy, Les Presses de l'Université Laval, 1967, vol. I, p. 453-457.

LECLERC, Jean, *Le Marquis de Denonville, gouverneur de la Nouvelle-France, 1685-1689*, Montréal, Fides, 1976, 297 pages (coll. Fleur de Lys).

LEMAY, Guislaine, *Le protocole diplomatique dans la signature de traités de paix entre Français et Iroquois aux XVIIe et XVIIIe siècles (1641-1701)*, mémoire de M. Sc. (Anthropologie), Université de Montréal, 1998, 128 pages.

MACLEOD, D. Peter, «Treason at Quebec: British Espionage in Canada During the Winter of 1759-1760», *CMH*, vol. 2, n° 1, 1993, p.49-62.

MACLEOD, D. Peter, *Les Iroquois et la guerre de Sept Ans*, Montréal, VLB Éditeur, 2000, 276 pages (coll. Études québécoises).

MATHIEU, Jacques, *La Nouvelle-France. Les Français en Amérique du Nord, XVIe-XVIIIe siècle*, Belin/Presses de l'Université Laval, 1991, 254 pages.

NEWBIGGING, William James, *The History of the French-Ottawa Alliance, 1613-1763*, thèse de Ph. D., Université de Toronto, 1994.

PACKMAN, Francis, *Count Frontenac and New France under Louis XIV*, Boston, Little, Brown and Co., 1922 [1877].

RICHEFORT, Isabelle, « Présents diplomatiques et diffusion de l'image de Louis XIV », dans Bély, Lucien, dir., *L'invention de la diplomatie. Moyen Âge-Temps modernes*, Presses universitaires de France, 1998, p. 263-279.

RICHTER, Daniel K., « War and Culture : The Iroquois Experience », *WMQ*, vol. 40, n° 4, 1983, p. 528-559.

RICHTER, Daniel K., « Iroquois versus Iroquois : Jesuits Missions and Christianity in Village Politics », *Ethnohistory*, vol. 32, n° 1, 1985, p. 1-16.

RICHTER, Daniel K., « Cultural Brokers and Intercultural Politics : New York-Iroquois Relations, 1664-1701 », *JAH*, vol. LXXV, n° 1, 1988, p. 40-67.

RICHTER, Daniel K., *The Ordeal of the Long-House. The People of the Iroquois League in the Era of European Colonization*, Chapel Hill/London, University of North Carolina Press, 1992, 436 pages.

RICHTER, Daniel K. et James H. Merrel, dir., *Beyond the Covenant Chain. The Iroquois and their Neighbors in Indian North America, 1600-1800*, Syracuse, Syracuse University Press, 1987, 211 pages.

SAVARD, Rémi, *L'Algonquin Tessouat et la fondation de Montréal. Diplomatie franco-amérindienne en Nouvelle-France*, Éditions de l'Hexagone, Montréal, 1996, 233 pages.

SAWAYA, Jean-Pierre, *La Fédération des Sept Feux de la vallée du Saint-Laurent* XVIIe-XIXe *siècle*, Sillery, Éditions du Septentrion, 1998, 222 pages.

SNYDERMAN, George S., « The Functions of the Wampum », *PAPS*, vol. 98, n° 6, 1954, p. 469-494.

STARNA, William A. et Ralph WATKINS, « Northern Iroquois Slavery », *Ethnohistory*, vol. 38, n° 1, 1991, p. 34-57.

ST-ARNAUD, Daniel, *Pierre Millet en Iroquoisie au XVIIe siècle. Le sachem portait la soutane*, Éditions du Septentrion, 1998, 200 pages.

TANNER, Helen H., dir., *Atlas of Great Lakes Indians History*, Norman, University of Oklahoma Press, 1987.

THERRIEN, Jean-Marie, *Parole et pouvoir : figure du chef amérindien en Nouvelle-France*, Montréal, Éditions de l'Hexagone, 1986, 320 pages (coll. Positions anthropologiques).

TREMBLAY, Louise, *La Politique missionnaire des sulpiciens au XVIIe et au début du XVIIIe siècle, 1668-1735*, mémoire de M. A. (Histoire), Université de Montréal, 1980.

TRELEASE, Allen W., *Indian Affairs in Colonial New York : The Seventeenth Century*, Ithaca, New York, Cornell University Press, 1960.

TRIGGER, Bruce G., « The Mohawk-Mahican War (1624-28) : The Establisment of a Pattern », *CHR*, vol. 52, n° 3, 1971, p. 276-286.

TRIGGER, Bruce G., *Les Enfants d'Aataentsic. L'histoire du peuple huron*, Montréal, Libre Expression, 1991 [1976], 972 pages.

TRIGGER, Bruce G., *Northeast*, dans Sturtevant, William C., dir., *HNAI*, Washington, Smithonian Institution Press, 1978, vol. 15, 924 pages.

TRIGGER, Bruce G., « Pour une histoire plus objective des relations entre colonisateurs et les autochtones en Nouvelle-France », *RAQ*, vol. XI, n° 3, 1981, p. 199-204.

TRIGGER, Bruce G., « The Historians' Indian : Native Americans in Canadian Historical Writing from Charlevoix to the Present », *CHR*, vol. 68, n° 3, 1986, p. 315-342.

TRIGGER, Bruce G., *Les Indiens, la fourrure et les Blancs. Français et Amérindiens en Amériques du Nord*, Montréal, Boréal Express, 1992 [1985], 542 pages.

TRUDEL, Marcel, *Histoire de la Nouvelle-France*, tome IV : *La seigneurie de la Compagnie des Indes occidentales, 1663-1674*, Montréal, Fides, 1997, 894 pages.

VACHON, André, *Éloquence indienne*, Ottawa, Fides, 1968, 95 pages (coll. Classiques canadiens, 34).

VACHON, André, « Colliers et ceintures de porcelaine chez les Indiens de la Nouvelle-France », *CD*, vol. 35, 1970, p. 251-278.

VACHON, André, « Colliers et ceintures de porcelaine dans la diplomatie indienne », *CD*, vol. 36, 1971, p. 179-192.

VAN LOON, L. G., « Tawagonshi, Beginning of the Treaty Era », *IH*, vol. I, n° 3, 1968, p. 23-26.

VAUGEOIS, Denis, *La fin des alliances franco-indiennes. Enquête sur un sauf-conduit de 1760 devenu un traité en 1990*, Montréal, Boréal-Septentrion, 1995, 288 pages.

VIAU, Roland, *Enfants du néant et mangeurs d'âmes. Guerre, culture et société en Iroquoisie ancienne*, Montréal, Boréal, 1997, 320 pages.

VIAU, Roland, *Femmes de personne. Sexes, genres et pouvoirs en iroquoisie ancienne*, Montréal, Boréal, 2000, 323 pages.

WAISBERG, Leo G., *The Ottawa : Traders of the Upper Great Lakes, 1615-1700*, Mémoire de M. A., McMaster University, 1977.

WALLACE, Anthony F. C., « Origine of Iroquois Neutrality : The Grand Settlement of 1701 », *PH*, vol. 24, 1957, p. 223-235.

WHITE, Richard, *The Middle Ground, Indians, Empire, and Republics in the Great Lakes Region, 1650-1815*, Cambridge, Cambridge University Press, 1991, 544 pages.

ZOLTVANY, Yves F., « Louis-Hertor de Callière », dans Hayne, David M. et André Vachon, dir., *DBC*, Sainte-Foy, Les Presses de l'Université Laval, 1969, vol. II, p. 117-122.

LISTE DES ILLUSTRATIONS

Illustration 1 : Représentation d'un conseil amérindien

D'après : Joseph-François Lafitau, *Mœurs des sauvages Ameriquains, comparées aux mœurs des premiers temps*, Paris, Saugrain l'aîné et Charles Estienne Hochereau, 1724, tome II, p. 314. BNQ.

Illustration 2 : Le chef iroquois Chaudière noire

D'après : Claude-Charles Le Roy dit Bacqueville de La Potherie, *Histoire de l'Amérique septentrionale* [...], divisée en quatre tomes, Paris, Jean-Luc Nion et François Didot, 1722, tome 4, p. 90. BNQ.

Illustration 3 : Plan du fort Frontenac

D'après : « Fort de Frontenac ou Katarakouy », envoyé par M. Denonville, 13 novembre 1685 ; anonyme ; ms. coul. ; 23,2 x 33,1 cm. Archives nationales, Paris, France : Section Outre-Mer, Dépôt des fortifications des colonies, Amérique septentrionale, 522c.

Illustration 4 : « Canadiens en raquette allant en guerre sur la neige »

D'après : Claude-Charles Le Roy dit Bacqueville de La Potherie, *Histoire de l'Amérique septentrionale* [...] divisée en

quatre tomes, Paris, Jean-Luc Nion et François Diderot, 1722, tome 1, p. 51. BNQ.

Illustration 5 : Attaque d'un village tsonnontouan par les troupes françaises

D'après : Louis-Armand de Lom d'Arce, baron de Lahontan, *Nouveaux Voyages de Mr. le Baron de Lahontan dans l'Amérique septentrionale* [...], la Haye, les Frères L'Honoré, 1703, tome I, p. 98. BNQ.

Illustration 6 : Campement des troupes de La Barre

D'après : Louis-Armand de Lom d'Arce, baron de Lahontan, *Nouveaux Voyages de Mr. le Baron de Lahontan dans l'Amérique septentrionale* [...], la Haye, les Frères L'Honoré, 1703, tome I, p. 46. BNQ.

LISTE DES ABRÉVIATIONS

AC	Archives des colonies
AS	Anthropologie et sociétés
BNQ	Bibliothèque nationale du Québec
CHR	Canadian Historical Review
CD	Les Cahiers des Dix
CMH	Canadian Military History
DBC	Dictionnaire biographique du Canada
ERNAS	European Review of Native American Studies
HNAI	Handbook of North American Indians
DRCHSNY	Documents Relative to the Colonial History of the State of New York
NYH	New York History
IH	Indian Historian
JAH	Journal of American History
PAPS	Proceedings of the American Philosophical Society
PH	Pennsylvania History
RAQ	Recherches amérindiennes au Québec
RHAF	Revue d'histoire de l'Amérique française
WMQ	William and Mary Quarterly

TABLE DES MATIÈRES

DANS LA MÊME COLLECTION

1
Pierre LAMBERT
Les Patriotes de Belœil
Le mouvement patriote, les insurrections de 1837-1838 et les paroissiens de Belœil

2
Denis GRAVEL
Moulins et meuniers du Bas-Lachine (1667-1890)

3
Réginald DAY
Charles-Marie Labillois, le médecin oublié (1793-1868)

4
Thomas PAINE
Le Sens commun

5
Gervais CARPIN
Histoire d'un mot, l'ethnonyme « canadien » (1535-1691)

6
GENEVIÈVE RIBORDY
Les Prénoms de nos ancêtres. Étude d'histoire sociale

7
SIMÉON MARCHESSEAULT
Lettres à Judith. Correspondance d'un patriote exilé

8
YVON THÉRIAULT
L'Ombre du souvenir. Essai sur le récit de vie

9
CHRISTOPHE HORGUELIN
La Prétendue République. Pouvoir et société au Canada (1645-1675)

10
AMÉDÉE PAPINEAU
Souvenirs de jeunesse (1822-1837)

11

Gabrielle K.-L. Verge

Pensionnaire chez les Ursulines dans les années 1920-1930

12

Thomas Paine

Les Droits de l'Homme

13

Une capitale éphémère

Montréal et les événements tragiques de 1849

14

Louis-Hippolyte La Fontaine

Journal de voyage en Europe

15

Hypolite Lanctôt

Souvenirs d'un patriote exilé en Australie

(1838-1845)

16

Monique Boucher-Matte

La Mémoire heureuse

Lumières personnelles sur la Grande Noirceur

17

Télesphore Saint-Pierre

Histoire des Canadiens-français du Michigan

et du comté d'Essex, Ontario

18

Roger Chartrand

Clins d'œil au temps

Souvenirs

19

Louis Cornellier

Devoirs d'histoire

Des historiens québécois sur la place publique

20

Jean-Pierre Sawaya

Alliance et dépendance

Comment la Couronne britannique a obtenu

la collaboration des Indiens de la vallée

de Saint-Laurent entre 1760 et 1774

COMPOSÉ EN PLANTIN CORPS 10,5
SELON UNE MAQUETTE RÉALISÉE PAR JOSÉE LALANCETTE
ET ACHEVÉ D'IMPRIMER EN AOÛT 2002
SUR LES PRESSES DE AGMV-MARQUIS
À CAP-SAINT-IGNACE, QUÉBEC
POUR LE COMPTE DE DENIS VAUGEOIS
ÉDITEUR À L'ENSEIGNE DU SEPTENTRION